Schriftenreihe des Instituts für Marktorientierte Unternehmensführung (IMU), Universität Mannheim

Herausgegeben von
Ch. Homburg, Mannheim, Deutschland
S. Kuester, Mannheim, Deutschland

Das Institut für Marktorientierte Unternehmensführung (IMU) wurde 1999 an der Universität Mannheim neu konstituiert. Das Institut ist durch Umbenennung aus dem ehemaligen Institut für Marketing entstanden. Es versteht sich als Plattform für anwendungsorientierte Forschung sowie als Forum des Dialogs zwischen Wissenschaft und Praxis.

Ziel dieser Schriftenreihe ist es, wissenschaftliche Erkenntnisse zu publizieren, die für die marktorientierte Unternehmensführung von Bedeutung sind.

Herausgegeben von
Professor Dr. Dr. h.c. mult.   Professorin Dr. Sabine Kuester
Christian Homburg   Universität Mannheim
Universität Mannheim

Stephan Mühlhäuser

Die Erfolgsauswirkungen der Vertriebsstruktur

Eine empirische Untersuchung
im Mehrkanalkontext

Mit einem Geleitwort von
Prof. Dr. Dr. h.c. mult. Christian Homburg

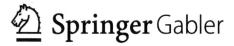

Stephan Mühlhäuser
Mannheim, Deutschland

Dissertation Universität Mannheim, 2016

Schriftenreihe des Instituts für Marktorientierte Unternehmensführung (IMU),
Universität Mannheim
ISBN 978-3-658-14976-5

Die Deutsche Nationalbibliothek verzeichnet diese Publikation in der Deutschen National-
bibliografie; detaillierte bibliografische Daten sind im Internet über http://dnb.d-nb.de abrufbar.

Springer Gabler
© Springer Fachmedien Wiesbaden 2016
Das Werk einschließlich aller seiner Teile ist urheberrechtlich geschützt. Jede Verwertung, die
nicht ausdrücklich vom Urheberrechtsgesetz zugelassen ist, bedarf der vorherigen Zustimmung
des Verlags. Das gilt insbesondere für Vervielfältigungen, Bearbeitungen, Übersetzungen,
Mikroverfilmungen und die Einspeicherung und Verarbeitung in elektronischen Systemen.
Die Wiedergabe von Gebrauchsnamen, Handelsnamen, Warenbezeichnungen usw. in diesem
Werk berechtigt auch ohne besondere Kennzeichnung nicht zu der Annahme, dass solche
Namen im Sinne der Warenzeichen- und Markenschutz-Gesetzgebung als frei zu betrachten
wären und daher von jedermann benutzt werden dürften.
Der Verlag, die Autoren und die Herausgeber gehen davon aus, dass die Angaben und Informa-
tionen in diesem Werk zum Zeitpunkt der Veröffentlichung vollständig und korrekt sind.
Weder der Verlag noch die Autoren oder die Herausgeber übernehmen, ausdrücklich oder
implizit, Gewähr für den Inhalt des Werkes, etwaige Fehler oder Äußerungen.

Gedruckt auf säurefreiem und chlorfrei gebleichtem Papier

Springer Gabler ist Teil von Springer Nature
Die eingetragene Gesellschaft ist Springer Fachmedien Wiesbaden GmbH

Geleitwort

In den letzten Jahren rückten die strategische Rolle des Vertriebs und sein möglicher Beitrag zur Erlangung eines Wettbewerbsvorteils mehr und mehr in den Mittelpunkt von Forschung und Praxis. Insbesondere der Gewinn von Differenzierungsvorteilen durch den Vertrieb mit verschiedenen, speziell auf unterschiedliche Kundengruppen zugeschnittenen Vertriebskanälen steht mittlerweile bei vielen Unternehmen im Fokus. Solche Mehrkanal-Vertriebssysteme zeichnen sich aufgrund der parallel genutzten Kanäle und der Vielzahl an darin aktiven Akteuren durch eine komplexere Struktur als traditionelle Vertriebssysteme aus. Doch obwohl die Relevanz der Vertriebsstruktur für den Unternehmenserfolg bereits mehrfach in der Vertriebsliteratur betont wurde, liegen nur wenige Erkenntnisse zu den Wirkungszusammenhängen zwischen der Vertriebsstruktur und dem Unternehmenserfolg vor. Da die Gestaltung der Vertriebsstruktur zudem die Funktionsweisen aller weiteren Mechanismen im Vertriebssystem beeinflusst, ist die Unternehmenspraxis auf bessere Kenntnisse bezüglich der Erfolgsauswirkungen struktureller Gestaltungsentscheidungen angewiesen. Die Arbeit von Herrn Mühlhäuser setzt an dieser Stelle an.

Herr Mühlhäuser untersucht in einer ersten Studie die Erfolgsauswirkungen der bürokratischen Struktur eines Vertriebssystems. Hierfür greift er auf branchenübergreifende Fragebogendaten von Herstellern mit Mehrkanal-Vertriebssystemen und diesen zugeordneten Vertriebspartnern zurück. Die Ergebnisse zeigen, dass Hersteller durch den Einsatz festgeschriebener Regeln und Verfahren zur Steuerung ihrer Vertriebspartner den Erfolg ihrer Mehrkanal-Vertriebssysteme erhöhen. Interessanterweise sollten sich auch die Vertriebspartner eines Herstellers nicht gegen diese Form der strukturellen Steuerung aussprechen, da die Formalisierung den Erfolg der Vertriebspartner ebenfalls steigert. Die Zentralisierung der Entscheidungsgewalt beim Hersteller führt zum gegenteiligen Effekt, verringert den Erfolg von Herstellern und Vertriebspartnern und sollte daher vermieden werden. Aus der Studie resultieren somit nicht nur wertvolle Hinweise zur Ausgestaltung der bürokratischen Struktur für Hersteller, sondern auch bezüglich der Verhandlungsführung von Vertriebspartnern. So sollten sich Vertriebspartner bemühen, an der Entscheidungsfindung ihres jeweiligen Herstellers mitzuwirken oder, falls dies nicht möglich ist, auf eine Formalisierung zentral getroffener Vorgaben hinarbeiten.

In der zweiten Studie befasst sich Herr Mühlhäuser mit der grundsätzlichen Frage nach den Erfolgsauswirkungen von Stabilität und Flexibilität in Vertriebssystemen. Die Ergebnisse weisen darauf hin, dass sowohl die Stabilität als auch die Flexibilität den Erfolg des Vertriebssystems steigern. Besonders erfolgreiche Hersteller verbinden zudem die Stabilität und die Flexibilität in einem ambidexteren Vertriebssystem. So konzentrieren sich solche Unternehmen beispielsweise auf die Stabilität struktureller Elemente im Vertriebssystem, halten die Anzahl der Kanäle oder der Vertriebspartner konstant und passen gleichzeitig die Mechanismen zur Steuerung des Vertriebssystems kontinuierlich an veränderte Bedingungen an. Unternehmen, deren Mehrkanal-Vertriebssysteme sich durch eine besonders hohe Anzahl an unterschiedlichen Kanälen auszeichnen, profitieren besonders von der gleichzeitigen Verbindung von Stabilität und Flexibilität.

Zusammenfassend ist festzuhalten, dass durch die Arbeit von Herrn Mühlhäuser der Kenntnisstand zu den Erfolgsauswirkungen der Gestaltung der Vertriebsstruktur wesentlich erweitert wird. Herr Mühlhäuser legt eine ausgezeichnete wissenschaftliche Arbeit vor, die ein für die Unternehmenspraxis hochrelevantes Thema aufgreift und auf methodisch anspruchsvolle Art und Weise analysiert. Neben ihrem Beitrag zur betriebswirtschaftlichen Forschung generiert die Arbeit eine Reihe von Erkenntnissen, aus denen sich klare Verhaltensimplikationen für die Unternehmenspraxis ableiten lassen. Der Arbeit ist daher eine weite Verbreitung in Wissenschaft und Praxis zu wünschen.

Christian Homburg

Vorwort

Die vorliegende Arbeit entstand während meiner Zeit als wissenschaftlicher Mitarbeiter am Lehrstuhl für Business-to-Business Marketing, Sales & Pricing an der Universität Mannheim. Sie wurde im Mai 2016 von der Fakultät der Betriebswirtschaftslehre der Universität Mannheim als Dissertationsschrift angenommen. Ich möchte dieses Vorwort nutzen, um all denjenigen zu danken, die mich auf diesem Weg maßgeblich begleitet und unterstützt haben.

Mein erster Dank gilt meinem Doktorvater und akademischen Lehrer, Herrn Prof. Dr. Dr. h.c. mult. Christian Homburg, für das mir entgegengebrachte Vertrauen, die intensive Unterstützung und die mir eingeräumten Freiheiten bei der Ausgestaltung meiner Promotion. Insbesondere von seiner langjährigen Erfahrung als Forscher, seinem Blick für das Wesentliche sowie seiner ergebnisorientierten Herangehensweise an Problemstellungen konnte ich profitieren und vieles lernen, das mir auch in Zukunft von Nutzen sein wird. Herrn Prof. Dr. Florian Kraus danke ich für die bereitwillige und unkomplizierte Übernahme sowie die zügige Erstellung des Zweitgutachtens.

Ein besonderer Dank gilt zudem Herrn Prof. Dr. Arnd Vomberg, der mich in meinen Forschungsprojekten unterstützte. Die Möglichkeit eine Fülle von inhaltlichen und methodischen Fragen mit ihm zu diskutieren hat maßgeblich zum Gelingen meiner Promotion beigetragen. Die Zusammenarbeit mit ihm war immer sehr lehrreich und angenehm. Ausdrücklich möchte ich mich auch bei Frau Beate Scherer bedanken, die mit ihrer hilfsbereiten und herzlichen Art den Arbeitsalltag erleichtert hat.

Darüber hinaus möchte ich mich bei meinen Kollegen Sina Böhler, Olivia Gwinner, Corinna Hehlmann, Dr. Sebastian Hohenberg, Dr. Christina Kühnl, Karin Lauer, Alexander Kohles, Dr. Evelyn Ott, Dr. Jana-Kristin Prigge, Leonie Röcker, Isabell Sieberz, Marcus Theel, Prof. Dr. Dirk Totzek, Dr. Josef Vollmayr und Alexander Weeth bedanken. Sie haben meine Zeit am Lehrstuhl zu etwas Besonderem gemacht. Insbesondere die vielen unterschiedlichen Freizeitaktivitäten wie Ausflüge in die Pfalz, Skiausfahrten oder die Reise nach Mallorca werden mir immer in Erinnerung bleiben. Ich hoffe sehr, dass die engen Beziehungen zu einigen meiner Kollegen noch lange über die Lehrstuhlzeit hinaus Bestand haben werden.

Mein größter Dank gebührt schließlich meiner Familie. Meine Freundin Stefanie Beck hat mich die komplette Promotionszeit hindurch begleitet und unterstützt. Mein Bruder Michael Mühlhäuser entlastet mich nicht nur bei vielen familiären Aufgaben, sondern ermöglicht es mir auch immer wieder die Relevanz betriebswirtschaftlicher Forschung realistisch einzuordnen. Meine Mutter Evmarie Mühlhäuser ermutigt und bestätigt mich stets darin, meine eigenen Wege zu gehen und unterstützt mich vorbehaltslos bei all meinen Entscheidungen. Ohne sie hätte diese Dissertation nicht entstehen können. Ihr widme ich in Dankbarkeit diese Arbeit.

Stephan Mühlhäuser

Inhaltsverzeichnis

Inhaltsverzeichnis IX
Abbildungsverzeichnis XIII
Tabellenverzeichnis XV
1 Einführung in die Thematik 1
   1.1 Die Bedeutung der Vertriebsstruktur 1
   1.2 Ziele und Aufbau der Arbeit 3
2 Konzeptionelle Grundlagen 7
   2.1 Begriffsverständnis und Definitionen 7
      2.1.1 Vertriebskanal 7
      2.1.2 Vertriebssystem 8
      2.1.3 Vertriebsstruktur 9
   2.2 Zentrale theoretische Bezugspunkte der Forschung zur Vertriebsstruktur .. 11
      2.2.1 Transaktionskostentheorie 12
      2.2.2 Agenturtheorie 13
      2.2.3 Kontingenztheorie 14
   2.3 Bestandsaufnahme der Literatur zur Ausgestaltung der Vertriebsstruktur .. 15
      2.3.1 Determinanten und Erfolgsauswirkungen der Ausgestaltung der vertikalen Vertriebsstruktur 15
      2.3.2 Determinanten und Erfolgsauswirkungen der Ausgestaltung der horizontalen Vertriebsstruktur 20
      2.3.3 Determinanten und Erfolgsauswirkungen der Ausgestaltung der bürokratischen Vertriebsstruktur 27
   2.4 Bestandsaufnahme der Literatur zu Veränderungsmaßnahmen in der Vertriebsstruktur 30
      2.4.1 Überblick über Veränderungsprozesse in der Vertriebsstruktur 30
      2.4.2 Determinanten von Veränderungsprozessen in der Vertriebsstruktur 32

		2.4.3	Erfolgsauswirkungen von Veränderungsprozessen in der Vertriebsstruktur 36

2.5 Fazit und Ableitung von Forschungsfragen 37

3 Studie I: Der Einfluss der bürokratischen Struktur auf den Erfolg verschiedener Mitglieder des Vertriebssystems 41

3.1 Einleitung 41
3.2 Konzeptionelle Grundlagen 47
    3.2.1 Mehrkanal-Vertriebssysteme aus agenturtheoretischer Perspektive 47
    3.2.2 Formalisierung und Zentralisierung als Mechanismen der Verhaltenssteuerung 48
3.3 Hypothesenentwicklung 51
    3.3.1 Der Einfluss der Formalisierung auf den Erfolg von Herstellern und Vertriebspartnern 51
    3.3.2 Der Einfluss der Zentralisierung auf den Erfolg von Herstellern und Vertriebspartnern 54
    3.3.3 Der Einfluss von Kontingenzfaktoren 55
3.4 Methodik 63
    3.4.1 Datenerhebung und Stichprobe 63
    3.4.2 Test auf Nichtteilnahme und auf Kompetenz der Schlüsselinformanten 65
    3.4.3 Messung der Konstrukte 66
3.5 Ergebnisse der empirischen Untersuchung 75
3.6 Diskussion der Ergebnisse 82
    3.6.1 Implikationen für die Forschung 83
    3.6.2 Praktische Implikationen für Hersteller 86
    3.6.3 Praktische Implikationen für Vertriebspartner 88

4 Studie II: Der Einfluss von Stabilität und Flexibilität auf den Erfolg von Vertriebssystemen 89

4.1 Einleitung 89
4.2 Konzeptionelle und theoretische Grundlagen 93
    4.2.1 Exploitation, Exploration und Ambidextrie 93

	4.2.2	Stabilität im Vertriebssystem ... 96
	4.2.3	Flexibilität im Vertriebssystem ... 97
4.3	Hypothesenentwicklung ... 98	
	4.3.1	Der Einfluss der Stabilität auf den Erfolg des Vertriebssystems.... 99
	4.3.2	Der Einfluss der Flexibilität auf den Erfolg des Vertriebssystems ... 100
	4.3.3	Der Einfluss der Ambidextrie des Vertriebssystems ... 101
	4.3.4	Moderierende Einflüsse ... 103
4.4	Methodik ... 109	
	4.4.1	Datenerhebung und Stichprobe ... 109
	4.4.2	Messung der Konstrukte ... 112
	4.4.3	Ergebnisse der Hypothesenprüfung ... 120
	4.4.4	Weitere Analysen der Moderationseffekte ... 123
	4.4.5	Ergebnisse der Robustheitschecks ... 127
4.5	Diskussion der Ergebnisse ... 128	
	4.5.1	Implikationen für die Forschung ... 129
	4.5.2	Implikationen für die Praxis ... 131

5 Schlussbetrachtung ... 134

Literaturverzeichnis ... 139

Abbildungsverzeichnis

Abbildung 1 – Aufbau der Arbeit 6

Abbildung 2 – Untersuchungsmodell der Studie I 50

Abbildung 3 – Interaktionsgraphen für die signifikanten Moderatoren der informationsbezogenen Kategorie 80

Abbildung 4 – Interaktionsgraphen für die signifikanten Moderatoren der komplexitätsbezogenen Kategorie 81

Abbildung 5 – Orthogonales Verständnis der Ambidextrie 91

Abbildung 6 – Untersuchungsmodell der Studie II 95

Abbildung 7 – Interaktionsgraphen der signifikanten Moderatoren 124

Tabellenverzeichnis

Tabelle 1 – Determinanten der vertikalen Integration 18

Tabelle 2 – Determinanten der Wahl eines Mehrkanalvertriebs 21

Tabelle 3 – Determinanten der Veränderung im Vertriebssystem 35

Tabelle 4 – Zentrale Forschungsfragen der Arbeit 38

Tabelle 5 – Literaturüberblick zur bürokratischen Struktur 44

Tabelle 6 – Zusammensetzung der Hersteller- und der Vertriebspartner-Stichprobe der Studie I 65

Tabelle 7 – Konstrukte und Indikatoren der Studie I (Teil I) 69

Tabelle 8 – Konstrukte und Indikatoren der Studie I (Teil II) 72

Tabelle 9 – Deskriptive Statistiken und Korrelationen für die Stichprobe der Hersteller (Studie I) 73

Tabelle 10 – Deskriptive Statistiken und Korrelationen für die Stichprobe der Vertriebspartner (Studie I) 74

Tabelle 11 – Ergebnisse der Analysen der Studie I 78

Tabelle 12 – Überblick über verschiedene Definitionen von Stabilität und Flexibilität 98

Tabelle 13 – Zusammensetzung der Stichprobe der Studie II 111

Tabelle 14 – Konstrukte und Indikatoren der Studie II (Teil I) 115

Tabelle 15 – Konstrukte und Indikatoren der Studie II (Teil II) 117

Tabelle 16 – Deskriptive Statistiken und Korrelationen der Studie II 119

Tabelle 17 – Ergebnisse der Analysen der Studie II 122

Tabelle 18 – Analyse der marginalen Effekte 127

1 Einführung in die Thematik

1.1 Die Bedeutung der Vertriebsstruktur

Der Vertrieb von Produkten und Dienstleistungen entwickelte sich in den letzten Jahren von einer operativ orientierten Absatzfunktion zur strategischen Ressource eines Unternehmens (vgl. Geiger/Guenzi 2009; Storbacka et al. 2009; Wallace/Johnson/Umesh 2009). Insbesondere im Vergleich zu den drei weiteren Bestandteilen des Marketingmix („Product, Price, Promotion"), die von Wettbewerbern tendenziell leichter zu imitieren sind, stellt der Vertrieb eine vielversprechende Quelle für einen nachhaltigen Wettbewerbsvorteil dar (vgl. Rosenbloom 2013a; Zhang et al. 2010). Daher überrascht es nicht, dass der Einfluss der Vertriebsabteilung auf Entscheidungen bezüglich der strategischen Ausrichtung einer Geschäftseinheit, der Expansion in neue Märkte oder der Neuproduktentwicklung in den letzten Jahren zugenommen hat (vgl. Homburg et al. 2015).

Allerdings ist die steigende Bedeutung des Vertriebs auch mit einem erhöhten Ressourceneinsatz verbunden. So liegt der Anteil der Vertriebskosten am Umsatz in Deutschland branchenübergreifend bei ungefähr 16% (vgl. Huckemann/Schmitz 2015). Des Weiteren zeigt eine aktuelle Studie, dass von 550 Unternehmen unterschiedlicher Branchen jedes zweite Unternehmen mit steigenden Vertriebskosten konfrontiert ist (vgl. Ledingham et al. 2014). Palmatier, Stern und El-Ansary (2015, S. 32) kommen daher zu dem Schluss, dass „... building [...] the channel system involves costly, hard-to-reverse investments. Taking the effort to do it right the first time has great value; conversely, making a mistake may put the company at a long-term disadvantage."

Die Gestaltung eines effektiven Vertriebssystems wird aktuell durch verschiedene Entwicklungen erschwert (vgl. Geiger/Guenzi 2009; Rosenbloom 2007). So führt die zunehmende Volatilität der Märkte zu Schwierigkeiten in der langfristigen Planung des Vertriebsansatzes (vgl. Fiksel et al. 2015). Steigende Kundenanforderungen beispielsweise bezüglich der Serviceleistung des Vertriebs bedingen höhere Kosten (vgl.

Adamson/Dixon/Toman 2012; Van Bruggen et al. 2010). Des Weiteren führen technologische Entwicklungen, insbesondere im Rahmen der Digitalisierung, zur Einführung zusätzlicher Vertriebskanäle, die die Anzahl der Kanäle eines Vertriebssystems und dadurch dessen Komplexität erhöhen (vgl. Sa Vinhas et al. 2010).

Die Herausforderung für Unternehmen besteht somit darin, das Vertriebssystem so aufzustellen, dass es seiner strategischen Rolle gerecht wird, die implizierten Vertriebskosten kontrollierbar bleiben und den aktuellen Marktveränderungen Rechnung getragen wird. Eine solche Gestaltung des Vertriebssystems besteht dabei primär in der Entscheidung für eine entsprechende Vertriebsstruktur (vgl. Easingwood/Coelho 2003). Die Bedeutung struktureller Elemente wurde sowohl in der Praxis als auch in der Wissenschaft bereits ausgiebig betont (vgl. Lee/Kozlenkova/Palmatier 2015), denn „… the structure of an organization determines the performance of the system … (Ruekert/Walker Jr./Roering 1985, S. 15) und „… the wrong structure can doom all other market-driven initiatives in the organization to failure …" (Day 1999, S. 33). Die spezielle Bedeutung der Vertriebsstruktur liegt darin begründet, dass die Erfolgsauswirkungen unterschiedlicher Maßnahmen des Vertriebsmanagements wie beispielsweise der Steuerung von Vertriebsmitarbeitern, der Preisfindung zwischen Vertriebspartnern oder Maßnahmen zur Verkaufsförderung von der Ausgestaltung der Vertriebsstruktur abhängen (vgl. Jindal et al. 2007; Stern/El-Ansary 1988). So müssen beispielsweise die Beziehungen zwischen einem Hersteller und seinen Vertriebspartnern in einem Vertriebssystem, das lediglich aus einem indirekten Vertriebskanal besteht anders gesteuert werden als in einem dualen Vertriebssystem. Denn durch den zusätzlichen direkten Kanal des Herstellers und das somit wahrscheinlichere Auftreten von Konflikten werden die Beziehungen in solchen Vertriebssystemen besonders belastet (vgl. Cattani et al. 2006; Ganesan et al. 2009; Sharma/Mehrotra 2007).

Trotz der dargelegten Bedeutung der Vertriebsstruktur und obwohl Sharma und Dominguez bereits 1992 feststellten, dass „… understanding the factors that give rise to and affect the evolution of channel structure is considered among the fundamental tasks of channel research …" (S. 1), kann die Wissenschaft Unternehmen bislang kaum Orientierungshilfe bei der Gestaltung ihrer Vertriebsstruktur bieten. Lee, Kozlenkova und Palmatier (2015, S. 88) kommen somit zu dem Schluss, dass „… research about the role of structural design in marketing remains underdeveloped …".

1.2 Ziele und Aufbau der Arbeit

Die vorliegende Arbeit folgt der Überzeugung von Sa Vinhas et al. (2010, S. 224), dass „... there is a promising opportunity to investigate [...] channel system structures ...", die sich aus der Bedeutung der Gestaltung der Vertriebsstruktur für den Unternehmenserfolg und dem gleichzeitigen Mangel an entsprechenden Forschungsarbeiten ableitet. Allerdings liegt in der bestehenden Literatur kein einheitliches Verständnis der Vertriebsstruktur vor (vgl. Anderson/Day/Rangan 1997; Bucklin/Ramaswamy/Majumdar 1996; Rangan 1987; Rosenbloom 2013a; Wilkinson 1990). Dementsprechend fällt es schwer, die Gestaltungsdimensionen und damit die Ansatzpunkte zur Analyse der Vertriebsstruktur zu identifizieren. Zudem können bestehende Erkenntnisse zu möglichen Konsequenzen struktureller Gestaltungsentscheidungen kaum eingeordnet werden. Daher soll die vorliegende Arbeit zunächst die verschiedenen Dimensionen der Vertriebsstruktur identifizieren. Darauf aufbauend gilt es, die Determinanten der einzelnen Dimensionen der Vertriebsstruktur herauszuarbeiten, da „... a prerequisite to the effective management of marketing channels is a knowledge of the reasons channels exist ..." (Stern/El-Ansary/Coughlan 1996, S. 311). Schließlich sollen die bestehenden Erkenntnisse zu den Auswirkungen verschiedener Gestaltungsentscheidungen diskutiert werden. Um Dynamiken im Vertriebssystem Rechnung zu tragen, gilt es neben einer Betrachtung der Determinanten und Auswirkungen der Gestaltung der Vertriebsstruktur auch die Determinanten und Auswirkungen von Veränderungsmaßnahmen im Vertriebssystem zu beleuchten. Dementsprechend wird das folgende erste Forschungsziel formuliert:

Ziel I: Systematische Aufarbeitung des Stands der Forschung zur Vertriebsstruktur.

Des Weiteren soll die vorliegende Arbeit bestehende Forschungslücken bezüglich der Auswirkung der Gestaltung struktureller Elemente im Vertriebssystem schließen. Dabei soll die dritte Dimension der Vertriebsstruktur, die bürokratische Struktur, fokussiert werden, da deren Bestandteile „... key structural features of an interorganizational relationship ..." darstellen (John/Reve 1982, S. 518) und somit im durch die Beziehungen zwischen Hersteller und Vertriebspartnern charakterisierten Vertriebssystem eine elementare Rolle spielen. Zudem wurde diese Strukturdimension in der bestehenden Literatur nicht ausreichend behandelt, sodass Frazier (1999, S. 226) feststellt, dass

„... bureaucratic structuring remain[s] unexplored ...". Dementsprechend wird das folgende zweite Forschungsziel formuliert:

Ziel II: Empirische Analyse des Einflusses der bürokratischen Struktur des Vertriebssystems.

Das dritte Ziel der vorliegenden Arbeit liegt in einer dynamischen Betrachtung des Vertriebssystems und seiner strukturellen Bestandteile. Wie in Kapitel 1.1 dargelegt, sehen sich Unternehmen mit wechselnden Umweltbedingungen konfrontiert, die eine kontinuierliche Anpassung der Gestaltung des Vertriebssystems, beispielsweise an veränderte Kundenwünsche, nötig machen (vgl. Giamanco/Gregoire 2012; Verhoef/Kannan/Inman 2015). Einerseits nimmt die Geschwindigkeit dieser Veränderungen und damit auch der Veränderungsdruck auf das Vertriebssystem in den letzten Jahren, beispielsweise durch technologische Entwicklungen im Rahmen der Digitalisierung, kontinuierlich zu (vgl. Leeflang et al. 2014). Andererseits warnt die bestehende Literatur vor den negativen Folgen von Veränderungen in der Struktur des Vertriebssystems, beispielsweise aufgrund des möglichen Aufkommens von Konflikten (vgl. Chu/Chintagunta/Vilcassim 2007; Coelho/Easingwood 2008). Daher soll in der vorliegenden Arbeit der grunsätzliche Einfluss von Veränderungsmaßnahmen im Vertriebssystem untersucht werden. Dementsprechend wird das folgende dritte Forschungsziel formuliert:

Ziel III: Empirische Analyse des Einflusses von Veränderungsmaßnahmen im Vertriebssystem.

Ausgehend von diesen drei Forschungszielen gliedert sich die vorliegende Arbeit in fünf Kapitel. Nach der Erläuterung der Bedeutung der Vertriebsstruktur und der Beschreibung der übergeordneten Ziele der Arbeit im ersten Kapitel erfolgt im zweiten Kapitel die Darstellung der konzeptionellen Grundlagen. Nachdem die Grundbegriffe des Vertriebskanals und des Vertriebssystems in den Kapiteln 2.1.1 und 2.1.2 erläutert werden, folgt in Kapitel 2.1.3 die Definition der Vertriebsstruktur sowie deren Einteilung in eine vertikale, horizontale und bürokratische Dimension. Kapitel 2.2 fasst im Anschluss zentrale Theorien der Forschung zu Vertriebsstrukturen zusammen. In Kapitel 2.3 wird eine systematische Aufarbeitung der Forschung zu den Determinanten und den Auswirkungen aller drei Strukturdimensionen vorgenommen. Das daran anschließende Kapitel 2.4 beschreibt Veränderungsmaßnahmen im Vertriebssystem, diskutiert unterschiedliche Arten von Veränderungsmaßnahmen und fasst analog zum Kapitel 2.3 die Determinanten und Auswirkungen der von der bisherigen Forschung untersuchten Veränderungsmaßnahmen im Vertriebssystem zusammen. Damit dient das zweite Kapitel dem Erreichen des ersten Forschungsziels der Arbeit.

Im dritten Kapitel wird die erste Studie vorgestellt, die auf das zweite Forschungsziel ausgerichtet ist und den Einfluss der Formalisierung und der Zentralisierung als Bestandteile der bürokratischen Struktur des Vertriebssystems auf den Erfolg von Herstellern und deren Vertriebspartnern im Mehrkanalkontext untersucht. Der Aufbau des Kapitels entspricht der Form eines wissenschaftlichen Arbeitspapiers. So wird in Kapitel 3.1 zunächst auf die Relevanz der Fragestellung eingegangen, bevor in Kapitel 3.2 die verhaltensorientierte Agenturtheorie als Grundlage der Studie vorgestellt wird. Kapitel 3.3 leitet die zu testenden Hypothesen her. Nachdem Kapitel 3.4 die methodischen Grundlagen und Konstruktmessungen abbildet, werden in Kapitel 3.5 die Ergebnisse dargestellt. Das Kapitel endet mit einer Diskussion der Ergebnisse und der Ableitung von Implikationen für die Forschung und die Praxis (vgl. Kapitel 3.6).

Das vierte Kapitel ist auf das dritte Forschungsziel ausgerichtet und analog zum dritten Kapitel strukturiert. Hier wird untersucht, ob sich erfolgreiche Vertriebssysteme durch wenig Veränderung (Stabilität) oder durch eine kontinuierliche Anpassung an veränderte Rahmenbedingungen (Flexibilität) auszeichnen. Die an ein wissenschaftliches Arbeitspapier angelehnte Struktur des Kapitels beginnt mit der Darstellung der Relevanz des Themas in Kapitel 4.1. Hierauf folgt die Erläuterung des konzeptionellen Hintergrunds mit einem besonderen Fokus auf dem theoretischen Konzept der Ambidextrie, auf dem die Studie basiert. Nach der Hypothesenentwicklung in Kapitel 4.3 und der Erklärung der methodischen Grundlagen in Kapitel 4.4 werden die Ergebnisse der empirischen Untersuchung dargestellt (vgl. Kapitel 4.5). Die Ableitung verschiedener Implikationen für die Forschung und die Praxis stellt das letzte Kapitel 4.6 der Studie dar.

Im abschließenden fünften Kapitel erfolgen die gemeinsame Betrachtung der beiden vorgestellten Studien sowie die Ableitung übergreifender Implikationen für die Forschung und die Unternehmenspraxis. Abbildung 1.1 fasst den Aufbau der vorliegenden Arbeit zusammen.

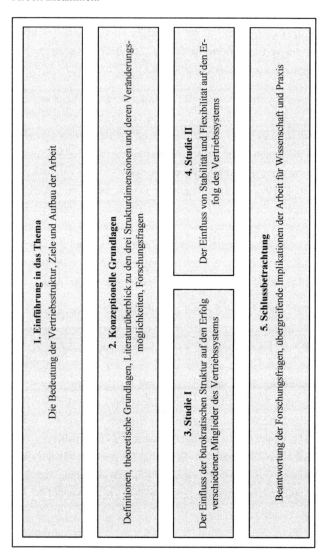

Abbildung 1 – Aufbau der Arbeit

2 Konzeptionelle Grundlagen

2.1 Begriffsverständnis und Definitionen

2.1.1 Vertriebskanal

Der Vertriebskanal bildet den Kern der Vertriebsaktivitäten eines Unternehmens. Allerdings besteht in der Literatur weder bezüglich der Begrifflichkeit noch der Definition des Vertriebskanals Einigkeit (vgl. Rosenbloom 2013b). So werden beispielsweise die Begriffe „marketing channel" und „sales channel" ebenso wie „Vertriebskanal", „Vertriebsweg" oder „Absatzkanal" in der Literatur synonym verwendet (vgl. Vollmayr 2013). Das Verständnis eines Vertriebskanals reicht von „… process through which a product or service can be selected, purchased, ordered, and received by a customer …" (Jindal et al. 2007, S. 17) bis zu „… a way of thinking, a way of making new connections with customers to exploit new commercial opportunities. It is the essence of the way customers and a business interact …" (Wheeler/Hirsh 1999, p. xxii). In der vorliegenden Arbeit wird der weit verbreiteten Definition von Palmatier, Stern und El-Ansary (2015, S. 33) gefolgt und ein Vertriebskanal als „… set of interdependent organizations involved in the process of making a product or service available for use or consumption …" verstanden. Ein solcher Vertriebskanal kann mehrere Funktionen für die involvierten Akteure wie den Hersteller, die Vertriebspartner und die Kunden erfüllen. Diese Funktionen beinhalten beispielsweise die logistische Überbrückung der Distanz zwischen Hersteller und Kunde, die Finanzierung des Produkt- und Dienstleistungstransfers oder die Informationsverteilung (vgl. Palmatier/Stern/El-Ansary 2015; Rangan 1987).

Vertriebskanäle können einerseits nach der von ihnen erfüllten Funktion unterschieden werden (vgl. Rangan 1987). So dient beispielsweise ein Online-Shop dem Informationstransfer vom Hersteller zum Kunden und ein Ladengeschäft der physischen Vorhaltung des Produkts für den Kunden. Andererseits unterscheiden Easingwood und Coelho (2003) Vertriebskanäle anhand der Kontrollmöglichkeiten des Herstellers über die Aktivitäten im Vertriebskanal und die für den Kunden mögliche Kontaktform innerhalb des Vertriebskanals. Der Kontakt des Kunden innerhalb des Vertriebskanals kann persönlich beispielsweise über Vertriebsmitarbeiter, stationär beispielsweise in Filialen oder medial beispielsweise in einem Online-Shop erfolgen (vgl. Palmatier/Stern/El-Ansary 2015; Sa Vinhas et al. 2010). Die Kontrolldimension unterscheidet zwischen direkt durch den Hersteller kontrollierten Vertriebskanälen (sogenannte direkte Vertriebskanäle) und indirekten Vertriebskanälen, die neben dem Hersteller noch weitere Akteure wie Einzel- und Großhändler einschließen. Diese Anzahl an stufenweise angeordneten Akteuren innerhalb eines Vertriebskanals vom Hersteller zum Kunden wird auch als „Länge" des Vertriebskanals bezeichnet (vgl. Homburg/Schäfer/Schneider 2012).

2.1.2 Vertriebssystem

Die Bezeichnung „Vertriebssystem" oder auch die oft synonym verwendeten Begriffe des „Distributionssystems" oder des „Kanalsystems" sind in der bestehenden Literatur weit verbreitet (vgl. Celly/Frazier 1996; Coelho/Easingwood 2004; Frazier 1999; Geoffrion/Graves 1974; Jindal et al. 2007; Nevin 1995; Sa Vinhas et al. 2010). Easingwood und Storey (1996, S. 226) definieren ein Vertriebssystem als „… the network of people, institutions or agencies involved in the flow of a product to the customer, together with the informational, financial, promotional and other services associated with making the product convenient and attractive to buy …". Somit setzt sich das Vertriebssystem eines Unternehmens aus der Gesamtheit seiner Vertriebskanäle zusammen.

Diese Perspektive liegt in der Systemtheorie begründet (vgl. Boulding 1956). Hier wird unter einem System „… an organized, unitary whole composed of two or more interdependent […] subsystems …" (Kast/Rosenzweig 1985, S. 15) verstanden. Im Vertriebskontext sind die Vertriebskanäle eines Unternehmens als Subsysteme zu verstehen. Die Mitglieder des Vertriebssystems sind die Akteure auf den unterschiedlichen Stufen der Vertriebskanäle wie beispielsweise der Hersteller, ein Großhändler oder mehrere Einzelhändler. Die zunehmende Zahl an Kanälen, die ein Unternehmen zum Vertrieb seiner Produkte und Dienstleistungen nutzt, macht einen Fokus auf das Vertriebssystem anstatt der Untersuchung einzelner Vertriebskanäle notwendig (vgl. Sa Vinhas et al. 2010). Dient ein einzelner Vertriebskanal als Untersuchungsobjekt, so besteht die Gefahr der Vernachlässigung der zwischen den Kanälen des Vertriebssystems ablaufenden Prozesse, wie beispielweise Konflikte zwischen direkten und indirekten Vertriebskanälen oder die Entstehung von Synergien.

2.1.3 Vertriebsstruktur

Die Betrachtung struktureller Variablen im Vertriebskontext entstand aus der umfangreichen Analyse der Organisationsstruktur in der Managementforschung (vgl. Aiken/Hage 1968; Chandler 1962; Child 1972; Ouchi 1977). Dabei umfasst der Begriff der Struktur grundsätzlich die Gestaltung von organisationalen Einheiten wie Divisionen oder Teams, die Akteure gruppieren, die Berichtswege zwischen organisationalen Einheiten und die Mechanismen, die die Aktivitäten und Ressourcen der einzelnen Einheiten koordinieren (vgl. Lee/Kozlenkova/Palmatier 2015). Eine einheitliche Definition der Vertriebs- oder Distributionsstruktur (in der englischsprachigen Literatur auch „channel structure") liegt bislang nicht vor (vgl. Rosenbloom 2013b). Sie reichen von „… the group of channel members to which a set of distribution tasks has been allocated …" (Rosenbloom 1991, S. 20) über „… the number and juxtaposition of the network nodes (places where work is performed to produce outputs) …" (Bucklin/Ramaswamy/Majumdar 1996, S. 74) und "… any enduring characteristic of an interfirm relationship that contributes to consistent role patterns among channel members …" (Boyle/Dwyer 1995, S. 90) bis zu „… simply a transient system designed to perform the necessary tasks …" (Rangan 1987, S. 158). Aufgrund des in Abschnitt 1.1.2 dargelegten Fokus der vorliegenden Arbeit auf dem Vertriebssystem, wird der Definition von Wilkinson (1990, S. 20) gefolgt, der die Vertriebsstruktur als „… how the parts of a system are organized and interrelated …" versteht.

Die Vertriebsstruktur eines Unternehmens entsteht primär durch das Kanaldesign, das in der Literatur vom Kanalmanagement abgegrenzt wird (vgl. Cespedes 1988; Palmatier/Stern/El-Ansary 2015; Rangan 1987; Rosenbloom 2013b). Dabei bezieht sich das Kanaldesign auf Fragestellungen des Aufbaus beziehungsweise der Gestaltung des Vertriebssystems und betrifft beispielsweise die Anzahl an Vertriebspartnern innerhalb eines Vertriebskanals, während sich das Kanalmanagement mit den Beziehungen zwischen den einzelnen Akteuren und deren Steuerung beschäftigt (vgl. Jindal et al. 2007). Fragestellungen des Designs und des Managements von Vertriebskanälen hängen unmittelbar zusammen, da beispielsweise die Gestaltung der Länge eines Vertriebskanals die Notwendigkeit der Steuerung der involvierten Vertriebspartner bedingt (vgl. Coelho/Easingwood 2004).

Die Vertriebsstruktur soll im Folgenden in Anlehnung an die bestehende Literatur in drei Dimensionen unterteilt werden. Die *vertikale Vertriebsstruktur* befasst sich mit der grundlegenden Frage, ob eine Vertriebsaktivität innerhalb des eigenen Unternehmens ausgeführt oder ob diese Aktivität von einer externen Organisation übernommen wird (vgl. Ruekert/Walker Jr./Roering 1985). Somit betrifft die vertikale Vertriebsstruktur die Entscheidung ob und wenn ja, welche Vertriebspartner auf einer bestimmten Stufe des Vertriebskanals wirken sollen (vgl. Bucklin/Ramaswamy/Majumdar 1996; Rangan 1987). Hierzu gehören Entscheidungen bezüglich des direkten oder indirekten Vertriebs in einem Vertriebskanal, die Anzahl der Stufen innerhalb eines Vertriebskanals sowie die Auswahl der Art des Vertriebsansatzes auf der jeweiligen Stufe, also beispielsweise die Entscheidung zwischen einem stationären und einem Online-Händler in einem indirekten Vertriebskanal (vgl. Anderson/Day/Rangan 1997).

Neben der vertikalen Vertriebsstruktur spielt die *horizontale Vertriebsstruktur* eine entscheidende Rolle für die Gestaltung des Vertriebssystems (vgl. Anderson/Day/Rangan 1997). Die horizontale Vertriebsstruktur umfasst sowohl die Anzahl der Kanäle in einem Vertriebssystem als auch den Grad der Distributionsintensität in jedem Kanal (vgl. Jindal et al. 2007; Käuferle/Reinartz 2015). Eine horizontale Vertriebsstruktur mit mehr als zwei unterschiedlichen Kanälen wie beispielsweise einem Online-Shop und einem Außendienst wird als Mehrkanalstruktur oder Mehrkanalvertrieb bezeichnet (vgl. Coelho/Easingwood 2004; Palmatier/Stern/El-Ansary 2015). Eine solche Struktur ist sowohl mit Chancen, wie beispielsweise einer adäquateren Ansprache verschiedener Zielgruppen durch speziell angepasste Vertriebskanäle, als auch mit Risiken, beispielsweise durch Konflikte zwischen den Kanälen eines Vertriebssystems, verbunden (vgl. Neslin/Shankar 2009; Rangaswamy/Van Bruggen 2005; Rosenbloom 2007). Setzen Unternehmen in einem Vertriebssystem sowohl direkte als auch indirekte Vertriebskanäle ein, spricht die Literatur von „dual distribution" (vgl. Dutta et al. 1995; Srinivasan 2006; Sa Vinhas/Heide 2015). Die Distributionsintensität bezieht sich auf die Anzahl der Vertriebseinheiten auf einer bestimmten Stufe eines Vertriebskanals (vgl. Frazier/Lassar 1996). Die Distributionsintensität beschreibt daher beispielsweise mit wie vielen stationären Händlern ein Hersteller zum Vertrieb eines bestimmten Produkts zusammenarbeitet. Die Distributionsintensität dient zum „... achieving a specific level of market coverage through a particular format [Vertriebskanal] after it has been adopted ..." (Jindal et al. 2007, S. 18).

Die dritte Dimension der Vertriebsstruktur umfasst die *bürokratische Vertriebsstruktur* (vgl. Frazier 1999; John 1984). Während die vertikale und die horizontale Vertriebsstruktur Strukturtypen darstellen, also Akteure eines Systems in bestimmte Einheiten wie beispielsweise einen Vertriebskanal gliedern, stellt die bürokratische Vertriebsstruktur eine Strukturcharakteristik dar, die die Beziehung einzelner Einheiten im System und die Koordination der Aktivitäten dieser Einheiten bestimmt (vgl. Lee/Kozlenkova/Palmatier 2015). Somit beschreibt die bürokratische Struktur das Ausmaß an institutionalisierten Steuerungsmechanismen, die die Beziehungen innerhalb des Vertriebssystems regeln (vgl. Dwyer/Oh 1987; Paswan/Guzmán/Blankson 2012). Da die bürokratische Struktur „... represents key patterns of decision-making in a channel ..." (Boyle/Dwyer 1995, S. 190), wird sie oft auch als Entscheidungsstruktur bezeichnet (vgl. Dwyer/Oh 1988). Die typischen Bestandteile der bürokratischen Struktur sind die Formalisierung und die Zentralisierung (vgl. Auh/Menguc 2007; Boyle/Dwyer 1995; Corriveau/Tamilia 2002; John/Reve 1982; Lin/Germain 2003). Die Formalisierung beschreibt den Einsatz von Regeln, Richtlinien und Verfahren zur Steuerung von Verhalten im Vertriebssystem (vgl. Jaworski/Kohli 1993; Kabadayi/Eyuboglu/Thomas 2007). Die Zentralisierung dagegen beschreibt den Grad der Konzentration der Entscheidungsgewalt bei einzelnen Mitgliedern des Vertriebssystems (vgl. Dwyer/Welsh 1985; Geyskens/Steenkamp/Kumar 1999). Neben diesen beiden dominanten Faktoren (vgl. Lee/Kozlenkova/Palmatier 2015) werden in der Literatur auch die Partizipation (vgl. Dwyer/Oh 1987; Hernández-Espallardo/Arcas-Lario 2003; Paswan/Dant/Lumpkin 1998) und die Spezialisierung (vgl. Barclay 1991; Dwyer/Welsh 1985; Kabadayi/Eyuboglu/Thomas 2007; Olson/Slater/Hult 2005; Ruekert/Walker Jr./Roering 1985) als Bestandteile der bürokratischen Struktur verstanden.

2.2 Zentrale theoretische Bezugspunkte der Forschung zur Vertriebsstruktur

Eine große Bandbreite an verschiedenen Theorien versucht die Mechanismen zu erklären, die zur Entstehung bestimmter Strukturen führen sowie die Auswirkungen dieser

Strukturen zu erläutern (vgl. Lee/Kozlenkova/Palmatier 2015). Im Folgenden sollen mit der Transaktionskostentheorie, der Agenturtheorie und der Kontingenztheorie die in der Vertriebsforschung prominentesten Theorien erläutert werden.

2.2.1 Transaktionskostentheorie

Die Transaktionskostentheorie fokussiert sich auf „… transactions and the costs that attend completing transactions by one institutional mode rather than another …" (Williamson 1973, S. 316). Die Transaktion stellt die Analyseeinheit der Transaktionskostentheorie dar (vgl. Williamson 1981). Die mit einer Transaktion einhergehenden Kosten werden als Transaktionskosten bezeichnet und umfassen Suchkosten, Vertragskosten, Kontrollkosten und Durchsetzungskosten (vgl. Dyer 1997). Dabei nimmt die Theorie sowohl beschränkte Rationalität als auch opportunistisches Verhalten der beteiligten Akteure an (vgl. Shervani/Frazier/Challagalla 2007). Ziel der Transaktionskostentheorie ist es, diejenige Transaktionsform zu identifizieren, die die Kosten einer bestimmten Transaktion minimiert (vgl. Williamson 1991). Als alternative Transaktionsformen nennt Williamson (1991) den Markt, die Hierarchie und eine hybride Form zwischen Markt und Hierarchie. Die Höhe der Transaktionskosten hängt von der Spezifität, der Unsicherheit und der Frequenz der Transaktionen ab (vgl. Williamson 1973). Die Spezifität der Transaktion bestimmt den Wertverlust der Investitionen in die Transaktion, wenn diese alternativen Verwendungsmöglichkeiten zugeführt werden (vgl. Williamson 1991). Die Unsicherheit einer Transaktion setzt sich aus einer internen und einer externen Unsicherheit zusammen (vgl. Shervani/Frazier/Challagalla 2007). Die interne Unsicherheit beschreibt die Schwierigkeit, die Tätigkeiten der Transaktionspartner zu bewerten, während die externe Unsicherheit die Schwierigkeit der Vorhersage zukünftiger Umweltbedingungen beschreibt (vgl. Williamson 1981). Die Frequenz betrifft schließlich die wiederkehrende Häufigkeit einer Transaktion (vgl. Williamson 1973). Sind alle drei Faktoren stark ausgeprägt, so ist es in den meisten Fällen effizient, die Hierarchie als Transaktionsform zu wählen (vgl. David/Han 2004; Noordewier/John/Nevin 1990).

In der Vertriebsforschung kommt die Transaktionskostentheorie insbesondere zur Erklärung der vertikalen Integration eines Vertriebssystems, also der Entscheidung zwischen direkten und indirekten Vertriebsansätzen zum Einsatz (vgl. Anderson 1985;

Anderson/Coughlan 1987; Dutta et al. 1995; John/Weitz 1988; Klein/Frazier/Roth 1990; Levy 1985; Shervani/Frazier/Challagalla 2007). Zudem bauen Studien auf der Transaktionskostentheorie auf, die die Steuerung von Vertriebspartnern im Vertriebssystem untersuchen (vgl. Brown/Dev/Lee 2000; Cannon/Achrol/Gundlach 2000; Heide/John 1992; Heide/John 1988; Kim et al. 2011; Wathne/Heide 2000; Yang/Su/Fam 2012). Des Weiteren kommt die Transaktionskostentheorie zur Erklärung der Entstehung relationaler Phänomene wie beispielsweise Commitment oder Vertrauen im Vertriebssystem zum Einsatz (vgl. Anderson/Weitz 1992; Doney/Cannon 1997; Gundlach/Achrol/Mentzer 1995; Jap/Ganesan 2000). Die Transaktionskostentheorie ist die verbreiteteste Theorie im Rahmen der bestehenden Forschung zu Vertriebskanälen. So stellen in einer aktuellen Zusammenfassung häufig zitierter Artikel der Forschung zu Vertriebskanälen Aufsätze mit Bezug zur Transaktionskostentheorie die Mehrheit dar (vgl. Kozlenkova et al. 2015).

2.2.2 Agenturtheorie

Die Agenturtheorie stellt eine weitere Theorie der neuen Institutionenökonomie dar (vgl. Schreyögg 2008) und fokussiert sich auf die vertragliche Beziehung zwischen einem Prinzipal und dem von ihm für die Erfüllung einer bestimmten Aufgabe engagierten Agenten (vgl. Jensen/Meckling 1976). Dabei werden die Annahmen getroffen, dass der Prinzipal und sein Agent beschränkter Rationalität unterliegen, unterschiedliche Ziele verfolgen sowie der Agent einen Informationsvorsprung besitzt, der ihn zu opportunistischem Verhalten befähigt (vgl. Eisenhardt 1988). Hieraus entstehen zwei unterschiedliche Agenturprobleme. Zum einen besitzt der Agent die Möglichkeit, den Prinzipal vor der Entstehung des vertraglichen Verhältnisses über seine Fähigkeiten und Absichten zu täuschen (Adverse Selection). Zum anderen kann der Agent die mit dem Prinzipal vereinbarte Tätigkeit nicht oder nur zu einem bestimmten Grad ausführen (Moral Hazard) (vgl. Eisenhardt 1989). Um seine Interessen zu wahren, ist der Prinzipal daher gezwungen, verschiedene Mechanismen wie beispielsweise Anreize oder Kontrollmaßnahmen einzusetzen (vgl. Lassar/Kerr 1996). Ziel der Agenturtheorie ist es zu erklären, welche Mechanismen in der jeweiligen Situation optimal sind, also die Agenturkosten minimieren (vgl. Eisenhardt 1985). Solche Mechanismen können während der Vertragsanbahnung aus der Informationssuche, der Motivation des Agenten zur proaktiven Signalisierung seiner Fähigkeiten oder der Förderung einer Selbstselektion des Agenten bestehen (vgl. Bergen/Dutta/Walker 1992). Um opportunistisches Verhalten des Agenten nach Vertragsabschluss zu verhindern, kann der Prinzipal sowohl verhaltensbezogene als auch ergebnisbezogene Kontrollmechanismen einsetzen (vgl. Shapiro 2005).

Im Vertriebskontext baut zum einen eine Vielzahl von intraorganisationalen Studien zur Steuerung und Vergütung der Vertriebsmitarbeiter eines Unternehmens auf der Agenturtheorie auf (vgl. Anderson/Oliver 1987; Basu et al. 1985; Challagalla/Shervani 1996; Chan/Lam 2011; Christen/Iyer/Soberman 2006; Eisenhardt 1988; Krafft 1999; Oliver/Anderson 1994). Interorganisationale Studien, die sich der Agenturtheorie bedienen, behandeln primär Koordinationsbemühungen im Vertriebssystem (vgl. Celly/Frazier 1996; Gilliland/Kim 2014; Lassar/Kerr 1996; Wallace/Johnson/Umesh 2009). Die Mehrzahl der Studien mit Bezug zur Agenturtheorie, die interorganisationale Prozesse untersuchen, konzentriert sich auf Franchisebeziehungen (vgl. Antia/Zheng/Frazier 2013; Kashyap/Antia/Frazier 2012; Lafontaine 1992) oder industrielles Einkaufsverhalten (vgl. Heide/Wathne/Rokkan 2007; Heide 2003; Stump/Heide 1996). Eine erste Verwendung der Agenturtheorie zur Erläuterung der strukturellen Gestaltung des Vertriebssystems leistet die in Kapitel 3 dargestellte Studie I.

2.2.3 Kontingenztheorie

Die dritte Theorie befasst sich mit dem Zusammenhang zwischen der Struktur und situativen Umgebungsfaktoren (vgl. Lee/Kozlenkova/Palmatier 2015). Dabei basiert die Kontingenztheorie auf der Systemtheorie, die eine Organisation als ein aus verschiedenen unabhängigen Subsystemen aufgebautes System definiert. Die Koordination dieser Subsysteme erfolgt durch die Interaktion verschiedener Managementansätze mit der Umwelt der jeweiligen Systeme (vgl. Olson/Slater/Hult 2005). Die Grundidee der Kontingenztheorie besteht darin, dass Strukturen und Prozesse einer Organisation nur dann effektiv sind, wenn sie den Bedingungen der Umgebung entsprechen (vgl. Drazin/van de Ven 1985) oder, wie Porter (1996, S.73) formuliert: „… fit among many activities is fundamental not only to competitive advantage but also to the sustainability of that advantage …". Kontingenzfaktoren, die die Gestaltung und das Management einer Organisation bestimmen, können sowohl innerhalb als auch außerhalb der Grenzen der Organisation verortet sein und beispielsweise die Unsicherheit der Umwelt (vgl. Souder/Sherman/Davis-Cooper 1998) oder die Entscheidungsstruktur der Organisation (vgl. Troy/Hirunyawipada/Paswan 2008) umfassen.

Die Vertriebsforschung nutzt die Kontingenztheorie bereits seit vielen Jahren. Dabei werden Kontingenzeffekte auf Verkaufsaktivitäten (vgl. Menguc/Boichuk 2012; Weitz 1981), Steuerungsmechanismen im Vertriebssystem (vgl. Joshi/Campbell 2003; Wathne/Heide 2000) und auf die Gestaltung des Vertriebssystems (vgl. Geyskens/Gielens/Dekimpe 2002; Homburg/Vollmayr/Hahn 2014) untersucht. Auch die in den Kapiteln 3 und 4 vorgestellten Studien nehmen eine Kontingenzperspektive ein und untersuchen die Auswirkungen der jeweiligen Strukturvariablen unter unterschiedlichen Bedingungen.

2.3 Bestandsaufnahme der Literatur zur Ausgestaltung der Vertriebsstruktur

2.3.1 Determinanten und Erfolgsauswirkungen der Ausgestaltung der vertikalen Vertriebsstruktur

Wie in Kapitel 2.1.3 ausgeführt, beschreibt die vertikale Vertriebsstruktur den Grad der Integration der Vertriebsaktivitäten in den unmittelbaren Verantwortungsbereich des Herstellers und betrifft daher die Entscheidung zwischen einem direkten und einem indirekten Vertriebsansatz (vgl. Anderson/Coughlan 1987; John/Weitz 1988). Seit Ende der 60er Jahre beschäftigt sich die Vertriebsforschung mit den Determinanten des Ausmaßes der vertikalen Integration in einem Vertriebssystem sowie seit einigen Jahren auch mit den Auswirkungen der vertikalen Integration auf den Erfolg des Vertriebssystems. Erste konzeptionelle Arbeiten (vgl. Aspinwall 1958; Bucklin 1966; Mallen 1973) wurden sukzessive um empirische Untersuchungen erweitert (vgl. Anderson 1985; John/Weitz 1988; Lilien 1979). Im Folgenden werden die verschiedenen Determinanten der vertikalen Integrationsentscheidung aufgezeigt. Im Anschluss wird auf diejenigen Studien eingegangen, die die Erfolgsauswirkungen der Gestaltung der vertikalen Struktur des Vertriebssystems untersuchen.

Die Determinanten der Wahl direkter oder indirekter Vertriebsformen lassen sich in die vier Kategorien der produktbezogenen, marktbezogenen, kundenbezogenen und unternehmensbezogenen Faktoren einteilen.

Häufig genannte *produktbezogene Determinanten*, die die Entscheidung für einen direkten Vertriebskanal bedingen, sind die Komplexität des Produkts (vgl. Anderson/Coughlan 1987; Anderson 1985; Krafft/Albers/Lal 2004; Lilien 1979; Miracle 1965) und der zusätzliche Servicebedarf des Produkts (vgl. Anderson 1985; Anderson/Schmittlein 1984; Kim/Daniels 1991; Majumdar/Ramaswamy 1995). Gründe hierfür liegen im höheren Erklärungsbedarf komplexer Produkte sowie der mangelnden Bereitschaft von Vertriebspartnern, neben dem Verkauf der Produkte auch die Erbringung bestimmter Serviceleistungen zu übernehmen.

Die Kategorie der *marktbezogenen Determinanten* umfasst insbesondere die Unsicherheit des externen Marktumfelds (vgl. Anderson 1985; Anderson 1985; Anderson/Schmittlein 1984; John/Weitz 1988; Klein 1989; Klein/Frazier/Roth 1990; Levy 1985). Unvorhersehbare Umweltbedingungen führen zu unvollkommenen Verträgen, die von Vertriebspartnern in indirekten Vertriebskanälen opportunistisch ausgenutzt werden können. Zudem erleichtert die höhere Kontrolle, die ein Hersteller über einen direkten Vertriebsansatz ausübt, die Anpassung an veränderte Umweltbedingungen.

Die Kategorie der *unternehmensbezogenen Determinanten* wird von der Spezifität des verfolgten Vertriebsansatzes dominiert (vgl. Anderson 1985; Anderson/Coughlan 1987; John/Weitz 1988; Klein/Frazier/Roth 1990; Kim/Daniels 1991; Levy 1985). Die Spezifität beschreibt das Ausmaß, in dem ein Mitglied des Vertriebssystems spezielle Investitionen tätigen muss, um Produkte oder Dienstleistungen zu vertreiben. Insbesondere die Notwendigkeit sich besonderes Wissen anzueignen, um die Zusammenarbeit mit einem Vertriebspartner zu realisieren, führt zur Entscheidung für einen direkten Vertriebsansatz. Denn eine solche Spezialisierung auf einen bestimmten Partner erschwert den Partnerwechsel, was die Gefahr opportunistischen Verhaltens des aktuellen Partners erhöht.

Kundenbezogene Determinanten umfassen die Konzentration der Kundenbasis (vgl. Jackson/d'Amico 1989), den Informationsbedarf des Kunden (vgl. Bucklin/Ramaswamy/Majumdar 1996) und die Wichtigkeit des angebotenen Produkts beziehungsweise der Dienstleistung für den Kunden (vgl. Majumdar/Ramaswamy 1995). Während eine hohe Konzentration der Kunden, beispielsweise in einem abgegrenzten geographischen Gebiet, die Durchführung eines direkten Vertriebsansatzes erleichtert, beziehen sich die weiteren Determinanten dieser Kategorie insbesondere auf den Wunsch des jeweiligen Kunden nach einer direkten Betreuung durch den Hersteller. Gründe hierfür können beispielsweise die Annahme des Kunden sein, dass eine geringere Anzahl von Mitgliedern im Vertriebskanal einen effizienteren Einkaufs- und Lieferprozess gewährleistet.

Die Determinanten für die Wahl eines indirekten Vertriebsansatzes lassen sich in dieselben Kategorien eingruppieren. In der ersten Kategorie der *produktbezogenen Determinanten* erfährt die Substituierbarkeit des Angebots besondere Aufmerksamkeit (vgl. Anderson/Coughlan 1987; Coughlan/Lal 1992; McGuire/Staelin 1983). Angebote mit hoher Substituierbarkeit zeichnen sich durch einen stärkeren Wettbewerbsdruck und den damit einhergehenden geringeren Margen aus, die Investitionen in den Aufbau eines direkten Vertriebs nicht lohnenswert machen.

Bezüglich der *marktbezogenen Determinanten* identifiziert die bisherige Forschung die Unsicherheit der Umwelt (vgl. Anderson 1985; Shervani/Frazier/Challagalla 2007) sowie die technologische Unsicherheit (vgl. Balakrishnan/Wernefelt 1986) auch als Treiber für einen indirekten Vertriebsansatz und widerspricht damit teilweise der Literatur, die eine hohe Unsicherheit eher mit einem direkten Vertriebsansatz in Verbindung bringt. Als Gründe hierfür werden das geringere Risiko des Herstellers, das mit einem indirekten Vertriebsansatz verbunden ist, sowie mögliche Vorteile einer flexiblen Anpassung an sich verändernde Bedingungen, die durch die größere Marktnähe der Vertriebspartner gegeben sind, genannt.

Determinanten der *unternehmensbezogenen Kategorie* sind insbesondere die Verfügbarkeit und Expertise des möglichen Vertriebspartners (vgl. Anderson/Weitz 1986; Jackson/d'Amico 1989; John/Weitz 1988), die einen indirekten Vertriebsansatz zunächst grundsätzlich ermöglichen. Spezifische Kenntnisse des Vertriebspartners sind beispielsweise beim Eintritt in einen bislang unbekannten Markt für den Hersteller von besonderem Vorteil und bedingen einen indirekten Vertriebsansatz.

Determinanten	... für die Wahl eines direkten Vertriebskanals	... für die Wahl eines indirekten Vertriebskanals
1. Produkt-eigenschaften	**Produktkomplexität** (Anderson/Coughlan 1987; Anderson 1985; Krafft/Albers/Lal 2004; Lilien 1979; Miracle 1965) **Transaktionshäufigkeit** (Anderson 1985; Klein 1989) **Verkaufswert** (Dutta et al. 1995; Kim/Daniels 1991; Majumdar/Ramaswamy 1995) **Servicebedarf** (Anderson 1985; Anderson/Schmittlein 1984; Majumdar/Ramaswamy 1995; Miracle 1965) **Customization** (Aspinwall 1958; Majumdar/Ramaswamy 1995) **Produktdifferenzierung** (Anderson/Coughlan 1987) **Produktattraktivität** (Anderson 1985)	**Ersetzbarkeit** (Anderson/Coughlan 1987; Coughlan 1985; Coughlan/Lal 1992; McGuire/Staelin 1983) **Stufe im Produktlebenszyklus** (Kim/Daniels 1991; Lilien 1979) **Servicebedarf** (Bucklin/ Ramaswamy/Majumdar 1996)
2. Markt-eigenschaften	**Umweltunsicherheit** (Anderson 1985; Dwyer/Welsh 1985; John/Weitz 1988; Klein 1989; Klein/Frazier/Roth 1990; Levy 1985) **Verhaltensunsicherheit** (Anderson 1985; Gatignon/Anderson 1988; Shervani/Frazier/Challagalla 2007)	**Umweltunsicherheit** (Anderson/Schmittlein 1984; Anderson 1985; Aulakh/Kotabe 1997; Shervani/Frazier/Challagalla 2007) **Technologische Unsicherheit** (Balakrishnan/Wernefelt 1986) **Marktdezentralisierung** (Bucklin 1966)
3. Unternehmens-eigenschaften	**Verfügbarkeit von Vertriebspartnern** (Jackson/d'Amico 1989) **Schwierigkeit der Leistungsmessung** (Anderson 1985; Anderson/Weitz 1986) **Vertriebsspezifität** (Anderson 1985; Anderson/Coughlan 1987; John/Weitz 1988; Kim/Daniels 1991; Klein/Frazier/Roth 1990; Levy 1985; Shervani/Frazier/Challagalla 2007) **Strategie** (Aulakh/Kotabe 1997) **Erfahrung** (Aulakh/Kotabe 1997) **Größe** (Anderson/Weitz 1986; Lilien 1979; Shapiro 1977)	**Verfügbarkeit/Expertise/Kompetenz von Vertriebspartnern/ Verkaufspersonal** (Anderson/Coughlan 1987; Anderson/Weitz 1986; Jackson/d'Amico 1989; John/Weitz 1988) **Größe** (Shapiro 1977) **Marktmacht** (Shervani/Frazier/Challagalla 2007)
4. Kunden-eigenschaften	**Kundenkonzentration** (Jackson/d'Amico 1989) **Angebotsrelevanz** (Majumdar/Ramaswamy 1995) **Einkaufshäufigkeit** (Lilien 1979) **Informationsbedarf** (Bucklin/Ramaswamy/Majumdar 1996)	**Kaufhäufigkeit** (Lilien 1979)

Tabelle 1 – Determinanten der vertikalen Integration

Im hier umrissenen und in Tabelle 1 ausführlich dargestellten Literaturfeld zu den Determinanten der vertikalen Vertriebsstruktur fallen widersprüchliche Ergebnisse zu den beiden Determinanten der externen Umwelt eines Unternehmens und der Unternehmensgröße auf. So identifizieren verschiedene Autoren die *Größe eines Unternehmens* als wichtige Determinante der vertikalen Integration. Allerdings wird die Größe des Unternehmens einerseits als eine Determinante des direkten Vertriebs angesehen, da eine entsprechende Größe Kostendegressionen ermöglicht, die den Aufbau eines direkten Vertriebs erleichtern (vgl. Anderson/Weitz 1986; Lilien 1979; Shapiro 1977). Andererseits geht diese Größe eines Unternehmens auch oft mit einer entsprechenden Marktmacht einher, die einen indirekten Vertriebsansatz begünstigt, da hierdurch opportunistisches Verhalten der Vertriebspartner eingedämmt wird (vgl. Shervani/Frazier/Challagalla 2007). Ähnlich verhält es sich bei der Determinante der *Unsicherheit des Umfelds*, die einerseits aufgrund der dadurch bedingten Unvollkommenheit von Verträgen einen direkten Vertriebsansatz bedingt (vgl. Anderson 1985; Anderson/Schmittlein 1984; John/Weitz 1988; Klein 1989; Klein/Frazier/Roth 1990; Levy 1985). Andererseits betonen einige Autoren, dass eine hohe Unsicherheit indirekte Vertriebsansätze treibt, da hier die nötige Flexibilität besser sichergestellt werden kann (vgl. Anderson 1985; Anderson/Schmittlein 1984; Gatignon/Anderson 1988; Shervani/Frazier/Challagalla 2007). Gründe für diese unterschiedlichen Ergebnisse sind beispielsweise in selektiv berücksichtigten Kontingenzeffekten (Marktmacht, vgl. Shervani/Frazier/Challagalla 2007) oder in der Aufteilung des Konstrukts der Unsicherheit in mehrere Bestandteile (interne und externe Unsicherheit, vgl. Anderson/Schmittlein 1984) zu finden.

Obwohl die Determinanten der vertikalen Vertriebsstruktur bereits breit erforscht wurden, liegen nur wenige Erkenntnisse über die *Erfolgsauswirkung des Ausmaßes der vertikalen Integration* vor. Des Weiteren wurde die Mehrzahl der Studien im Kontext des Exports von Produkten und Dienstleistungen und der damit verbundenen Wahl des geeigneten Vertriebswegs durchgeführt. Srinivasan (2006) zeigt auf, dass ein hohes Maß an indirektem Vertrieb in einem Vertriebssystem abhängig von unterschiedlichen Charakteristika des Unternehmens den intangiblen Firmenwert sowohl steigern als auch senken kann. Chu, Chintagunta und Vilcassim (2007) vergleichen in ihrer Studie den ökonomischen Wert direkter und indirekter Kanäle für zehn Unternehmen aus der

Computerbranche mit individuell unterschiedlichen Ergebnissen. Auf ausländischen Märkten erklärt die Ausgestaltung der vertikalen Struktur nach Aulakh und Kotabe (1997) grundsätzlich nicht den Erfolg des Vertriebssystems. Positive Erfolgsauswirkungen treten nur dann auf, wenn das Ausmaß der vertikalen Integration zu den transaktionsspezifischen Bedingungen sowie den Fähigkeiten und Zielen des jeweiligen Unternehmens passt. Ähnliche Ergebnisse finden auch He, Brouthers und Filatotchev (2013), die zeigen, dass die Wahl eines direkten oder indirekten Vertriebsansatzes für Exporte mit dem Grad der Marktorientierung des Unternehmens sowie der institutionellen Distanz zwischen dem Heimatmarkt des Unternehmens und dem Exportmarkt übereinstimmen muss, um eine positive Erfolgsauswirkung zu erzielen. Auch Brettel, Engelen und Müller (2011) demonstrieren, dass sich der Grad der vertikalen Integration dann positiv auf den Erfolg auswirkt, wenn sich die Entscheidung für einen direkten oder indirekten Vertriebsansatzes an den Kriterien der Spezifität, Unsicherheit und Transaktionsfrequenz orientiert. Die Abhängigkeit des Erfolgs der Ausgestaltung der vertikalen Struktur von verschiedenen, in der Transaktionskostentheorie enthaltenen Faktoren bestätigen weitere Untersuchungen von Brouthers, Brouthers und Werner (2003; 2000). Schließlich zeigen Rambocas et al. (2015), dass ein indirekter Vertriebsansatz in einer Exportsituation zwar zu höheren Gewinnen des exportierenden Unternehmens führt, allerdings sowohl die Zufriedenheit als auch die Loyalität der Kunden eher durch einen direkten Vertriebsansatz gesteigert werden.

2.3.2 Determinanten und Erfolgsauswirkungen der Ausgestaltung der horizontalen Vertriebsstruktur

Die horizontale Struktur des Vertriebssystems kann, wie in Kapitel 2.1.3 beschrieben, in die Anzahl unterschiedlicher Kanäle im Vertriebssystem und die Distributionsintensität unterteilt werden. Im Folgenden soll zunächst auf die Determinanten und die Erfolgsauswirkungen des Mehrkanalvertriebs eingegangen werden, bevor bezüglich der Distributionsintensität analog verfahren wird.

Konzeptionelle Grundlagen 21

Determinanten	... für die Wahl eines Mehrkanalvertriebs	... gegen die Wahl eines Mehrkanalvertriebs
1. Produkteigenschaften	**Kanaltauglichkeit** (Gabrielsson/Gabrielsson 2011) **Breite der Produktpalette** (Jindal et al. 2007; Käuferle/Reinartz 2015) **Produktkomplexität** (Coelho/Easingwood 2008; Coelho/Easingwood 2003)	**Produktstandardisierung** (Sa Vinhas/Anderson 2005)
2. Markteigenschaften	**Marktreife** (Coelho/Easingwood 2008) **Einführung neuer Technologien** (Gabrielsson/Kirpalani/Luostarinen 2002) **Marktwachstum** (Sa Vinhas/Anderson 2005) **Marktunsicherheit** (Coelho/Easingwood 2004; Gabrielsson/Kirpalani/Luostarinen 2002; John/Weitz 1988; Kabadayi 2011)	**Veränderungen des Kaufverhaltens über verschiedene Kanäle** (Sa Vinhas/Anderson 2005) **Kundenexpertise** (Jindal et al 2007)
3. Unternehmenseigenschaften	**Economies of Scope** (Coelho/Easingwood 2008; Easingwood/Coelho 2003) **Strategie** (Gabrielsson/Gabrielsson 2011; Jindal et al. 2007) **Ressourcenausstattung** (Coelho/Easingwood 2004; Coelho/Easingwood 2003) **Wettbewerbsposition** (Coelho/Easingwood 2008)	**Kundenorientierung** (Jindal et al. 2007) **Vertriebspartnervolatilität** (Coelho/Easingwood 2005, Achrol/Stern 1988) **Vertriebspartnerheterogenität** (Coelho/Easingwood 2005, Achrol/Stern 1988)
4. Kundeneigenschaften	**Kundensegment** (Coelho/Easingwood 2008) **Kundenvolatilität** (Anderson/Day/Rangan 1997, Achrol/Stern 1988; Coelho/Easingwood/Coelho 2003; Coelho/Easingwood 2005; Easingwood/Coelho 2003) **Kundenheterogenität** (z B. Achrol/Stern 1988; Coelho/Easingwood 2005) **Suchverhalten** (Jindal et al 2007)	
5. Beziehungseigenschaften	**Langfristige Perspektive** (Gabrielsson/Kirpalani/Luostarinen 2002) **Partnerschaftsvorteile** (Gabrielsson/Kirpalani/Luostarinen 2002) **Abhängigkeit zwischen Hersteller und Vertriebspartner** (Dutta et al. 1995) **Machtverteilung** (Coelho/Easingwood 2003; Gabrielsson/Kirpalani/Luostarinen 2002) **Informationsasymmetrie** (Anderson/Weitz 1986; Dutta et al. 1995; Heide 2003; Heide 1994)	**Konflikt** (Coelho/Easingwood 2008, Coelho/Easingwood 2003)

Tabelle 2 – Determinanten der Wahl eines Mehrkanalvertriebs

Obwohl „… literature has not matched the practical importance of multiple channels …" (Coelho/Easingwood 2004, S. 4), liegen verschiedene Studien zu den Determinanten des Mehrkanalvertriebs vor, die sich in die Kategorien der marktbezogenen, kundenbezogenen, unternehmensbezogenen, produktbezogenen und beziehungsbezogenen Determinanten einordnen lassen. Tabelle 2 gibt einen Überblick über alle Kategorien. Innerhalb der Kategorie der *marktbezogenen Determinanten* des Mehrkanalvertriebs wurde insbesondere die Unsicherheit des Markts (vgl. Coelho/Easingwood 2004; Gabrielsson/Kirpalani/Luostarinen 2002; John/Weitz 1988; Kabadayi 2011) als wichtige Determinante identifiziert. Die Sammlung von Informationen über verschiedene Kanäle kann Unsicherheit verringern. Zudem erhöht eine breite Aufstellung des Vertriebssystems mit unterschiedlichen Kanälen die Wahrscheinlichkeit, in einer unsicheren Zukunft den nachgefragten Vertriebsansatz zu verfolgen.

Unter den *kundenbezogenen Determinanten* sticht die Kundenvolatilität hervor (vgl. Anderson/Day/Rangan 1997; Coelho/Easingwood 2005; Easingwood/Coelho 2003). Ändert sich das Verhalten der Kunden häufig und auf nicht vorhersehbare Weise, so ermöglichen verschiedene Kanäle dem Unternehmen, Verschiebungen in den Präferenzen der Kunden für unterschiedliche Vertriebsansätze zu beobachten und daraus die entsprechenden Schlüsse zu ziehen.

In der Kategorie der *unternehmensbezogenen Determinanten* wurden durch die bisherige Forschung verschiedene Faktoren identifiziert, die sich zum einen auf die Ressourcenausstattung und Fähigkeiten eines Unternehmens beziehen (vgl. Coelho/Easingwood 2004; Coelho/Easingwood 2003) und zum anderen die strategische Orientierung eines Unternehmens betreffen (vgl. Gabrielsson/Gabrielsson 2011; Jindal et al. 2007). So können beispielsweise Unternehmen, die über verschiedene Produktlinien Verbundvorteile realisieren, leichter Investitionen tätigen, die für den Aufbau eines Mehrkanalvertriebs nötig sind. Unternehmen, die sich strategisch an der Idee der Kostenführerschaft orientieren und somit eine große Anzahl an Kunden benötigen, tendieren ebenfalls zum Mehrkanalvertrieb, da durch die unterschiedlichen Vertriebskanäle mehr Kunden angesprochen werden können.

In der Kategorie der *beziehungsorientierten Determinanten* bestimmt zum einen die Informationsausstattung des Unternehmens im Vergleich zu aktuellen oder möglichen zukünftigen Vertriebspartnern die Gestaltung der horizontalen Struktur des Vertriebssystems (vgl. Anderson/Weitz 1986; Dutta et al. 1995; Heide 2003; Heide 1994). So kann ein Unternehmen den durch die Kombination eines direkten Vertriebskanals mit einem indirekten Vertriebskanal gewonnenen unmittelbaren Zugang zu Kunden und Märkten zur Gewinnung von Informationen nutzen, um bestehende Informationsasymmetrien im Vertriebssystem auszugleichen. Zum anderen treibt die Verhandlungsmacht des Unternehmens die Anwendung eines Mehrkanalvertriebs (vgl. Coelho/Easingwood 2003; Gabrielsson/Kirpalani/Luostarinen 2002). Eine starke Verhandlungsposition im Vertriebssystem erleichtert dem Unternehmen die Koordination verschiedener direkter und indirekter Kanäle.

Die letzte Kategorie beinhaltet *produktbezogene Determinanten* des Mehrkanalvertriebs. Unternehmen greifen insbesondere dann auf den Mehrkanalvertrieb zurück, wenn sie sich durch eine breite Produktpalette auszeichnen (vgl. Jindal et al. 2007) oder das angebotene Produkt für den Verkauf in verschiedenen Kanälen geeignet ist (vgl. Gabrielsson/Gabrielsson 2011).

Die Mehrzahl der bisherigen Untersuchungen beschäftigt sich mit Faktoren, die zur Entscheidung für einen Mehrkanalvertrieb führen. Dennoch bestehen auch einige Erkenntnisse über die Entscheidung für eine Vertriebsstruktur mit nur wenigen oder nur einem Vertriebskanal. Insbesondere wenn sich das Verhalten möglicher Vertriebspartner häufig ändert (vgl. Coelho/Easingwood 2005), die Produkte des Unternehmens stark standardisiert sind (vgl. Sa Vinhas/Anderson 2005), sich die Kunden des Unternehmens durch eine hohe Expertise auszeichnen oder das Unternehmen stark kundenfokussiert ist (vgl. Jindal et al. 2007), wird tendenziell ein Vertriebsansatz mit nur wenigen Kanälen gewählt.

Die *Erfolgsauswirkungen des Mehrkanalvertriebs* wurden durch die Diskussion möglicher Vor- und Nachteile zunächst konzeptionell untersucht (vgl. Coelho/Easingwood 2003; Coelho/Easingwood 2004; Neslin et al. 2006; Rosenbloom 2007). Häufig genannte positive Auswirkungen sind dabei eine höhere Marktabdeckung, steigende Kundenzufriedenheit durch eine adäquate Kundenansprache mit den jeweils präferierten Kanälen, die Sammlung von Informationen über Kunden und Märkte, eine Kostendegression durch realisierte Verbundeffekte im Vertrieb und die Reduzierung von

Abhängigkeiten und Risiken durch die Nutzung mehrerer Vertriebskanäle. Als Risiken des Mehrkanalvertriebs wurden die Verwirrung der Kunden durch unterschiedliche Vertriebskanäle, Konflikte zwischen den einzelnen Kanälen und steigende Vertriebskosten durch die Verteilung einer gleichbleibenden Absatzmenge auf mehrere Vertriebskanäle identifiziert.

In einer der ersten empirischen Studien zur Erfolgsauswirkung des Mehrkanalvertriebs zeigen Easingwood und Storey (1996), dass sich der Verkauf von Finanzprodukten über verschiedene Kanäle positiv auf unterschiedliche Erfolgsgrößen wie den Umsatz oder die Profitabilität auswirkt. Coelho, Easingwood und Coelho (2003) kommen zu ähnlichen Ergebnissen bezüglich der positiven Auswirkung des Mehrkanalvertriebs auf den Umsatz, stellen allerdings einen negativen Einfluss auf die Profitabilität fest. Wallace, Giese und Johnson (2004) zeigen auf, dass die Verwendung multipler Vertriebskanäle zur Steigerung der Kundenzufriedenheit und der Kundenloyalität führt. Srinivasan (2006) kommt zu dem Ergebnis, dass die Verwendung mehrerer Vertriebskanäle den intangiblen Firmenwert in Abhängigkeit von bestimmten Unternehmenscharakteristika erhöhen oder verringern kann. Auch Kabadayi, Eyuboglu und Thomas (2007) zeigen, dass der Mehrkanalvertrieb sich dann positiv auf Umsatz, Profitabilität und Wachstum eines Unternehmens auswirkt, wenn die Vertriebsstruktur zur Unternehmensstrategie und den Umweltbedingungen passt. In einer aktuellen Studie finden Käuferle und Reinartz (2015) ebenfalls nur dann einen positiven Effekt der Nutzung verschiedener Vertriebskanäle, wenn diese zum individuellen Kontext des Unternehmens, beispielsweise dessen Strategie, passen.

Neben den hier erwähnten Studien zu den Erfolgsauswirkungen der Anzahl der Vertriebskanäle als Aspekt der horizontalen Vertriebsstruktur beschäftigt sich eine Vielzahl von Untersuchungen mit der Erfolgsauswirkung des Managements von multiplen Vertriebskanälen. Hierbei liegt die Kernfrage in der Entscheidung zwischen einer engen Führung des Mehrkanalvertriebs mit dem Fokus auf der Konsistenz des Vertriebssystems und homogenen Angeboten in den unterschiedlichen Kanälen oder einer breiteren Aufstellung, die den einzelnen Vertriebskanälen eine individuelle Ausgestaltung erlaubt (vgl. Coelho/Easingwood 2003; Stone/Hobbs/Khaleeli 2002). Für weitere Einblicke in die Erfolgsauswirkungen des Managements des Mehrkanalvertriebs sei auf die von Cao und Li (2015) vorgelegt Übersicht verwiesen.

Neben der Anzahl der Vertriebskanäle bildet die *Distributionsintensität* den zweiten Bestandteil der horizontalen Vertriebsstruktur. Stern, El-Ansary und Coughlan (1996, S. 340) postulieren, dass „... one of the key elements of channel management is deciding how many sales outlets should be established in a given geographic area ...". Daher sollen im Folgenden verschiedene Determinanten der Distributionsintensität beschrieben werden, die sich in die Kategorien der marktbezogenen, produktbezogenen, herstellerbezogenen und beziehungsbezogenen Faktoren einordnen lassen.

Bei den *marktbezogenen Determinanten* hängt das Ausmaß der Distributionsintensität besonders von der Volatilität des Marktes sowie der Wettbewerbsintensität ab (vgl. Dutta/Heide/Bergen 1999; Fein/Anderson 1997; McKee/Varadarajan/Pride 1989). Interessant ist hierbei, dass eine hohe Wettbewerbsintensität die Distributionsintensität sowohl erhöhen als auch senken kann. So führt eine hohe Wettbewerbsintensität dazu, dass der Hersteller ein Produkt oder eine Dienstleistung nur selektiv vertreibt, um zusätzlichen Wettbewerb innerhalb des eigenen Vertriebssystems zu vermeiden (vgl. Dutta/Heide/Bergen 1999). Allerdings kann eine hohe Wettbewerbsintensität den Hersteller ebenso dazu motivieren, die Verfügbarkeit seines Angebots im Markt zu stärken und daher eine möglichst hohe Distributionsintensität anzustreben (vgl. Fein/Anderson 1997).

Produktbezogene Faktoren wie der Wert eines Produkts, die Häufigkeit des Kaufs, die Wichtigkeit des Produkts für den Kunden oder die Produktkomplexität zählen zu den am frühesten identifizierten Determinanten der Distributionsintensität (vgl. Miracle 1965). Der beispielsweise mit der Komplexität des Produkts einhergehende Erklärungs- und Unterstützungsbedarf des Kunden verlangt nach einem möglichst einfachen Zugang des Kunden zu Einkaufs- und Beratungsmöglichkeiten und somit nach einer hohen Anzahl an Vertriebseinheiten in den jeweiligen Kanälen (vgl. Käuferle/Reinartz 2015).

Des Weiteren bestimmen *unternehmensbezogene Determinanten* den Grad der Distributionsintensität. Hier identifiziert die bestehende Literatur insbesondere die Unternehmensstrategie sowie die Relevanz eines bestimmten Marktsegments für das Unternehmen (vgl. Fein/Anderson 1997; Frazier/Lassar 1996; Käuferle/Reinartz 2015; McKee/Varadarajan/Pride 1989). So versucht ein Hersteller in einem für ihn besonders wichtigen Marktsegment einen hohen Marktanteil zu erlangen, indem er sein Angebot mit hoher Distributionsintensität im Markt vertreibt (vgl. Fein/Anderson 1997). Verfolgt ein Hersteller eine Strategie als Qualitätsführer, so legt er besonderen Wert auf die Auswahl der Vertriebseinheiten in den einzelnen Kanälen. Da die angelegten Maßstäbe nur von wenigen Vertriebseinheiten erfüllt werden können, stellt sich die Distributionsintensität in dieser Situation als eher gering dar (vgl. Frazier/Lassar 1996).

Die letzte Kategorie umfasst die *beziehungsorientierten Determinanten* der Distributionsintensität. So führen eventuell notwendige Investitionen in die Beziehung zwischen dem Hersteller und den Vertriebseinheiten aufgrund der verbrauchten Ressourcen zu einer geringeren Distributionsintensität (vgl. Dutta/Heide/Bergen 1999; Fein/Anderson 1997). Ebenso wirkt sich der Koordinationsanspruch und –aufwand des Herstellers zur Steuerung der Vertriebseinheiten im Vertriebssystem negativ auf die Höhe der Distributionsintensität aus (vgl. Frazier/Lassar 1996).

Bezüglich der *Erfolgsauswirkungen der Distributionsintensität* wird, zumindest für Verbrauchsgüter, grundsätzlich von einem positiven Einfluss der Distributionsintensität auf den Umsatz des vertriebenen Produkts ausgegangen (vgl. Coughlan et al. 2006). Anderson und Weitz (1992) stellen darüber hinaus fest, dass sich eine geringe Distributionsintensität positiv auf die Einschätzung des Commitments des Herstellers seitens seiner Vertriebspartner auswirkt und damit die Beziehungsqualität im Vertriebssystem verbessert. Auch Iglesias, Trespalacios und Vazquez (2000) zeigen positive Konsequenzen einer geringen Distributionsintensität in der Beziehung zwischen einem Hersteller und seinen Vertriebspartnern auf. So steigt in einer solchen Situation zum einen die Anzahl der Produkte des Herstellers, die ein Vertriebspartner in sein Sortiment übernimmt. Zum anderen nimmt die Kontrolle, die der Hersteller über die Entscheidungen des Vertriebspartners ausübt, beispielsweise bezüglich der Preisgestaltung für den Endkunden, zu. Betrachtet man den Einfluss der Distributionsintensität auf quantitative Erfolgsgrößen wie den Marktanteil des Herstellers, so zeigen bisherige Studien nicht-lineare Effekte. Reibstein und Farris (1995) finden beispielsweise heraus, dass ein konvexer Zusammenhang zwischen der Distributionsintensität und dem Marktanteil besteht. Bronnenberg, Mahajan und Vanhonacker (2000) können einen positiven Einfluss der Distributionsintensität auf den Marktanteil nur in frühen Phasen des Produktlebenszyklus nachweisen. Mögliche Auswirkungen der Distributionsintensität auf unterschiedliche Erfolgsgrößen demonstrieren Bucklin, Siddarth und Silva-Risso (2008), die zu dem Schluss kommen, dass die Distributionsintensität zwar die Kaufwahrscheinlichkeit der potentiellen Kunden für Neu- und Gebrauchtwagen in Kalifornien erhöht, allerdings die Profitabilität der Autohändler verringert.

2.3.3 Determinanten und Erfolgsauswirkungen der Ausgestaltung der bürokratischen Vertriebsstruktur

Die bürokratische Vertriebsstruktur bildet die dritte strukturelle Dimension eines Vertriebssystems und beschreibt dessen „… instituted governance structure …" (Paswan/Guzmán/Blankson 2012, S. 909). Somit manifestiert die bürokratische Struktur die Entscheidungsmöglichkeiten der einzelnen Mitglieder im Vertriebssystem (vgl. Boyle/Dwyer 1995; Dwyer/Oh 1987; John 1984). Obwohl die bürokratische Struktur bereits seit den 80er Jahren im Vertriebskontext untersucht wird, ist diese dritte strukturelle Dimension im Vergleich zur vertikalen und horizontalen Struktur des Vertriebssystems am wenigsten erforscht. Denn die Mehrzahl der existierenden Studien zu den Bestandteilen der bürokratischen Struktur, wie beispielsweise der Formalisierung oder der Zentralisierung, beziehen sich lediglich auf *intra-organisationale* Prozesse, also beispielsweise auf den Einsatz detaillierter Aufgabenbeschreibungen oder die Partizipation von Mitarbeitern an den Entscheidungen ihres Vorgesetzten innerhalb eines Unternehmens (vgl. Aiken/Hage 1968; Dewar/Whetten/Boje 1980; John/Martin 1984; Menon/Bharadwaj/Howell 1996; Reimann 1974; Vorhies/Morgan 2003; Workman/Homburg/Gruner 1998). Die in der vorliegenden Arbeit angewandte Konzeptionalisierung der bürokratischen Struktur verlangt allerdings nach einer *inter-organisationalen* Perspektive, um die Entscheidungsprozesse zwischen verschiedenen Mitgliedern eines Vertriebssystems, beispielsweise zwischen dem Hersteller und einem Vertriebspartner, zu beleuchten. Im Folgenden soll daher zunächst auf die Determinanten der inter-organisationalen bürokratischen Struktur eingegangen werden, bevor deren Auswirkungen diskutiert werden.

Die Determinanten der bürokratischen Struktur des Vertriebssystems lassen sich in die Kategorien der umweltorientierten, beziehungsorientierten und herstellerorientierten Faktoren zusammenfassen. In der Kategorie der *umweltorientierten Determinanten* führt zunächst die Unsicherheit der Umwelt grundsätzlich zu einem stärkeren Fokus auf verhaltensregulierende Steuerungsmaßnahmen wie der bürokratischen Struktur (vgl. Celly/Frazier 1996). Ein Hersteller versucht, solche Unsicherheiten zu reduzieren, indem durch die Etablierung fester bürokratischer Strukturen die Kontrolle über das Vertriebssystem erhöht wird (vgl. Paswan/Dant/Lumpkin 1998). Ebenso beeinflusst die Ausstattung der Umwelt eines Vertriebssystems mit relevanten Ressourcen die Ausgestaltung der bürokratischen Struktur. So resultiert ein reiches Ressourcenvorkommen in der Umwelt des Vertriebssystems in ein geringes Ausmaß an Formalisierung und Zentralisierung sowie in mehr Partizipation im Vertriebssystem (vgl. Dwyer/Oh 1987; Dwyer/Welsh 1985).

Bezüglich der *beziehungsorientierten Determinanten* identifiziert die bestehende Literatur zum einen den negativen Einfluss von relationalen Faktoren wie Vertrauen, Kooperation und offener Kommunikation im Vertriebssystem auf das Ausmaß an bürokratischer Struktur (vgl. Paswan/Dant/Lumpkin 1998). Des Weiteren wirken sich die Belohnungs- und Zwangsmaßnahmen des Herstellers gegenüber seinen Vertriebspartnern auf die bürokratische Struktur aus. Der Einsatz von Belohnungen erhöht beispielsweise den Grad an Partizipation im Vertriebssystem (vgl. Schul/Babakus 1988).

Die letzte Kategorie der *herstellerorientierten Determinanten* beinhaltet die Auswahl der Arten von Vertriebspartnern, wie beispielsweise Großhandel, unabhängigen Händlern oder Händlerkooperationen, als Einflussgröße für das Ausmaß an bürokratischer Struktur (vgl. Dwyer/Oh 1988; Dwyer/Welsh 1985). Zudem erhöhen sich Formalisierung und Zentralisierung in einem Vertriebssystem durch Veränderungen in weiteren Strukturdimensionen, beispielsweise wenn der Hersteller neben indirekten Vertriebsformen auch direkte Vertriebsansätze einführt (vgl. Heide 2003) oder wenn der Hersteller eine bestimme Stufe des Vertriebssystems integriert und zum Beispiel die Großhandelsfunktion selbst ausübt (vgl. Corriveau/Tamilia 2002).

Die *Auswirkungen der Ausgestaltung der bürokratischen Struktur* wurden bezüglich unterschiedlicher nicht-finanzieller Größen untersucht. In einer aktuellen Meta-Analyse zeigen Crosno und Brown (2015), dass eine verhaltensbezogene Kontrolle wie die bürokratische Struktur grundsätzlich die Beziehungsqualität, beispielsweise charakterisiert durch Vertrauen und Commitment, erhöht. Dwyer und Oh (1987) schlüsseln den Einfluss der bürokratischen Struktur auf die Beziehungsqualität auf, indem sie zu dem Ergebnis kommen, dass die Partizipation und die Formalisierung einen positiven und die Zentralisierung einen negativen Effekt ausüben. Sánchez, Vélez und Ramón-Jerónimo (2012) sowie Gençtürk und Aulakh (2007) treffen gegenteilige Aussagen, da sich in ihren Untersuchungen die Formalisierung negativ auf das Vertrauen, das Commitment und die Flexibilität im Vertriebssystem auswirkt. Auch John (1984) findet einen negativen Einfluss einer stark ausgeprägten bürokratischen Struktur auf die Beziehungsorientierung. Eine hohe Ausprägung der Zentralisierung und der Formalisierung führen also zu negativen Attitüden gegenüber dem jeweiligen Partner in der Beziehung. Bezüglich des Ausmaßes an Opportunismus in einer Beziehung kommt die bisherige Forschung zu unterschiedlichen Aussagen. So zeigen auf der einen Seite Dahlstrom und Nygaard (1999), dass die Formalisierung Opportunismus in Franchise-Beziehungen reduziert. Auf der anderen Seite kommt John (1984) zu dem Ergebnis, dass ein positiver Zusammenhang zwischen einer stark ausgeprägten bürokratischen Struktur und opportunistischem Verhalten im Vertriebssystem einer Ölgesellschaft existiert. Heide, Wathne und Rokkan (2007) unterstützten dieses Ergebnis mit einer Untersuchung die zeigt, dass verhaltensbezogene Kontrollmechanismen grundsätzlich Opportunismus steigern.

Neben der Beziehungsqualität untersuchte die Forschung bislang den Einfluss der bürokratischen Struktur auf die vom Hersteller angewandten *Methoden des Vertriebspartnermanagements*. So zeigen Boyle und Dwyer (1995) unter anderem, dass die Zentralisierung die Verwendung von Sanktionen seitens des Herstellers fördert, während die Formalisierung zum Einsatz von Empfehlungen und Informationsaustausch seitens des Herstellers führt. Geyskens, Steenkamp und Kumar (1999) können diese Erkenntnisse in einer Meta-Analyse bestätigen. Schließlich führt in Koza und Dants (2007) Untersuchung eine stark ausgeprägte bürokratische Struktur zu einer unilateralen Kommunikation des Herstellers im Vertriebssystem und verhindert dadurch den Informationsaustausch und die Diskussion im Vertriebssystem.

Neben den hier erwähnten wissenschaftlichen Arbeiten untersuchen einzelne Studien den Einfluss der Ausgestaltung der bürokratischen Struktur auf die Marktorientierung (vgl. Hernández-Espallardoa/Arcas-Lario 2003), den strategischen Fokus des Herstellers (vgl. Paswan/Guzmán/Blankson 2012) oder die Endkundenzufriedenheit (vgl. Sa Vinhas/Heide 2015). Zudem zeigen Kabadayi, Eyuboglu und Thomas (2007) auf, dass die Erfolgsauswirkung der bürokratischen Struktur insbesondere dann hoch ist, wenn sie adäquat zur Unternehmensstrategie und den jeweiligen Umweltbedingungen konfiguriert ist.

2.4 Bestandsaufnahme der Literatur zu Veränderungsmaßnahmen in der Vertriebsstruktur

„Changes to the channel system are among a firm's most critical decisions ...", stellen Homburg, Vollmayr und Hahn (2014) fest, denn die andauernde Veränderung des Marktumfelds bedingt die Anpassung des Vertriebssystems an die vorliegenden Realitäten. So führen beispielsweise technologische Innovationen zur Einführung neuer Vertriebskanäle (vgl. Gabrielsson/Gabrielsson 2011; Sheth/Sharma 2008), steigende Kundenerwartungen zu neuen Aufgaben des Vertriebssystems (vgl. Adamson/Dixon/Toman 2012; Wilson/Daniel 2007) und Konsolidierungsaktivitäten zu Machtverschiebungen zwischen den Mitgliedern des Vertriebssystems (vgl. Kim/Jung/Park 2015). Alle drei hier beschriebenen Strukturdimensionen des Vertriebssystems können von solchen Veränderungen betroffen sein. Dementsprechend soll im Folgenden zunächst auf die Typologisierung verschiedener Veränderungsmaßnahmen im Vertriebssystem eingegangen werden, bevor deren Determinanten und Erfolgsauswirkungen beschrieben werden.

2.4.1 Überblick über Veränderungsprozesse in der Vertriebsstruktur

„Channel changes refer to changes in channel structure ..." (Chen/John/Narasimhan 2008, S. 398). Betrachtet man daher die in der bisherigen Forschung untersuchten Veränderungsprozesse so fällt auf, dass zwar Veränderungen in der vertikalen, horizontalen und bürokratischen Struktur des Vertriebssystems berücksichtigt wurden, allerdings in unterschiedlicher Intensität. Die Mehrzahl der Studien zu Veränderungsmaßnahmen im Vertriebssystem betrifft die horizontale Vertriebsstruktur und im Speziellen die Anzahl der genutzten Kanäle. Dabei spielt insbesondere das Hinzufügen eines Online-Vertriebskanals zu bestehenden Kanälen eine große Rolle (vgl. Cattani 2006; Cheng et al. 2007; Chung/Chatterjee/Sengupta 2012; Chun et al. 2011; Cho/Menor 2012; Deleersnyder et al. 2002; Doherty/Ellis-Chadwick/Hart 2003; Geyskens/Gielens/Dekimpe 2002; Hernando/Nieto 2007; Lee/Grewal 2004; Mols 2001;

Ordanini 2011; Tsay/Agrawal 2004; Webb 2002). Allerdings untersuchen auch einige Studien die Erweiterung der horizontalen Struktur des Vertriebssystems durch Offline-Kanäle (vgl. Avery et al. 2012; Chu/Chintagunta/Vilcassim 2007; Dutta et al. 1995). Im Gegensatz zur Anzahl der Kanäle eines Vertriebssystems, thematisiert nur eine geringe Anzahl an Studien Veränderungen in der Distributionsintensität (vgl. Bronnenberg/Mahajan/Vanhonacker 2000; Bucklin/Siddarth/Silva-Risso 2008; Homburg/Vollmayr/Hahn 2014). Veränderungsmaßnahmen in der vertikalen Struktur des Vertriebssystems wurden von einer Vielzahl an Studien untersucht (vgl. Agrawal/Agrawal/Singh 2006; Anderson 1985; Benito/Pedersen/Petersen 2005; Chen/John/Narasimhan 2008; Weiss/Anderson 1992). Mit Veränderungen in der bürokratischen Struktur des Vertriebssystems beschäftigt sich lediglich Hendrikse (2011), der untersucht, wie sich Veränderungen in der strukturellen Steuerung eines Vertriebssystems auswirken.

Um Veränderungsprozesse im Vertriebssystem zu verstehen, wurden seit den 1960er Jahren in konzeptionellen Studien verschiedene Modellprozesse entwickelt. Den bekanntesten und in der Folge vielfach aufgegriffenen und weiterentwickelten Prozess stellt das von McNair (1958) entwickelte „wheel of retailing" dar, das in vier Phasen die typische Entwicklung eines Einzelhandelskonzepts darstellt (vgl. Brown 1991; Brown 1988; Dreesmann 1968; Hollander 1960; Levy et al. 2005; Roth/Klein 1993). Guiltinan (1974) geht davon aus, dass sich Veränderungen in Vertriebskanälen aufgrund der Veränderung strategischer Vertriebsziele ergeben und entwickelt einen fünfstufigen Prozess der diese Zielevolution abbildet. Stern, Sturdivant und Getz (1993) identifizieren einen achtstufigen Prozess, den Unternehmen befolgen sollten, „… to achieve the best type of distribution system for their products and services …" (S. 1). Gabrielsson, Kirpalani und Luostarinen (2002), ebenso wie Payne und Frow (2004), zeigen auf, wie sich Vertriebssysteme von Einkanal- zu Mehrkanal-Vertriebssystemen entwickeln. Speziell auf die Entwicklung der Beziehung zwischen zwei Mitgliedern eines Vertriebssystems fokussieren sich Crosno und Dahlstrom (2011) und identifizieren vier Stufen der Beziehungsevolution. Auch Zikmund und Catalanello (1976) rücken die Beziehungen innerhalb des Vertriebssystems in den Fokus und übertragen Erkenntnisse aus der Organisationsentwicklung auf den Kontext des Vertriebskanals mit dem Ziel, durch die strategische Entwicklung des Vertriebskanals Konflikte zwischen dem Hersteller und seinen Vertriebspartnern zu minimieren. Bairstow und Young (2012) sowie Quinn und Murray (2005) zeigen schließlich die historische Entwicklung zweier Vertriebssysteme in unterschiedlichen Branchen auf und teilen diese in verschiedene Phasen der Evolution ein.

Fasst man die Literatur zur Konzeptualisierung von Veränderungsprozessen im Vertriebssystem zusammen, so zeigen sich folgende Eigenschaften. Erstens fokussieren sich viele Autoren auf die Entwicklung von Handelsorganisationen und bilden deren Veränderungsmuster beispielsweise mit dem „wheel of retailing" (vgl. McNair 1958) oder dem „accordion of retailing" (vgl. Hollander 1966) ab. Zweitens betrachtet die Literatur häufig die strategische Ebene on Veränderungsprozessen, indem die strategischen Ziele oder Entscheidungsschritte, die zu Veränderungsaktivitäten führen, untersucht werden (vgl. Guiltinan 1974; Stern/Sturdivant/Getz 1993). Drittens konzentriert sich die Literatur auf die Beziehung zwischen den Mitgliedern des Vertriebssystems und deren Veränderung (vgl. Crosno/Dahlstrom 2011; Zikmund/Catalanello 1976).

2.4.2 Determinanten von Veränderungsprozessen in der Vertriebsstruktur

In der bestehenden Literatur lassen sich verschiedene Determinanten von Veränderungen im Vertriebssystem identifizieren, die in die Kategorien der herstellerbezogenen, beziehungsbezogenen, kundenbezogenen und umweltbezogenen Faktoren eingeordnet werden können. Dabei wird innerhalb der Kategorien im Folgenden nicht zwischen den spezifischen Veränderungsschritten unterschieden, die durch die jeweiligen Determinanten ausgelöst werden. Einen Überblick über die Determinanten liefert Tabelle 3. Im Rahmen der *herstellerbezogenen Faktoren* führt insbesondere die Unzufriedenheit des Herstellers mit den aktuell verfolgten Vertriebsansätzen (vgl. Benito/Pedersen/Petersen 2005; Weiss/Anderson 1992) sowie der Ressourcenbedarf des Herstellers, beispielsweise bezüglich Informationen über den Markt, zu Veränderung im Vertriebssystem (vgl. John/Weitz 1988). Des Weiteren sorgt die Ausstattung des Herstellers mit bestimmten Fähigkeiten für Veränderungen im Vertriebssystem, weil der Hersteller dadurch beispielsweise in die Lage versetzt wird neue Technologien anzuwenden und einen Online-Kanal einzuführen (vgl. Doherty/Ellis-Chadwick/Hart 2003; Hulland/Wade/Antia 2007; Mols 2001). Beide Determinanten können zum Austausch von Vertriebspartnern oder zur vertikalen Integration im Vertriebssystem führen.

Bezüglich der *beziehungsorientierten Determinanten* betont die bestehende Literatur, dass Veränderungen im Vertriebssystem insbesondere dann auftreten, wenn die Evaluation und Kontrolle der bestehenden Vertriebsaktivitäten mit Schwierigkeiten verbunden sind (vgl. Benito/Pedersen/Petersen 2005; Dutta et al. 1995; John/Weitz 1988; Weiss/Anderson 1992). Des Weiteren bedingt das Ausmaß an Konflikt zwischen den Mitgliedern eines Vertriebssystems Veränderungen (vgl. Bairstow/Young 2012).

Ein besonders im Rahmen der Entwicklung von Mehrkanal-Vertriebssystemen diskutierter und der Kategorie der *kundenbezogenen Determinanten* zugehöriger Faktor ist die Entwicklung der Kundenpräferenzen (vgl. Anderson/Day/Rangan 1997; Coelho/Easingwood 2008; Neslin et al. 2006; Van Bruggen et al. 2010). So fordern Kunden beispielsweise neben traditionellen Einkaufsmöglichkeiten wie dem Einzelhandel auch die Möglichkeit des Einkaufs über einen Online-Shop. Um diesen Kundenpräferenzen zu entsprechen, führen Unternehmen als Veränderungsmaßnahme einen solchen Vertriebskanal ein.

Die letzte Kategorie der *umweltbezogenen Determinanten* beinhaltet zum einen Umweltfaktoren wie Unsicherheit, die Veränderungen im Vertriebssystem anstößt (vgl. Binder et al. 2012; Dutta et al. 1995; John/Weitz 1988; Quinn/Murray 2005; Sharma/Dominguez 1992). Ebenso kann eine hohe Wettbewerbsintensität im Umfeld des Unternehmens zur Veränderung des Vertriebssystems führen, indem beispielsweise zur Sicherung der Wettbewerbsposition kostengünstige Vertriebskanäle eingeführt werden (vgl. Coelho/Easingwood 2008). Darüber hinaus bedingt auch die Gestaltung der Vertriebskanäle konkurrierender Unternehmen Veränderungen im Vertriebssystem, da beispielsweise die Einführung eines innovativen Vertriebsansatzes eine entsprechende Nachahmung verursachen kann (vgl. Ford 1978; Grewal/Dharwadkar 2002; Quinn/Murray 2005).

Neben den hier erwähnten verschiedenen Treibern von Veränderungsprozessen im Vertriebssystem identifiziert die bestehende Literatur Faktoren, die sich negativ auf das Ausmaß an Veränderung im Vertriebssystem auswirken. Dabei werden insbesondere *herstellerbezogene* und *beziehungsbezogene Faktoren* diskutiert. In der ersten Kategorie verhindern zunächst allgemeine Faktoren wie die Unternehmensgröße (vgl. Coelho/Easingwood 2008) oder die generelle Trägheit des Managements (vgl. Bonoma 1981; McCammon 1967) Veränderungen. Zudem wirken Kosten, die mit der Umstellung eines Vertriebsansatzes einhergehen, Veränderungsaktivitäten entgegen (vgl. Benito/Pedersen/Petersen 2005; Weiss/Anderson 1992). In der zweiten Kategorie der beziehungsbezogenen Faktoren verhindert zum einen die Relevanz bestehender Vertriebspartner Veränderungsaktivitäten im Vertriebssystem, da eine direkte Auflösung des indirekten Vertriebskanals oder Veränderungen, die zum Konflikt mit den Vertriebspartnern führen könnten, beispielsweise aufgrund der Abhängigkeit des Herstellers von den Fähigkeiten seiner Vertriebspartner, vermieden werden (vgl. Anderson/Weitz 1989; Chung/Chatterjee/Sengupta 2012). Zum anderen reduzieren auch Beziehungseigenschaften wie die Machtverteilung, die Länge der Beziehung oder bestehendes Vertrauen die Wahrscheinlichkeit einer Veränderung im Vertriebssystem (vgl. Anderson/Weitz 1989; Ford 1978; Ganesan 1994; Liu et al. 2008).

Konzeptionelle Grundlagen

Determinanten	... für Veränderungsmaßnahmen	... gegen Veränderungsmaßnahmen
1. Produkt-eigenschaften		Produktkomplexität (Coelho/Easingwood 2008)
2. Umwelt-eigenschaften	Regulatorische Mechanismen (Grewal/Dharwadkar 2002; Quinn/Murray 2005)	
	Gesamtwirtschaftliche Entwicklung (Quinn/Murray 2005; Sharma/Dominguez 1992)	
	Umweltunsicherheit (Binder et al. 2012; Dutta et al. 1995; John/Weitz 1988)	
	Wettbewerbsintensität (Coelho/Easingwood 2008)	
3. Unternehmens-eigenschaften	Herstellerunzufriedenheit (Benito/Pedersen/Petersen 2005; Weiss/Anderson 1992)	Größe (Coelho/Easingwood 2008)
	Wechselnde strategische Prioritäten (Anderson/Day/Rangan 1997)	Wechselkosten (Benito/Pedersen/Petersen 2005; Weiss/Anderson 1992)
	Existenz alternativer Vertriebsformen (Weiss/Anderson 1992)	Organisationale Trägheit (Bonoma 1981; McCammon 1967)
	Größe (McCammon 1967; Mols 2001)	Potentielle Umsatzrückgänge (Benito/Pedersen/Petersen 2005)
	Ressourcenbedarf (Benito/Pedersen/Petersen 2005; Grewal/Dharwadkar 2002; John/Weitz 1988)	
	Economies of scope (Coelho/Easingwood 2008)	
4. Kunden-eigenschaften	Neue Kundenbedürfnisse (Anderson/Day/Rangan 1997; Coelho/Easingwood 2008; Neslin et al. 2006; Van Bruggen et al. 2010)	
	Ermächtigung der Kunden (Adamson/Dixon/Toman 2012; Van Bruggen et al. 2010)	
	Volatilität der Kundenbedürfnisse (Coelho/Easingwood 2008)	
5. Beziehungs-eigenschaften	Veränderungen der Machtverhältnisse im Kanal (Dawar/Stornelli 2013)	Vertragliche Einschränkungen (Benito/Pedersen/Petersen 2005)
	Kontroll-/Bewertungsschwierigkeiten (Benito/Pedersen/Petersen 2005; Dutta et al. 1995; John/Weitz 1988; Weiss/Anderson 1992)	Relevanz aktueller Vertriebspartner (Anderson/Weitz 1989; Chung/Chatterjee/Sengupta 2012)
	Konflikte (Bairstow/Young 2012)	Solidarität (Liu et al. 2008; McCammon 1967)
	Neue Kanalteilnehmer (Ford 1978)	Vertrauen (Anderson/Weitz 1989; Ganesan 1994)
	Zunehmende Transaktionsfragmentierung (Van Bruggen et al. 2010)	Länge der Beziehung (Anderson/Weitz 1989; Liu et al. 2008)
	Veränderungen in konkurrierenden Kanälen (Ford 1978; Grewal/Dharwadkar 2002; Quinn/Murray 2005)	Machtverteilung (Ford 1978)

Tabelle 3 – Determinanten der Veränderung im Vertriebssystem

2.4.3 Erfolgsauswirkungen von Veränderungsprozessen in der Vertriebsstruktur

Auswirkungen von Veränderungen im Vertriebssystem wurden bislang insbesondere im Kontext der Adaption des Verkaufs über das Internet untersucht. Dabei kommen die verfügbaren Studien zu unterschiedlichen Ergebnissen. So zeigen Cheng et al. (2007), dass bereits die Ankündigung der Etablierung eines Online-Kanals den Wert von Finanzdienstleistern erhöht. Auch Geyskens, Gielens und Dekimpe (2002) können aufzeigen, dass in der Zeitungsbranche die Einführung eines Online-Kanals den Firmenwert erhöht. Hernando und Nieto (2007) demonstrieren, dass Banken, die über das Internet verkaufen aufgrund reduzierter Kosten höhere Gewinne ausweisen. Lee und Grewal (2004) hingegen finden weder einen positiven noch einen negativen Einfluss der Einführung eines Online-Kanals auf die Bewertung von Einzelhändlern in den USA. Ähnliche Ergebnisse finden auch Biyalogorsky und Naik (2003), die einen negativen Effekt des Hinzufügens eines Online-Kanals entdecken, der allerdings keine statistische Signifikanz aufweist. In seiner Untersuchung der Zeitungsindustrie zeigen sich bei Deleersnyder et al. (2002) nur für wenige Fälle Kannibalisierungseffekte der Einführung eines Online-Kanals und dadurch bedingte negative Einflüsse auf das Umsatzwachstum. Osmonbekov, Bello und Gilliland (2009) hingegen demonstrieren, dass ein neuer Online-Kanal den Konflikt zwischen dem Hersteller und seinen Vertriebspartnern erhöht und dadurch deren finanziellen Erfolg mindert. Auch Ansari, Mela und Neslin (2008) zeigen einen negativen Effekt des Hinzufügens eines Online-Kanals im Einzelhandel auf.

Einige zusätzliche Studien untersuchen neben der Einführung eines Online-Kanals weitere Veränderungsaktivitäten im Vertriebssystem. So zeigen Chu, Chintagunta und Vilcassim (2007) die Konsequenzen verschiedener Veränderungen auf, wie beispielsweise die der Einführung eines indirekten Vertriebskanals bei Unternehmen in der Computerindustrie. Chen, John und Narasimhan (2008) demonstrieren anhand eines Unternehmens aus der Softdrink-Industrie, dass der Verkauf des Produkts direkt an die Händler ohne die Zwischenstufe des Großhändlers Kosten, Nachfrage und Gewinn beeinflusst. Die Ergebnisse von Avery et al. (2012) demonstrieren, dass die Einführung eines neuen Einzelhandelsgeschäfts zusätzlich zum bestehenden Katalogvertrieb und Online-Kanal kurzfristig den Umsatz im Katalogvertrieb senkt, langfristig aber den Umsatz in beiden Kanälen erhöht. In einer ähnlichen Studie finden Pauwels und Neslin (2015) heraus, dass die Einführung eines Einzelhandels-Kanals zwar die Einkaufshäufigkeit im Katalog-Kanal senkt, über die Vertriebskanäle Einzelhandel, Katalog und Internet hinweg aber die summierte Einkaufshäufigkeit erhöht und zudem den Ertrag des gesamten Vertriebssystems steigert. Homburg, Vollmayr und Hahn (2014) machen deutlich, dass sich unterschiedliche Veränderungen im Vertriebssystem unterschiedlich auswirken. So beeinflusst die Einführung eines neuen Vertriebskanals den Wert eines Unternehmens grundsätzlich positiv, während die Steigerung der Distributionsintensität für Unternehmen in wettbewerbsintensiven oder turbulenten Märkten zu einer Verminderung des Firmenwerts führt. Den Einfluss einer Steigerung der Distributionsintensität untersuchen auch Bucklin, Siddarth und Silva-Risso (2008). Sie kommen zu dem Ergebnis, dass im Kontext des Automobilvertriebs eine höhere Intensität der Distribution zwar die Kaufwahrscheinlichkeit erhöht, allerdings die Profitabilität der Vertriebspartner senkt.

2.5 Fazit und Ableitung von Forschungsfragen

Im Zuge der vorangegangenen systematischen Aufarbeitung der Literatur wurde deutlich, dass bereits eine gewisse Anzahl an Forschungsarbeiten zu den Determinanten und den Auswirkungen der Vertriebsstruktur existiert. Es lässt sich dabei feststellen, dass die Ausgestaltung der unterschiedlichen Dimensionen der Vertriebsstruktur einen Einfluss auf verschiedene Erfolgsgrößen wie beispielsweise den Firmenwert (vgl. Srinivasan 2006), Umsatz (vgl. Easingwood/Storey 1996), Marktanteil (vgl. Reibstein/Farris 1995), oder auch die Beziehungsqualität zwischen Herstellern und Vertriebspartnern (vgl. Crosno/Brown 2015) ausübt. Diese Ergebnisse bestätigen die in Kapitel 1.1 dargelegte Relevanz der Ausgestaltung der Vertriebsstruktur. Allerdings lässt die bestehende Forschung einige zentrale Fragen offen, mit deren Beantwortung die vorliegende Arbeit einen wichtigen Beitrag zur Vertriebsforschung leistet. Tabelle 4 stellt die Forschungsfragen im Überblick dar und verdeutlicht in welchem Kapitel diese jeweils beantwortet werden.

Forschungsfragen	Studie I (Kapitel 3)	Studie II (Kapitel 4)
Forschungsfrage I: *Wie wirkt sich die bürokratische Struktur eines Vertriebssystems auf den Erfolg des Herstellers aus?*	✓	
Forschungsfrage II: *Wie wirkt sich die bürokratische Struktur eines Vertriebssystems auf den Erfolg des Vertriebspartners aus?*	✓	
Forschungsfrage III: *Wie wirkt sich das Ausmaß an Veränderung im Vertriebssystem auf dessen Erfolg aus?*		✓

Tabelle 4 – Zentrale Forschungsfragen der Arbeit

Der Literaturüberblick im zweiten Kapitel zeigt, dass die Auswirkungen der Gestaltungsentscheidungen in der vertikalen und der horizontalen Struktur des Vertriebssystems bereits auf finanzielle Erfolgsgrößen wie beispielsweise den Firmenwert (vgl. Chu/Chintagunta/Vilcassim2007), den Umsatz (vgl. Coelho/Easingwood/Coelho 2003) oder den Gewinn (vgl. Rambocas et al. 2015) untersucht wurden. Dadurch erhalten Unternehmen eine gewisse Orientierung, wie sich Änderungen in ihrer Vertriebsstruktur monetär auswirken. Überraschenderweise liegen solche Kenntnisse für die dritte Dimension der Vertriebsstruktur, die bürokratische Struktur, nicht vor. Hier fokussiert sich die bisherige Forschung auf relationale Erfolgsgrößen wie beispielsweise Vertrauen (vgl. Gençtürk/Aulakh 2007). Da relationale Erfolgsgrößen allerdings keinen eindeutigen Einfluss auf monetäre Erfolgsgrößen ausüben (vgl. Palmatier et al. 2006), bietet die bestehende Literatur Unternehmen nur wenig Orientierungshilfe bei der Ausgestaltung der bürokratischen Vertriebsstruktur. Diese Forschungslücke ist insbesondere deswegen bemerkenswert, da die bürokratische Struktur mit ihren Bestandteilen der Zentralisierung und der Formalisierung „…the two key dimensions of […] structure …" beschreibt (Heide 2003, S. 21). Daher lautet die erste Forschungsfrage:

Forschungsfrage I: Wie wirkt sich die bürokratische Struktur eines Vertriebssystems auf den Erfolg des Herstellers aus?

Die bürokratische Struktur dient der Steuerung des Verhaltens der Akteure im Vertriebssystem (vgl. Heide 1994; John 1984). Aktuelle Entwicklungen führen hier allerdings zu Machtverschiebungen zugunsten der Vertriebspartner (vgl. Dawar/Stornelli

2013). Die Ursachen liegen unter anderem im direkten Kontakt der Vertriebspartner zum Endkunden und den damit einhergehenden und durch technologische Innovationen unterstützen Möglichkeiten der Wissensgenerierung durch eine entsprechende Datensammlung und Datenauswertung (vgl. Kim/Jung/Park 2015). Eine einseitige Untersuchung der bürokratischen Struktur aus der Perspektive des Herstellers (vgl. Paswan/Guzmán/Blankson 2012) reicht somit nicht aus, um den Wert der bürokratischen Struktur zur Steuerung der Akteure im Vertriebssystem zu beurteilen. Dementsprechend wird die folgende zweite Forschungsfrage formuliert:

Forschungsfrage II: Wie wirkt sich die bürokratische Struktur eines Vertriebssystems auf den Erfolg des Vertriebspartners aus?

Neben der Forschungslücke bezüglich der Auswirkungen der dritten Dimension der Vertriebsstruktur auf den Erfolg des Vertriebssystems, adressiert die vorliegende Arbeit die Frage nach den grundsätzlichen Konsequenzen von Veränderungsmaßnahmen im Vertriebssystem. Die praktische Relevanz solcher Veränderungen, die beispielsweise aus der steigenden Präferenz der Kunden für innovative Vertriebskanäle wie dem „Mobile Shopping" (vgl. Wang/Malthouse/Krishnamurthi 2015) oder der Verschiebung des traditionellen Machtgefüges zwischen Herstellern und Vertriebspartnern (vgl. Dawar/Stornelli 2013) resultiert, führt zur Aufforderung, dass im Vertriebssystem „… attention must be devoted to realignment of [...] structures and processes …" (Piercy 2010, S. 349). Allerdings zeigt der in Kapitel 2.4 dargestellte Literaturüberblick, dass die wenigen existierenden Studien zur Auswirkung einzelner Veränderungsmaßnahmen wie dem Hinzufügen eines Vertriebskanals oder der Steigerung der Distributionsintensität keine einheitlichen Ergebnisse aufweisen (vgl. Geyskens/Gielens/Dekimpe 2002; Homburg/Vollmayr/Hahn 2014; Lee/Grewal 2004). Des Weiteren betonen einige Autoren die Schwierigkeiten der Durchführung von Veränderungsmaßnahmen im Vertriebssystem (vgl. Chu/Chintagunta/Vilcassim 2007; Stern/Strudivant/Getz 1993). Um somit die grundsätzliche Frage nach den Auswirkungen von Veränderung im Vertriebssystem zu beantworten und Unternehmen eine Orientierungshilfe zu geben, lautet die dritte Forschungsfrage:

Forschungsfrage III: Wie wirkt sich das Ausmaß an Veränderung im Vertriebssystem auf dessen Erfolg aus?

Diese drei Forschungsfragen werden im folgenden dritten und dem anschließenden vierten Kapitel durch zwei empirische Studien beantwortet. Die im dritten Kapitel vorgestellte Studie adressiert die ersten beiden Forschungsfragen, während sich die im vierten Kapitel dargelegte zweite Studie mit der dritten Forschungsfrage befasst.

3 Studie I: Der Einfluss der bürokratischen Struktur auf den Erfolg verschiedener Mitglieder des Vertriebssystems

3.1 Einleitung

Der Erfolg des Vertriebssystems eines Herstellers, der indirekte Vertriebskanäle betreibt, hängt stark vom kooperativen Verhalten seiner Vertriebspartner ab (vgl. Heide 1994). Dabei haben aktuelle Entwicklungen zu einer steigenden Relevanz dieses Abhängigkeitsverhältnisses beigetragen. So führt die zunehmende Verbreitung von Mehrkanalstrukturen zu einem steigenden Kooperationsbedarf zwischen Herstellern und ihren Vertriebspartnern, da beispielsweise die Aufteilung der Aufgaben im Mehrkanal-Vertriebssystem oder die Koordinierung der verschiedenen direkten und indirekten Vertriebskanäle erfolgsentscheidende Faktoren darstellen (vgl. Verhoef/Kannan/Inman 2015; Watson et al. 2015). Weiterer zusätzlicher Kooperationsbedarf entsteht durch die zunehmende Anwendung komplexer Logistikansätze wie Just-in-Time Programmen und das Engagement von Herstellern und Vertriebspartnern in gemeinsamen Verkaufsaktivitäten wie Shop-in-Shop Programmen (vgl. Gu et al. 2010; Vázquez-Casielles /Iglesias/Varela-Neira 2013).

Allerdings erhöht sich neben der Relevanz des kooperativen Vertriebspartnerverhaltens auch die Schwierigkeit für den Hersteller, ein solches Verhalten der Vertriebspartner zu erzielen. So führt die wachsende Einführung direkter Vertriebskanäle wie beispielsweise eines Internetkanals zusätzlich zu bereits bestehenden indirekten Kanälen durch den Hersteller zu höheren Konflikten innerhalb des Vertriebssystems und vermindert dadurch die Kooperationsbereitschaft der Vertriebspartner (vgl. Osmonbekov/Bello/Gilliland 2009). Zudem steigt durch Konsolidierungsaktivitäten in verschiedenen Branchen die Macht der Vertriebspartner, was die Steuerung kooperativen Verhaltens erschwert (vgl. Kim/Jung/Park 2015).

Die bisherige Forschung identifiziert verschiedene Steuerungsmechanismen, die es Herstellern ermöglichen, diesen Herausforderungen zu begegnen (vgl. Jap/Anderson 2007). Ein möglicher Steuerungsansatz um das gewünschte Verhalten von Vertriebspartnern zu erzielen, zu erhalten und zu kontrollieren, besteht in der bürokratischen Struktur des Vertriebssystems (vgl. Heide 1994; John 1984). Unter dieser bürokratischen Struktur wurden von der bisherigen Forschung insbesondere zwei Dimensionen subsummiert, die Formalisierung und die Zentralisierung (vgl. Boyle/Dwyer 1995; John/Reve 1982; Koza/Dant 2007; Lin/Germain 2003; McNeilly/Russ 1992). Die Formalisierung wird als das Ausmaß definiert, in dem der Hersteller fixe und niedergeschriebene Regeln, Richtlinien und Verfahren zur Steuerung des Verhaltens seiner Vertriebspartner im Vertriebssystem einsetzt (vgl. Jaworski/Kohli 1993; Kabadayi/Eyuboglu/Thomas 2007). Die Zentralisierung beschreibt das Ausmaß, in dem die Entscheidungsgewalt im Vertriebssystem beim Hersteller konzentriert ist (vgl. Dwyer/Welsh 1985; Geyskens/Steenkamp/Kumar 1999).

Tabelle 5 gibt einen Überblick über die existierende Forschung zu den Konsequenzen der bürokratischen Struktur im interorganisationalen Kontext. Obwohl die bestehende Literatur wertvolle Einblicke in die bürokratische Struktur im Vertriebskontext liefert, können bedeutende Forschungslücken identifiziert werden. Erstens wurde die Mehrzahl der existierenden Studien zur Formalisierung und Zentralisierung in einem Kontext durchgeführt, der nur wenig mit der Situation gemein hat, der sich die Mitglieder heutiger Vertriebssysteme ausgesetzt sehen. So waren Vertriebssysteme im Gegensatz zur heutigen Situation zum Untersuchungszeitpunkt vieler vorliegender Studien durch einzelne Kanäle, eine geringe Vertriebspartnermacht, stabile Umweltbedingungen und eine geringe Verfügbarkeit von Informationen gekennzeichnet (vgl. Boyle/Dwyer 1995; Dwyer/Oh 1987; John 1984). Daher ist es fraglich, ob die Ergebnisse bestehender Studien für die heutige Vertriebsrealität noch gültig sind.

Zweitens besteht eine Ambiguität bezüglich den Erfolgsauswirkungen der bürokratischen Struktur, da die bisherige Forschung zur Formalisierung und Zentralisierung weitgehend relationale Erfolgsgrößen wie beispielsweise Beziehungsqualität (vgl. Dwyer/Oh 1987) oder Vertrauen (vgl. Geyskens/Steenkamp/Kumar 1999), die divergierende Einflüsse auf den finanziellen Erfolg eines Unternehmens ausüben (vgl. Palmatier et al. 2006), untersucht. Zusätzlich ist die Generalisierbarkeit dieser Ergebnisse eingeschränkt, da existierende Studien die Konsequenzen der bürokratischen Struktur meist lediglich in einzelnen Branchen untersuchen. Keine Studie versuchte bislang diese Unklarheiten durch eine Untersuchung der finanziellen Konsequenzen der bürokratischen Struktur über verschiedenen Branchen hinweg zu beseitigen.

Eine dritte Forschungslücke im Verständnis der bürokratischen Struktur besteht in ihren möglicherweise unterschiedlichen Auswirkungen für Hersteller und Vertriebspartner. So mag sich beispielsweise die Zentralisierung der Entscheidungsgewalt beim Hersteller einseitig negativ auf die Vertriebspartner auswirken. Allerdings wurde in der bisherigen Forschung lediglich eine partielle Perspektive eingenommen, die die Auswirkungen der bürokratischen Struktur entweder für Hersteller (vgl. Paswan/Guzmán/Blankson 2012) oder für Vertriebspartner (vgl. Boyle/Dwyer 1995) untersucht. Keine Studie verwendete bislang dyadische Daten von Herstellern und deren Vertriebspartnern, die valide Schlussfolgerungen zu den beidseitigen Konsequenzen der bürokratischen Struktur zulassen würden (vgl. Anderson/Weitz 1992; Weitz/Jap 1995). Die Berücksichtigung der Konsequenzen der bürokratischen Struktur für den Erfolg der Vertriebspartner ist für den Hersteller wichtig, um mögliche „Win-Win"-Situationen zu identifizieren und eventuelle Reaktionen der Vertriebspartner zu prognostizieren.

Viertens ist die Kenntnis über mögliche Kontingenzeffekte der bürokratischen Struktur begrenzt. Die bisherige Forschung zur Formalisierung und Zentralisierung kommt zu unterschiedlichen Ergebnissen bezüglich deren Erfolgsauswirkungen, sodass „… no consensus on the effect of these characteristics [Formalisierung und Zentralisierung] across studies …" (Lee/Kozlenkova/Palmatier 2015, S. 87) besteht. So finden beispielsweise Dwyer und Oh (1987) einen positiven Einfluss der Formalisierung und einen negativen Einfluss der Zentralisierung auf die Beziehungsqualität. Boyle und Dwyer (1995) können dagegen keinen signifikanten Einfluss der beiden Konstrukte feststellen. Der Grund für diese unterschiedlichen Ergebnisse könnte in den, in diesen Studien vernachlässigten, Kontingenzeffekten liegen.

Autoren	Nicht-finanzielle Auswirkungen	Finanzielle Auswirkungen	Vertriebspartner Daten	Hersteller Daten	Kontingenz-Perspektive	Branchen-übergreifend
John (1984)	✓	—	✓	—	—	—
Dwyer/Oh (1987)	✓	—	✓	—	—	—
Boyle/Dwyer (1995)	✓	—	✓	—	—	—
Paswan/Dant/Lumpkin (1998)	✓	—	—	✓	—	—
Geyskens/Steenkamp/Kumar (1999) (Meta-Studie)	✓	—	—	—	—	—
Hernández-Espallardo/Arcas-Lario (2003)	✓	—	—	✓	—	—
Sa Vinhas/Heide (2014)	✓	—	✓	—	—	✓
Vorliegende Studie	—	✓	✓	✓	✓	✓

Anmerkung: ✓ in der jeweiligen Studie enthalten, — nicht in der jeweiligen Studie enthalten

Tabelle 5 – Literaturüberblick zur bürokratischen Struktur

Das Ziel der vorliegenden Studie liegt in der Untersuchung der Wirkungsmechanismen der bürokratischen Struktur in heutigen Mehrkanal-Vertriebssystemen. Hierfür wird auf Basis der verhaltensorientierten Agenturtheorie („Agency Theory") ein Modell spezifiziert, um den Einfluss der Formalisierung und der Zentralisierung auf den Erfolg des Herstellers und seiner Vertriebspartner zu untersuchen. Dadurch liefert die Studie vier wesentliche Beiträge zur aktuellen Forschung.

Als konzeptionellen Beitrag erweitert die vorliegende Studie zunächst den Anwendungsbereich der Agenturtheorie in der Vertriebskanalforschung. Die Verbreitung der Agenturtheorie in diesem Forschungsfeld ist gering, wie beispielsweise ein aktueller Literaturüberblick von Kozlenkova et al. (2015) zeigt, die in ihrer Untersuchung von 43 häufig zitierten Artikeln der Vertriebskanalforschung lediglich einen Artikel identifizieren, der die Agenturtheorie anwendet. Auch Tan und Lee (2015) stellen lediglich „… limited applications in marketing …" (S. 393) der Agenturtheorie fest. Die bürokratische Struktur eines Vertriebssystems mit ihrem Ziel den Agenten (hier der Vertriebspartner) daran zu hindern, vom gewünschten Verhalten des Prinzipals (hier der Hersteller) abzuweichen, ist ein besonders vielversprechendes Anwendungsfeld der Agenturtheorie. Daher nutzt diese Studie zum ersten Mal die Agenturtheorie im Kontext der bürokratischen Struktur des Vertriebssystems. Aktuelle verhaltensorientierte Weiterentwicklungen der Agenturtheorie erlauben es dabei, auf die Besonderheiten von Mehrkanal-Vertriebssystemen einzugehen (vgl. Pepper/Gore 2015; Wiseman/Gomez-Mejia 1998). Durch die erstmalige Verwendung der Agenturtheorie in diesem Kontext wird deren Anwendungsbereich vergrößert und zeitgleich die Basis für weitere interdisziplinäre Arbeiten, die die Organisationstheorie mit der Vertriebsforschung verknüpfen, gelegt (vgl. Ketchen Jr./Hult 2011).

Zweitens trägt die Studie zur Beantwortung der kürzlich aufgebrachten Frage, wie strukturelle Elemente die Leistung des Marketings beeinflussen, bei (vgl. Lee/Kozlenkova/Palmatier 2015). Hierfür wurde ein Datensatz bestehend aus Befragungsdaten von 470 Herstellern mit Mehrkanal-Vertriebssystemen und 184 zugeordneten Vertriebspartnern sowie zusätzlichen objektiven Daten aus der AMADEUS Datenbank generiert. Durch die Verwendung eines umfassenden finanziellen Erfolgsmaßes, das sich auf das Umsatzvolumen, das Umsatzwachstum und den Gewinn bezieht, kann die Unklarheit in der bisherigen Forschung bezüglich der Erfolgsauswirkungen der

Formalisierung und der Zentralisierung aufgelöst werden. Die Ergebnisse zeigen, dass die Formalisierung den Erfolg des Herstellers positiv beeinflusst, die Zentralisierung allerdings einen erfolgsmindernden Effekt auf den Hersteller ausübt.

Drittens liefert die Studie durch die zusätzliche Untersuchung der Erfolgsauswirkungen der bürokratischen Struktur für die Vertriebspartner wichtige Erkenntnisse zum Einfluss von Steuerungsmechanismen auf das komplette Mehrkanal-Vertriebssystem. Damit wird auf aktuelle Forderungen nach der Anwendung einer systemischen Perspektive und der Berücksichtigung aller Mitglieder des Vertriebssystems in der Vertriebsforschung reagiert (vgl. Kabadayi/Eyuboglu/Thomas 2007; Sa Vinhas et al. 2010). Mithilfe dyadischer Daten von Herstellern und deren Vertriebspartnern kann gezeigt werden, dass ähnlich zu den Effekten der bürokratischen Struktur auf den Herstellererfolg die Formalisierung auch den Erfolg der Vertriebspartner positiv beeinflusst, während die Zentralisierung negative Folgen für den Vertriebspartner impliziert.

Viertens wird der Einfluss der bürokratischen Struktur auf Hersteller und Vertriebspartner aus einer kontingenztheoretischen Perspektive betrachtet. Die Untersuchung verschiedener, in den aus der Agenturtheorie abgeleiteten Moderatorkategorien der Informationsausstattung des Herstellers und der Komplexität des Mehrkanal-Vertriebssystems enthaltener Kontingenzfaktoren zeigt, dass die Erfolgsauswirkungen der Formalisierung und der Zentralisierung durch Umweltbedingungen beeinflusst werden. Interessanterweise weisen die Ergebnisse darauf hin, dass der Einfluss der Kontingenzfaktoren unterschiedlich für die beiden abhängigen Variablen des Erfolgs des Herstellers und des Erfolgs des Vertriebspartners ausfällt. So moderiert beispielsweise die Distributionsintensität den Einfluss der Formalisierung auf den Erfolg des Herstellers negativ, übt allerdings einen positiven Moderationseffekt auf den Zusammenhang zwischen der Formalisierung und dem Erfolg der Vertriebspartner aus.

Im folgenden Abschnitt wird mit der verhaltensorientierten Agenturtheorie zunächst der konzeptionelle Hintergrund der Studie dargelegt. Weiterhin werden die Haupthypothesen, die Gründe für die Auswahl der Kontingenzfaktoren und die Moderator-Hypothesen entwickelt. Daran schließt sich die Beschreibung des empirischen Designs der Studie, des verfolgten methodischen Ansatzes und der Ergebnisse an. Zuletzt werden die Ergebnisse und deren Implikationen für die Forschung und die Praxis diskutiert.

3.2 Konzeptionelle Grundlagen

3.2.1 Mehrkanal-Vertriebssysteme aus agenturtheoretischer Perspektive

Eine typische Agenturbeziehung besteht aus einem Prinzipal, der einen Agenten engagiert, um in seinem Sinne eine bestimmte Tätigkeit auszuführen (vgl. Jensen/Meckling 1976). In einer solchen Beziehung kann der Agent seinen Informationsvorsprung gegenüber dem Prinzipal ausnutzen und sich opportunistisch verhalten, indem er nicht entsprechend der Vereinbarung mit dem Prinzipal agiert, sondern davon abweichende, eigene Ziele verfolgt (vgl. Eisenhardt 1989). Die Gefahr eines solchen Moral Hazard tritt insbesondere dann auf, wenn drei Voraussetzungen gegeben sind, die sich alle in Mehrkanal-Vertriebssystemen wiederfinden lassen. Erstens stellen Hersteller und deren Vertriebspartner in Mehrkanal-Vertriebssystemen unabhängige Organisationen dar, die zum Vertrieb der jeweiligen Produkte und Dienstleistungen des Herstellers kooperieren, aber teilweise unterschiedliche Ziele verfolgen wie beispielsweise bezüglich der Sortimentsgestaltung der Vertriebspartner (vgl. Celly/Frazier 1996). Zweitens besitzen Vertriebspartner durch ihre Marktnähe und den damit einhergehenden direkten Kontakt zum Endkunden tendenziell einen Informationsvorsprung gegenüber dem Hersteller (vgl. Frazier et al. 2009; Gu et al. 2010). Drittens hängen die Ergebnisse der Vertriebspartner zu einem gewissen Grad von exogenen Faktoren ab, die weder durch den Vertriebspartner selbst noch durch den Hersteller zu kontrollieren sind (vgl. Kumar/Karande 2000). Daher ist es dem Hersteller nicht möglich genau zu bestimmen, ob das Verhalten des Vertriebspartners ein vorliegendes Resultat bedingt oder ob verschiedene Umweltbedingungen zu diesem Ergebnis geführt haben.

Die Agenturtheorie sieht sich in letzter Zeit vermehrt Kritik ausgesetzt. Die Kritikpunkte umfassen die pessimistischen Annahmen des menschlichen Verhaltens, die starken formalen Beschränkungen, die Einfachheit des Modells und die Vernachlässigung bestimmter Verhaltensaspekte (vgl. Cuevas-Rodríguez/Gomez-Mejia/Wiseman 2012; Fehr/Falk 2002; Tirole 2002). Infolgedessen entstand kürzlich eine neue verhaltensorientierte Perspektive der Agenturtheorie, die explizit den Einfluss menschlicher

Verhaltensweisen wie die begrenzte Rationalität der Agenten und Prinzipale, das Vertrauen zwischen Agenten und Prinzipalen oder soziale Zwänge, denen Agenten und Prinzipale außerhalb der einzelnen dyadischen Beziehung ausgesetzt sind, auf die Höhe der Agenturkosten berücksichtigt (vgl. Davis/Schoorman/Donaldson 1997; Sanders/Carpenter 2003; Wiseman/Cuevas-Rodríguez/Gomez-Mejia 2012). Diese neue verhaltensorientierte Perspektive der Agenturtheorie ist insbesondere für die Untersuchung von Mehrkanal-Vertriebssystemen hilfreich. So unterliegen die Mitglieder eines solchen Vertriebssystems im Besonderen Beschränkungen ihrer Rationalität, da die hohe Anzahl an unterschiedlichen Kanälen einen Informationsüberschuss im Vertriebssystem verursacht, der die Verarbeitungskapazitäten der Mitglieder leicht übersteigt und somit zu irrationalen Entscheidungen führen kann (vgl. Sa Vinhas et al. 2010). Zudem zeigt die bisherige Forschung, dass Vertrauen eine wichtige Rolle als relationaler Steuerungsmechanismus in Vertriebssystemen spielt und dadurch die Agenturkosten beeinflusst (vgl. Anderson/Weitz 1989; Palmatier/Dant/Grewal 2007). Darüber hinaus sehen sich die Mitglieder eines Mehrkanal-Vertriebssystems mit verschiedenen Ansprüchen außerhalb der jeweiligen dyadischen Beziehung zwischen dem Prinzipal (hier der Hersteller) und dem Agenten (hier der Vertriebspartner) konfrontiert. Solche Ansprüche werden beispielsweise durch Mitglieder rivalisierender Kanäle desselben Mehrkanal-Vertriebssystems oder durch weitere Vertriebspartner desselben Kanals gestellt. Aufgrund der dargelegten Eignung einer solchen verhaltensorientierten Perspektive der Agenturtheorie für die Untersuchung von Mehrkanal-Vertriebssystemen wird in der folgenden Entwicklung der Hypothesen zu den Erfolgsauswirkungen der Formalisierung und der Zentralisierung hierauf zurückgegriffen.

3.2.2 Formalisierung und Zentralisierung als Mechanismen der Verhaltenssteuerung

Um das Problem des Moral Hazard in Agenturbeziehungen zu lösen, kann der Prinzipal verschiedene Steuerungsmechanismen einsetzen, die typischerweise in Mechanismen zur Ergebnissteuerung und Mechanismen zur Verhaltenssteuerung unterteilt werden (vgl. Fama/Jensen 1983; Grewal et al. 2013; Perryman/Combs 2012). Um herauszufinden, in welcher Situation ein verhaltensorientierter und in welcher Situation ein ergebnisorientierter Steuerungsansatz erfolgsversprechender ist, identifizierte Eisenhardt (1989) verschiedene Beurteilungskriterien. Die Anwendung dieser Kriterien im Vertriebskontext zeigt, dass in Mehrkanal-Vertriebssystemen insbesondere Ansätze zur

Verhaltenssteuerung dazu geeignet sind, opportunistisches Handeln zu verhindern. So sind Mehrkanal-Vertriebssysteme durch eine hohe Ergebnisunsicherheit gekennzeichnet, da die Komplexität eines solchen Vertriebssystems die Vorhersagbarkeit der Auswirkungen des Verhaltens seiner Mitglieder erschwert (vgl. Rosenbloom 2007). Zudem werden die Aufgabenbereiche der einzelnen Mitglieder eines Mehrkanal-Vertriebssystems typischerweise im Vorfeld der Ausführung der jeweiligen Aufgaben, beispielsweise in Verhandlungen zwischen dem Hersteller und seinen Vertriebspartner, festgelegt, was Eisenhardts (1989) Kriterium der Programmierbarkeit einer Aufgabe entspricht. Zuletzt sind die Beziehungen in einem Mehrkanal-Vertriebssystem durch die entstehenden reziproken Vorteile langfristig geprägt (vgl. Ganesan 1994).

Formalisierung und Zentralisierung stellen zwei Mechanismen zur Verhaltenssteuerung dar. Beide Instrumente begrenzen die Möglichkeit des Vertriebspartners zur individuellen und eigenständigen Entscheidung (vgl. John 1984). Dadurch können Formalisierung und Zentralisierung den Vertriebspartner von eigennützigem und opportunistischem Verhalten abhalten, das den Erfolg des Herstellers im Mehrkanal-Vertriebssystem verringern würde (vgl. Bergen/Dutta/Walker Jr. 1992). Die Formalisierung stellt dabei einen Ansatz der Verhaltenssteuerung dar, der durch „… a framework of structures and rules …" versucht, das Verhalten der Vertriebspartner in die gewünschte Richtung zu lenken (vgl. Schepers et al. 2012, S. 6). Die Zentralisierung setzt am Kern des Agenturproblems an und versucht opportunistisches Verhalten der Vertriebspartner zu minimieren, indem die Entscheidungsmöglichkeiten der Vertriebspartner durch die Konzentration der Entscheidungsgewalt beim Hersteller begrenzt werden (vgl. Jensen/Meckling 1976).

Abbildung 2 stellt das Untersuchungsmodell der Studie dar. Basierend auf der verhaltensorientierten Agenturtheorie werden die Auswirkungen der Formalisierung und der Zentralisierung auf den Erfolg von Herstellern und deren Vertriebspartnern in Mehrkanal-Vertriebssystemen untersucht. Zusätzlich werden verschiedene Kontingenzfaktoren eingeführt, die den Einfluss beider Mechanismen zur Verhaltenssteuerung auf den Erfolg von Herstellern und Vertriebspartnern verstärken beziehungsweise vermindern.

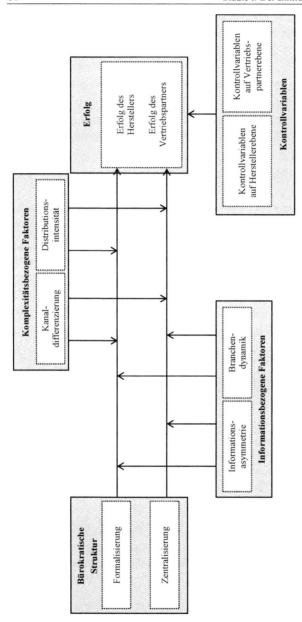

Abbildung 2 – Untersuchungsmodell der Studie I

3.3 Hypothesenentwicklung

Um die Konsequenzen der Formalisierung und der Zentralisierung auf den Erfolg von Herstellern und deren Vertriebspartnern zu untersuchen, wird Erfolg als die Zielerreichung bezüglich der Gesamtleistung, des erzielten Umsatzvolumens, des Umsatzwachstums und des Gewinns definiert. Dabei wird der Erfolg des Herstellers als die Zielerreichung seines kompletten Mehrkanal-Vertriebssystems in den beschriebenen Dimensionen definiert. Der Erfolg des Vertriebspartners wird als dessen Zielerreichung im spezifischen Vertriebskanal mit dem entsprechenden und im verwendeten Datensatz enthaltenen Hersteller definiert. Dieses vertriebszentrierte Maß für den Erfolg der Hersteller und der Vertriebspartner wird direkt von den beiden Mechanismen zur Verhaltenssteuerung beeinflusst und ist daher für das in der vorliegenden Studie verwendete Untersuchungsdesign besser geeignet als ein Erfolgsmaß, das sich auf das gesamte Unternehmen bezieht und bei der Untersuchung spezifischer Aktivitäten im Unternehmen schnell zu „… misleading conclusions …" (Ray/Barney/Muhanna 2004, S. 24) führen kann.

3.3.1 Der Einfluss der Formalisierung auf den Erfolg von Herstellern und Vertriebspartnern

Zwei Gründe sprechen für eine positive Auswirkung der Formalisierung auf den Erfolg des Herstellers durch die Reduzierung opportunistischen Verhaltens der Vertriebspartner und der damit einhergehenden Verringerung von Agenturkosten. Erstens tragen die vom Hersteller etablierten festgeschriebenen Regeln und Verfahren im Mehrkanal-Vertriebssystem zu einer klaren Definition der Rollen der einzelnen Mitglieder des Mehrkanal-Vertriebssystems und deren Verantwortlichkeiten bei (vgl. Boyle/Dwyer 1995). Somit reduziert die Formalisierung Mehrdeutigkeiten im Mehrkanal-Vertriebssystem, die leicht zu Spannungen und Konflikten bezügliche der Verantwortung einzelner Mitglieder für bestimmte Aufgaben wie beispielsweise Serviceleistungen oder Rücknahmeverpflichtungen und dadurch zu opportunistischem Verhalten führen können (vgl. Paswan/Guzmán/Blankson 2012; Wiseman/Cuevas-Rodríguez/Gomez-Mejia 2012). Zudem führt die Definition von Verantwortlichkeiten a priori durch Regeln und Richtlinien zu einem verringerten Verhandlungsaufwand zwischen Herstellern und Vertriebspartnern bezüglich der Aufgabenverteilung im Mehrkanal-Vertriebssystem. Dadurch werden die Agenturkosten gesenkt.

Zweitens betont die verhaltensorientierte Agenturtheorie, dass der Prinzipal opportunistisches Verhalten seitens des Agenten verhindern kann, indem er dem Agenten Möglichkeiten zum Wachstum und zur Selbstverwirklichung bietet (vgl. Cuevas-Rodríguez/Gomez-Mejia/Wiseman 2012). In Mehrkanal-Vertriebssystemen besitzt der Hersteller Wissen, das dem Vertriebspartner solche Wachstumschancen ermöglichen kann. Die zentrale Position des Herstellers im Mehrkanal-Vertriebssystem verschafft ihm ein umfassendes Verständnis der verschiedenen Verflechtungen innerhalb des Systems. So verläuft der Kaufprozess des Kunden im Mehrkanal-Vertriebssystem oft über verschiedene Kanäle, die der Kunde zur Befriedigung verschiedener Bedürfnisse innerhalb des Kaufprozesses nutzt (vgl. Neslin et al. 2006). Einzelne Vertriebspartner können dieses Kaufverhalten nur schwer beobachten und analysieren, wohingegen der Hersteller leichter einen Überblick über das gesamte Mehrkanal-Vertriebssystem behält. Des Weiteren sammelt der Hersteller durch die Zusammenarbeit mit unterschiedlichen Vertriebspartnern und die Verwendung verschiedener Vertriebskanäle wichtiges Wissen beispielsweise bezüglich des sinnvollen Einsatzes innovativer Verkaufstechnologien (vgl. Dawar/Stornelli 2013). Durch die Formalisierung kodifiziert der Hersteller sein gesammeltes Wissen in Regeln und Richtlinien, ermöglicht somit seinen Vertriebspartnern Wachstumschancen und reduziert damit deren opportunistisches Verhalten, was letztendlich zu niedrigeren Agenturkosten führt. Daher wird folgende Hypothese formuliert:

H_{1a}: Formalisierung wirkt sich positiv auf den Erfolg des Herstellers aus.

Hinsichtlich des Einflusses der Formalisierung auf den Erfolg des Vertriebspartners eines Herstellers wird ein ähnlicher Zusammenhang angenommen. Zunächst schützt ein hoher Grad an Formalisierung im Mehrkanal-Vertriebssystem den Vertriebspartner vor möglichem willkürlichem Verhalten seitens des Herstellers. Der Steuerungsmechanismus der Formalisierung wird im Vertriebssystem typischerweise als niedergeschriebene Vereinbarung zwischen Hersteller und Vertriebspartner implementiert (vgl. Antia/Zheng/Frazier 2013). Diese Vereinbarung zu verändern und neue oder modifizierte Regeln einzuführen erfordert daher neue Verhandlungen und ein Umschreiben der bestehenden Regeln und Richtlinien, um eventuell vereinbarte Strafen für deren Missachtung zu vermeiden. Dadurch werden kurzfristige Veränderungen der Regeln durch den Hersteller unwahrscheinlich (vgl. Poppo/Zenger 2002). Somit verhindert ein hoher Grad an Formalisierung überraschende Veränderungen in den Ansprüchen und Forderungen des Herstellers, die den Erfolg der Vertriebspartner verringern können (vgl. Skinner/Gassenheimer/Kelley 1992).

Zweitens steigert ein hoher Grad an Formalisierung den Erfolg des einzelnen Vertriebspartners durch eine Verringerung des Wettbewerbs zwischen den verschiedenen Vertriebspartnern eines Herstellers. Hersteller mit indirekten Vertriebskanälen arbeiten oft mit unterschiedlichen Vertriebspartnern zusammen, um die Abhängigkeit von einem Vertriebspartner sowie dessen Machtposition zu verringern. Diese Vertriebspartner eines Herstellers konkurrieren untereinander, beispielsweise wenn ein online verkaufender Vertriebspartner und ein stationärer Vertriebspartner um dieselben Kunden werben. Dieser Wettbewerb wirkt sich negativ auf den Erfolg der einzelnen Vertriebspartner aus (vgl. Padmanabhan/Png 1997), kann allerdings durch die Formalisierung vermindert werden. Die Regeln, Richtlinien und Verfahren der Formalisierung definieren die Aufgaben und Verantwortlichkeiten der Vertriebspartner und tragen somit dazu bei, überschneidende Marketingaktivitäten zu vermeiden, indem beispielsweise die Sortimentsgestaltung und die Verkaufsgebiete der einzelnen Vertriebspartner festgelegt werden (vgl. Boyle/Dwyer 1995). Zudem beinhaltet die Formalisierung häufig standardisierte Regeln des Herstellers, die für alle Vertriebspartner gleichermaßen gelten (vgl. Auh/Menguc 2007; Paswan/Guzmán/Blankson 2012). Solche Standards betreffen beispielsweise die Gestaltung der Verkaufsräume oder den angebotenen Service der Vertriebspartner und verringern somit die Dimensionen in denen die Vertriebspartner miteinander konkurrieren können. Vor diesem Hintergrund wird die folgende Hypothese formuliert:

H_{1b}: Formalisierung wirkt sich positiv auf den Erfolg des Vertriebspartners aus.

3.3.2 Der Einfluss der Zentralisierung auf den Erfolg von Herstellern und Vertriebspartnern

Im Gegensatz zur Formalisierung wird ein negativer Einfluss der Zentralisierung auf den Erfolg des Herstellers angenommen. Hierfür sprechen zwei Gründe. Erstens führt die Zentralisierung der Entscheidungsautorität im Mehrkanal-Vertriebssystem beim Hersteller zu opportunistischem Verhalten seitens der Vertriebspartner und erhöht dadurch die Agenturkosten für den Hersteller. Im Einklang mit der verhaltensorientierten Agenturtheorie lässt sich feststellen, dass Vertriebspartner die zentralisierte Entscheidungsfindung beim Hersteller als unfair empfinden, da diese Entscheidungen zwar ihren individuellen Erfolg direkt beeinflussen, ihnen aber keine Möglichkeit eingeräumt wird, an den Entscheidungen mitzuwirken (vgl. Cuevas-Rodríguez/Gomez-Mejia/Wiseman 2012; Pepper/Gore 2015). In der Folge zeigen die Vertriebspartner genau jenes opportunistische Verhalten, das der Hersteller ursprünglich durch den Einsatz der Zentralisierung als Mechanismus zur Verhaltenssteuerung verhindern wollte (vgl. Boyle/Dwyer 1995; Ramaswami 1996). Dadurch ist der Hersteller gezwungen Ressourcen in Kontrollaktivitäten zu investieren, um die Folgen des opportunistischen Vertriebspartnerverhaltens abzuschwächen (vgl. Dahlstrom/Nygaard 1999).

Zweitens führt die Zentralisierung der Entscheidungsautonomie beim Hersteller aufgrund von dessen begrenzter Rationalität zu Entscheidungen mit geringer Effektivität (vgl. Sanders/Carpenter 2003; Pepper/Gore 2015). Mehrkanal-Vertriebssysteme bestehen aus einer Vielzahl von Kanälen mit unterschiedlichen Eigenarten, die dementsprechend verschiedene Managementansätze erfordern (vgl. Rosenbloom 2007). Allerdings hindert die beschränkte Rationalität des Herstellers ihn daran, die Menge an Informationen zu verarbeiten, die für effektive Entscheidungen in allen Kanälen des Mehrkanal-Vertriebssystems nötig wären (vgl. Sanders/Carpenter 2003). Daher führt die Zentralisierung zu suboptimalen Entscheidungen des Herstellers für einzelne Kanäle und vermindert dadurch den Erfolg des kompletten Mehrkanal-Vertriebssystems. Hieraus ergibt sich die folgende Hypothese:

H_{2a}: Zentralisierung wirkt sich negativ auf den Erfolg des Herstellers aus.

Neben dem negativen Effekt der Zentralisierung auf den Herstellererfolg wird aus zwei Gründen auch ein negativer Effekt auf den Erfolg der Vertriebspartner erwartet. Erstens beschränkt die Konzentration der Entscheidungsgewalt beim Hersteller die unternehmerische Freiheit der Vertriebspartner und hindert sie so daran, sich autonom und selbstbestimmt zu verhalten (vgl. Hernández-Espallardo/Arcas-Lario 2003). Entscheidungen, die einseitig vorteilhaft für den Hersteller getroffen werden, reduzieren somit den Erfolg des Vertriebspartners. Da die Ziele von Hersteller und Vertriebspartner in verschiedenen Bereichen voneinander abweichen können, sind solche einseitigen Entscheidungen des Herstellers in Mehrkanal-Vertriebssystemen mit einem hohen Grad an Zentralisierung wahrscheinlich (vgl. Lassar/Kerr 1996; Webb 2002).

Zweitens empfinden Vertriebspartner die Zentralisierung als Eingriff in ihre eigene Entscheidungsautonomie (vgl. Churchill/Ford/Walker Jr. 1997). Diese Wahrnehmung der Zentralisierung führt beim Vertriebspartner leicht zu einer passiven Einstellung, da Akteure grundsätzlich eine höhere Motivation für die Durchführung solcher Aktivitäten zeigen, die sie selbst bestimmt haben (vgl. Heide/Wathne/Rokkan 2007; Murry/Heide 1998). Zudem verhindert die Zentralisierung die Möglichkeiten zur Selbstverwirklichung des Vertriebspartners durch die Einschränkung seiner Entscheidungsfreiheit (vgl. Davis/Schoorman/Donaldson 1997). Folglich bedingt die Zentralisierung eine geringe Motivation des Vertriebspartners eigene Anstrengungen in sein zumindest teilweise fremdbestimmtes Vertriebssystem zu investieren. Daher wird folgende Hypothese formuliert:

H_{2b}: Zentralisierung wirkt sich negativ auf den Erfolg des Vertriebspartners aus.

3.3.3 Der Einfluss von Kontingenzfaktoren

Der Agenturtheorie zufolge zeichnet sich ein erfolgreicher Steuerungsmechanismus in einer Prinzipal-Agenten-Beziehung dadurch aus, dass er zur „… best possible outcome for the principal given the constraints imposed by the situation …" (Bergen/Dutta/Walker Jr. 1992, S. 3) führt. Daher wurde die bestehende Literatur zur Agenturtheorie analysiert, um diejenigen Faktoren zu identifizieren, die die spezifische Beziehungssituation zwischen dem Prinzipal und dem Agenten charakterisieren und dadurch die Erfolgsauswirkungen der Steuerungsmechanismen beeinflussen. Diese

Faktoren lassen sich in zwei Kategorien einteilen, die im Folgenden mit Variablen aus dem Vertriebskontext gefüllt werden.

Zunächst beeinflusst der Grad des Informationsbesitzes des Prinzipals im Vergleich zum Agenten die Erfolgsauswirkung eines Steuerungsmechanismus (vgl. Eisenhardt 1989; Jensen/Meckling 1976). Besitzt der Prinzipal nur wenige Informationen, so ist es dem Agenten möglich, sich opportunistisch entgegen der eingesetzten Steuerungsmechanismen, wie beispielsweise vereinbarter Regeln, zu verhalten, da die Gefahr der Entdeckung und Bestrafung dieses Fehlverhaltens durch den Prinzipal gering ist (vgl. Bergen/Dutta/Walker Jr. 1992; Singh/Sirdeshmukh 2000). Folglich werden zwei Kontingenzfaktoren in das Untersuchungsmodell aufgenommen, die die Informationsausstattung des Herstellers (Prinzipal) im Vergleich zu seinen Vertriebspartnern (Agenten) im Mehrkanal-Vertriebssystem ausdrücken. Hierzu zählt der tatsächliche Grad der Informationsasymmetrie zwischen dem Hersteller und seinen Vertriebspartnern bezüglich den für das Mehrkanal-Vertriebssystem besonders wichtigen Informationen über relevante Märkte und Kunden. Des Weiteren findet sich im Untersuchungsmodell der Kontingenzfaktor der Branchendynamik, definiert als das Ausmaß an Volatilität und Unsicherheit in einer Branche, wieder (vgl. Palmatier/Dant/Grewal 2007). In hochgradig dynamischen Branchen veralten die Informationen, die der Hersteller besitzt, schnell und verlieren daher ihren Wert für die Steuerung der Vertriebspartner.

Als zweite Kategorie der Kontingenzfaktoren lässt sich die Fähigkeit des Prinzipals, das Verhalten der Agenten zu beobachten und zu beurteilen, identifizieren, die ebenso wie seine Ausstattung mit Informationen die Erfolgsauswirkung eines Steuerungsmechanismus bestimmt (vgl. Eisenhardt 1988; Kim/Jung/Park 2015; Kim/Prescott/Kim 2005). Die Schwierigkeit des Herstellers, das Verhalten seiner Vertriebspartner zu beobachten und zu bewerten hängt von der Komplexität des Mehrkanal-Vertriebssystems ab (vgl. Sa Vinhas et al. 2010). Um diese Komplexität abzubilden werden die beiden Kontingenzfaktoren der Kanaldifferenzierung und der Distributionsintensität in das Untersuchungsmodell integriert. Die Kanaldifferenzierung beschreibt, zu welchem Grad die einzelnen Vertriebskanäle des Mehrkanal-Vertriebssystem eines Herstellers sich bezüglich der dort stattfindenden Prozesse, der dort tätigen Vertriebsmitarbeiter sowie der heutigen und zukünftigen Wichtigkeit für das Unternehmen unterscheiden (vgl. Dwyer/Welsh 1985; Geyskens/Steenkamp/Kumar 1998). Die Distributionsintensität bezieht sich auf die Anzahl an Vertriebseinheiten auf einer bestimmten Stufe eines Vertriebskanals wie beispielsweise die Anzahl an Vertriebspartnern in einem indirekten Vertriebskanal (vgl. Frazier/Lassar 1996). In Mehrkanal-Vertriebssystemen mit hoher Kanaldifferenzierung fehlt dem Hersteller tendenziell das kanalspezifische Wissen, um das Verhalten der Vertriebspartner in einzelnen spezifischen Kanälen zu beurteilen. Eine hohe Distributionsintensität und die damit verbundene große Anzahl an Vertriebspartnern erschwert die Beobachtung jedes einzelnen Vertriebspartners durch den Hersteller.

In den folgenden Abschnitten werden die Hypothesen für die eben beschriebenen Kontingenzfaktoren formuliert. Der Fokus liegt hierbei auf dem moderierenden Einfluss des jeweiligen Kontingenzfaktors auf die Zusammenhänge zwischen der Formalisierung, der Zentralisierung und dem Erfolg des Herstellers beziehungsweise dem Erfolg des Vertriebspartners.

Die *Informationsasymmetrie* zwischen dem Hersteller und seinen Vertriebspartnern beeinflusst zunächst die Auswirkung der *Formalisierung* auf den *Erfolg des Herstellers* negativ. Ein hoher Grad an Informationsasymmetrie bedeutet, dass die Vertriebspartner des Herstellers Informationen besitzen, beispielsweise aufgrund ihres direkten Kundenkontakts, die für den Hersteller nur schwer oder überhaupt nicht zu erheben sind (vgl. Dawar/Stornelli 2013; Frazier et al. 2009). Darüber hinaus teilen die Vertriebspartner ihre Informationen nicht mit dem Hersteller, um ihre eigene Machtposition im Mehrkanal-Vertriebssystem nicht zu schwächen (vgl. Ailawadi et al. 2010). In der Konsequenz führt dies dazu, dass der Hersteller aufgrund seines Informationsnachteils die implementierten Regeln und Verfahren der Formalisierung nicht an dynamische Marktsituationen anpassen kann. Zudem hindert dieser Informationsnachteil den Hersteller daran zu erkennen, ob sich seine Vertriebspartner gemäß der Regeln und Richtlinien verhalten. Um den Steuerungszweck der Formalisierung beizubehalten, ist der Hersteller daher gezwungen, Ressourcen in eine eigene Informationssuche und in verschiedene Kontrollmechanismen zu investieren, was die Erfolgsauswirkung der Formalisierung abschwächt.

Bezüglich des Zusammenhangs zwischen der *Formalisierung* und dem *Erfolg des Vertriebspartners* wird der gegenteilige Moderationseffekt der *Informationsasymmetrie* erwartet. Der Informationsvorsprung des Vertriebspartners ermöglicht diesem eine optimale Umsetzung der im Mehrkanal-Vertriebssystem geltenden Regeln und Verfahren zur Steigerung des eigenen Vorteils. Zudem kann der Vertriebspartner seinen Informationsvorsprung ausnutzen und die Regeln und Vorgaben des Herstellers opportunistisch interpretieren. Aufgrund des Informationsnachteils des Herstellers ist das Risiko der Entdeckung und Sanktionierung eines solchen Verhaltens durch den Hersteller gering. Zusammenfassend können daher die folgenden Hypothesen formuliert werden:

$H_{3a,\,b}$: Ein hoher Grad an Informationsasymmetrie wirkt sich negativ (positiv) auf den Zusammenhang zwischen der Formalisierung und dem Erfolg des Herstellers (Vertriebspartners) aus.

Die *Informationsasymmetrie* verstärkt zudem den negativen Effekt der *Zentralisierung* auf den *Erfolg des Herstellers*. Durch ihren Informationsvorsprung sind die Vertriebspartner in der Lage zentrale Entscheidungen des Herstellers, die ihn einseitig bevorteilen, zu entdecken und zu evaluieren. In der Folge nimmt die Bereitschaft der Vertriebspartner zum kooperativen Verhalten im Mehrkanal-Vertriebssystem ab. Aufgrund der bereits beschriebenen Relevanz dieser Kooperation für den Erfolg des Mehrkanal-Vertriebssystems verstärkt dies den negativen Effekt der Zentralisierung für den Hersteller (vgl. Rosenbloom 2007; Song/Di Benedetto/Zhao 2008).

Der Einfluss der *Zentralisierung* auf den *Erfolg des Vertriebspartners* wird hingegen von der *Informationsasymmetrie* positiv moderiert. Durch seinen Informationsvorsprung kann der Vertriebspartner frühzeitig erkennen, wie sich eine zentrale Entscheidung des Herstellers auf seinen Erfolg auswirkt und entsprechend reagieren, beispielsweise durch Widerstand gegen die Umsetzung einer solchen Entscheidung. Zudem stärkt der Informationsvorsprung die Machtposition des Vertriebspartners im Mehrkanal-Vertriebssystem (vgl. Ailawadi et al. 2010). Ein mächtiger Vertriebspartner kann somit von zentral getroffenen Entscheidungen des Herstellers abweichen, ohne Sanktionen befürchten zu müssen. Daher führt die Informationsasymmetrie im Mehrkanal-Vertriebssystem dazu, dass Vertriebspartner die möglichen negativen Auswirkungen zentraler Entscheidungen leichter erkennen und aufgrund ihrer gesteigerten Machtposition ignorieren können. Zusammenfassend lassen sich somit die folgenden Hypothesen formulieren:

$H_{3c,\,d}$: Ein hoher Grad an Informationsasymmetrie wirkt sich negativ (positiv) auf den Zusammenhang zwischen der Zentralisierung und dem Erfolg des Herstellers (Vertriebspartners) aus.

Die *Branchendynamik* vermindert die positive Wirkung der *Formalisierung* auf den *Erfolg des Herstellers* und den *Erfolg des Vertriebspartners*. In dynamischen Branchen geht die Reliabilität von Prognosen zurück (vgl. Easingwood/Coelho 2003). Dadurch wird die Einschätzung der mittelfristigen Wirkungsweisen und Konsequenzen eingeführter Regeln und Richtlinien durch den Hersteller erschwert. Hieraus entsteht das Risiko, dass neue Branchengegebenheiten zu veralteten formalen Regeln und Richtlinien führen (vgl. Jaworski/Kohli 1993). Eine zeitnahe Anpassung der Regeln und Verfahren durch den Hersteller an die sich verändernden Branchenbedingungen wird durch dessen begrenzte Rationalität sowie die Distanz des Herstellers mit indirektem Vertrieb zum Markt erschwert (vgl. Rindfleisch/Heide 1997; Ruekert/Walker Jr./Roering 1985). Das Risiko überholter Regeln und Verfahren besteht insbesondere in Mehrkanal-Vertriebssystemen, da deren einzelne Kanäle mit unterschiedlichen Bedingungen konfrontiert sind, die unterschiedliche Anpassungen nötig machen (vgl. Kabadayi/Eyuboglu/Thomas 2007). Somit führen in dynamischen Branchen veraltete Regeln und Verfahren zur Verringerung der Erfolgsauswirkung der Formalisierung für den Hersteller sowie für den Vertriebspartner, der sich diesen Regeln entsprechend verhält. Daher werden die folgenden Hypothesen formuliert:

$H_{4a,\,b}$: Ein hoher Grad an Branchendynamik wirkt sich negativ auf den Zusammenhang zwischen der Formalisierung und dem Erfolg des Herstellers (Vertriebspartners) aus.

Eine ähnliche Wirkung übt die *Branchendynamik* auf den Zusammenhang zwischen der *Zentralisierung* und dem *Erfolg des Herstellers* sowie dem *Erfolg des Vertriebspartners* aus. Dynamische Branchen erfordern flexible Anpassungen durch die Mitglieder eines Mehrkanal-Vertriebssystems, da häufige Veränderungen des Umfelds die Planung von Strategien, Taktiken und Maßnahmen verhindern (vgl. Palmatier et al. 2013; Palmatier/Dant/Grewal 2007). Um dementsprechende Anpassungen vornehmen zu können, ist der Hersteller auf die Bereitschaft seiner Vertriebspartner angewiesen, ihn mit aktuellen Informationen bezüglich der Endkunden und der Aktivitäten der

Wettbewerber zu versorgen. Denn die Nähe zum Markt ermöglicht es den Vertriebspartnern, Änderungen im Marktumfeld frühzeitig zu entdecken und an den Hersteller weiterzuleiten, sodass dieser entsprechende Anpassungsmaßnahmen vornehmen kann (vgl. Bello/Chelariu/Zhang 2003; Dahlstrom/Nygaard 1999). Allerdings sind Vertriebspartner nicht bereit, den Hersteller mit diesen Informationen zu versorgen, wenn sie durch die Zentralisierung nicht in den Entscheidungsfindungsprozess des Herstellers einbezogen werden (vgl. Auh/Menguc 2007).

Zudem hindert die Zentralisierung, durch die Beschränkung der Entscheidungsautonomie, auch den einzelnen Vertriebspartner an der flexiblen Anpassung an dynamische Veränderungen in der Branche (vgl. Auh/Menguc 2007). In einem zentralisierten Mehrkanal-Vertriebssystem müssen einzelne Vertriebspartner auf die Entscheidung des Herstellers warten, bevor sie Veränderungsaktivitäten vornehmen können. Die dadurch ausgelöste Verzögerung führt unter dynamischen Bedingungen zu veralteten Vertriebsansätzen der Vertriebspartner und verstärkt den negativen Effekt der Zentralisierung zusätzlich. Vor diesem Hintergrund werden die folgenden Hypothesen formuliert:

$H_{4c,\,d}$: Ein hoher Grad an Branchendynamik wirkt sich negativ auf den Zusammenhang zwischen der Zentralisierung und dem Erfolg des Herstellers (Vertriebspartners) aus.

Es wird vermutet, dass das Ausmaß der *Kanaldifferenzierung* den Einfluss der *Formalisierung* auf den *Erfolg des Herstellers* und den *Erfolg des Vertriebspartners* negativ beeinflusst. Eine starke Differenzierung der Kanäle in einem Mehrkanal-Vertriebssystem verringert die Überlappung der einzelnen Kanäle, da jeder Kanal beispielsweise eine bestimmte Kundengruppe anspricht, mit unterschiedlichen Wettbewerbern konfrontiert ist oder andere Managementansätze erfordert (vgl. Käuferle/Reinartz 2014). Somit nimmt der Wert des Wissens, das der Hersteller in einem ersten Kanal sammelt, beim Transfer und der Anwendung in einen zweiten stark vom ersten differenzierten Kanal ab. In Mehrkanal-Vertriebssystemen, die durch ein hohes Ausmaß an Kanaldifferenzierung geprägt sind, ist also die Umwandlung gesammelten Wissens in Regeln und Verfahren durch die Formalisierung sowohl für den Hersteller als auch für die Vertriebspartner in den einzelnen Kanälen weniger nützlich. Darüber hinaus schränkt ein hohes Maß an Kanaldifferenzierung die Möglichkeit der Formalisierung, den Wettbewerb unter einzelnen Vertriebspartnern zu verringern, ein. Durch die Kanaldifferenzierung stehen die Vertriebspartner zum einen unter geringerem Konkurrenzdruck, da beispielsweise die Kanäle unterschiedliche Kunden ansprechen. Zum anderen können die unterschiedlichen Vertriebsansätze in den differenzierten Kanälen nur schwer durch allgemeingültige Regeln vereinheitlich werden, um dadurch den Wettbewerb zu verringern. Zusammenfassend lassen sich daher die folgenden Hypothesen aufstellen:

$H_{5a, b}$: Ein hoher Grad an Kanaldifferenzierung wirkt sich negativ auf den Zusammenhang zwischen der Formalisierung und dem Erfolg des Herstellers (Vertriebspartners) aus.

Des Weiteren wird postuliert, dass die *Kanaldifferenzierung* den Effekt der *Zentralisierung* auf den *Erfolg des Herstellers* und auf den *Erfolg des Vertriebspartners* negativ moderiert. Je stärker ein Mehrkanal-Vertriebssystem differenziert ist, desto spezifischeres Wissen und speziellere Fähigkeiten sind nötig, um in den einzelnen Kanälen die richtigen Entscheidungen zu fällen, da sich die einzelnen Kanäle stark hinsichtlich der Vertriebsprozesse und der eingesetzten Vertriebsmitarbeiter unterscheiden (vgl. Neslin/Shankar 2009). Es ist allerdings unwahrscheinlich, dass ein einzelner Hersteller genug spezifisches Wissen besitzt, um zu bestimmen, welches Verhalten in den einzelnen, hochdifferenzierten Vertriebskanälen gefordert ist. Somit führt die Zentralisierung bei stark differenzierten Vertriebskanälen zu besonders ineffektiven Entscheidungen des Herstellers. Zudem hindert die Zentralisierung die Vertriebspartner daran, ihr eigenes Wissen über die Eigenheiten des einzelnen Kanals in Entscheidungen über den jeweils geeigneten Vertriebsansatz einfließen zu lassen. Vor diesem Hintergrund werden die folgenden Hypothesen formuliert:

$H_{5c, d}$: Ein hoher Grad an Kanaldifferenzierung wirkt sich negativ auf den Zusammenhang zwischen der Zentralisierung und dem Erfolg des Herstellers (Vertriebspartners) aus.

Eine hohe *Distributionsintensität* im Mehrkanal-Vertriebssystem schwächt den positiven Einfluss der *Formalisierung* auf den *Erfolg des Herstellers* ab. Um die Implementierung der durch die Formalisierung vorgegebenen Regeln und Richtlinien im Mehrkanal-Vertriebssystem sicherzustellen, muss der Hersteller kontinuierlich die Erfüllung dieser Regeln seitens des Vertriebspartners kontrollieren (vgl. Dahlstrom/Nygaard 1999). Für die Etablierung und Anwendung der dafür nötigen Kontrollsysteme muss der Hersteller somit ausreichende Ressourcen bereitstellen. In Mehrkanal-Vertriebssystemen, die durch eine hohe Distributionsintensität gekennzeichnet sind, führt die damit verbundene große Anzahl an Vertriebspartnern zu besonders hohen Ausgaben des Herstellers für deren Kontrolle und verringert dadurch die positive Wirkung der Formalisierung auf den Herstellererfolg.

Bezüglich des Einflusses der *Formalisierung* auf den *Erfolg des Vertriebspartners* wird ein gegenteiliger Moderationseffekt der *Distributionsintensität* angenommen. Eine hohe Distributionsintensität erhöht den Wettbewerb unter den Vertriebspartnern eines Herstellers, da sich beispielsweise mehrere Vertriebspartner ein Verkaufsgebiet teilen (vgl. Bucklin/Siddarth/Silva-Risso 2008). Formalisierung reduziert diesen Wettbewerb, da der Hersteller zur Sicherstellung eines konsistenten Einkaufsprozesses des Kunden im ganzen Mehrkanal-Vertriebssystem typischerweise versucht, dieselben Regeln für möglichst viele Vertriebspartner aufzustellen. Somit werden individuelle kompetitive Entscheidungen einzelner Vertriebspartner wie beispielsweise Rabatte unterbunden (vgl. Paswan/Guzmán/Blankson 2012). Aufgrund des wettbewerbssteigernden Effekts der Distributionsintensität profitiert der Vertriebspartner hier besonders von der Formalisierung. Vor diesem Hintergrund werden die folgenden Hypothesen formuliert:

$H_{6a, b}$: Ein hoher Grad an Distributionsintensität wirkt sich negativ (positiv) auf den Zusammenhang zwischen der Formalisierung und dem Erfolg des Herstellers (Vertriebspartners) aus.

Des Weiteren verstärkt eine hohe *Distributionsintensität* den negativen Einfluss der *Zentralisierung* auf den *Erfolg des Herstellers*. Die Zentralisierung der Entscheidungsgewalt beim Hersteller können Vertriebspartner als aktiven Ausschluss empfinden, was zum Verlust von Vertrauen gegenüber dem Hersteller und einer grundsätzlichen Skepsis gegenüber seinen Entscheidungen führt (vgl. Boyle/Dwyer 1995; Brown/Cobb/Lusch 2006). Darüber hinaus resultiert aus der Einschränkung der Entscheidungsautonomie des Vertriebspartners durch die Zentralisierung Frustration, Demotivation und eine Abschwächung der Loyalität des Vertriebspartners gegenüber dem Hersteller (Vgl. Aiken/Hage 1968). In der Folge erhöht sich die Wahrscheinlichkeit für opportunistisches Vertriebspartnerverhalten, Widerstand gegen die Entscheidungen des Herstellers und Konflikte innerhalb des Mehrkanal-Vertriebssystems (vgl. Boyle/Dwyer 1995; John/Martin 1984; Pepper/Gore 2015). Eine hohe Distributionsintensität beschleunigt und verstärkt diese negativen Reaktionen auf die Zentralisierung, da eine größere Anzahl an Vertriebspartnern die beschriebenen destruktiven Verhaltensweisen zeigen.

Der Effekt der *Distributionsintensität* auf den Zusammenhang zwischen der *Zentralisierung* und dem *Erfolg des Vertriebspartners* stellt sich dagegen positiv dar, da eine hohe Distributionsintensität den Vertriebspartner vor schädlichen Entscheidungen des Herstellers schützt. Zum einen zwingt eine große Anzahl an Vertriebspartnern den Hersteller dazu, die Zahl der einseitig nützlichen Entscheidungen, die er auf Kosten seiner Vertriebspartner trifft, zu reduzieren, um keinen Reputationsverlust zu erleiden und somit zukünftige indirekte Vertriebsmöglichkeiten zu verlieren (vgl. Antia/Frazier 2001; Gu et al. 2010). Zum anderen hindert die große Anzahl an Vertriebspartnern den Hersteller an der Kontrolle des Vertriebspartnerverhaltens und ermöglicht diesen dadurch von den zentral getroffenen Entscheidungen des Herstellers abzuweichen, ohne Sanktionen fürchten zu müssen. Vor diesem Hintergrund werden die folgenden Hypothesen formuliert:

$H_{6c, d}$: Ein hoher Grad an Distributionsintensität wirkt sich negativ (positiv) auf den Zusammenhang zwischen der Zentralisierung und dem Erfolg des Herstellers (Vertriebspartners) aus.

3.4 Methodik

3.4.1 Datenerhebung und Stichprobe

Um das Untersuchungsmodell der vorliegenden Studie zu testen, wurden Daten aus drei unterschiedlichen Quellen erhoben: Fragebogendaten des Herstellers, Fragebogendaten der zugehörigen Vertriebspartner und objektive Daten aus der AMADEUS Datenbank. Hierfür wurden an 6.454 Vertriebsleiter und Geschäftsführer in Deutschland, Österreich und der Schweiz postalisch und elektronisch Fragebögen versendet. Die Auskunftspersonen wurden zudem gebeten, Kontaktdaten ihrer Vertriebspartner anzugeben. Im Anschluss wurde an diese Vertriebspartner ein weiterer Fragebogen versendet. Um die Rücklaufquote zu erhöhen, wurden mehrere etablierte Techniken angewendet (vgl. Rogelberg/Stanton 2007). So wurde beispielsweise jeder Hersteller, der den Fragebogen nicht innerhalb von vier Wochen zurücksendete, telefonisch kontaktiert. Letztendlich konnten Rücklaufquoten von 11% für die Hersteller und von 18% für die Vertriebspartner erreicht werden. Berücksichtigt man die häufig erwähnte Sensitivität der hier analysierten Beziehung zwischen einem Hersteller und seinen Vertriebspartnern sowie die grundsätzlich zurückgehenden Rücklaufquoten bei der Befragung von Führungskräften, sind die Rücklaufquoten akzeptabel (vgl. Cycyota/Harrison 2006). Um zu testen, ob signifikante Unterschiede in den Antworten zwischen den postalisch versendeten und den elektronisch versendeten Fragebögen bestehen, wurden die Herstellerrückläufe mithilfe eines χ^2 – Tests bezüglich der Verteilung der Branchenzugehörigkeit und der Unternehmensgröße analysiert. Die Ergebnisse des Tests weisen keine signifikanten Unterschiede zwischen den beiden Teilstichproben auf.

Da sich die vorliegende Studie auf Mehrkanal-Vertriebssysteme konzentriert, wurden alle Hersteller mit weniger als zwei Vertriebskanälen aus der Stichprobe entfernt, was zu einer finalen Stichprobe von 470 Herstellern führt. Für einen Teil dieser Stichprobe (112 Hersteller), konnten Daten zu 184 zugeordneten Vertriebspartnern erhoben werden, die die Vertriebspartnerstichprobe darstellen. Die Fragebogendaten der 470 Hersteller und der 184 Vertriebspartner wurden zusätzlich mit objektiven Daten aus der AMADEUS Datenbank angereichert. Tabelle 6 stellt die Zusammensetzung der finalen Stichproben dar.

Hersteller		Vertriebspartner	
Branche	**%**	**Branche**	**%**
Maschinen- und Anlagebau	21	Maschinen- und Anlagebau	17
Telekommunikation/IT	15	Telekommunikation /IT	23
Elektronik/Elektrotechnik	8	Elektronik/Elektrotechnik	12
Pharma/Healthcare	8	Pharma/Healthcare	5
Automobilindustrie	8	Automobilindustrie	5
Metallverarbeitung	7	Metallverarbeitung	6
Bau/Baustoffe	6	Baustoffe	5
Nahrungs- und Genussmittel	5	Nahrungs- und Genussmittel	2
Chemie	4	Chemie	6
Andere B2B	11	Andere B2B	14
Andere B2C	7	Andere B2C	5
Position des Befragten	**%**	**Position des Befragten**	**%**
Leiter Vertrieb	46	Leiter Einkauf	51
Geschäftsführer	47	Geschäftsführer	37
Leiter Marketing	7	Leiter Marketing	12
Jährlicher Umsatz in Mio €	**%**	**Jährlicher Umsatz in Mio €**	**%**
< 50	52	< 1	24
50 – 100	13	1 – 10	42
100 – 500	20	10 – 50	22
500 – 1000	5	50 – 100	7
1000 – 5000	6	100 – 500	3
> 5000	4	> 500	2
Anzahl der Mitarbeiter	**%**	**Anzahl der Mitarbeiter**	**%**
< 50	20	< 10	35
50 – 100	14	10 – 50	37
100 – 500	36	50 – 100	12
500 – 1000	7	100 – 1000	12
1000 – 5000	16	1000 – 5000	2
> 5000	7	> 5000	2

Tabelle 6 – Zusammensetzung der Hersteller- und der Vertriebspartner-Stichprobe der Studie I

3.4.2 Test auf Nichtteilnahme und auf Kompetenz der Schlüsselinformanten

Hinsichtlich der Rücklaufquote wurde untersucht, ob die finale Stichprobe adäquat ist oder eine Nichtteilnahme (Non-Response Bias) die Ergebnisse verzerrt sowie ob die Schlüsselinformanten fachlich qualifizierte Auskunft geben konnten (vgl. Klarmann 2008). Hierfür wurde zunächst das erste Drittel der eingegangenen Fragebögen mit dem letzten Drittel verglichen (vgl. Armstrong/Overton 1977). Eine Analyse der Mittelwertsunterschiede zwischen frühen und späten Antworten für alle verwendeten Konstrukte zeigt signifikante Ergebnisse ($p < 0{,}05$) lediglich für das Konstrukt der Herstellergröße. Somit stellt die Nichtteilnahme kein ernsthaftes Problem in Bezug auf die vorliegende Stichprobe dar.

Des Weiteren wurde auf zwei Arten untersucht, inwieweit die Schlüsselinformanten in der Lage waren, die untersuchten organisationalen Phänomene zu beurteilen. Erstens wurde die Dauer der Zugehörigkeit der Schlüsselinformanten zum Unternehmen abgefragt (vgl. Hambrick/Mason 1984; Kumar/Stern/Anderson 1993). Die Schlüsselinformanten in der finalen Stichprobe auf Seiten der Hersteller haben durchschnittlich 19,8 Jahre Erfahrung auf ihrer Position, die Schlüsselinformanten auf Seiten der Vertriebspartner zeigen eine Erfahrung von 22,5 Jahren. Damit sind die Schlüsselinformanten für die Beantwortung der gestellten Fragen qualifiziert. Zweitens wurde die Korrektheit der Antworten der Schlüsselinformanten überprüft, indem deren subjektive Einschätzungen mit objektiven Daten für diejenigen Hersteller verglichen wurden, für die solche Daten in der AMADEUS Datenbank vorlagen. Die hohe und signifikante Korrelation zwischen der subjektiven Einschätzung der Schlüsselinformanten und dem objektiven Wert für das Umsatzvolumen ($r = 0{,}78$; $p < 0{,}01$) verdeutlicht, dass die Schlüsselinformanten ausreichend kompetent sind.

3.4.3 Messung der Konstrukte

Die Entwicklung und Messung der verwendeten Konstrukte erfolgte anhand der in der Marketingforschung gebräuchlichen Methoden (vgl. Homburg/Giering 1996). Wenn möglich wurde dabei auf etablierte Skalen zurückgegriffen. Die Fragebögen für die Hersteller und deren Vertriebspartner wurden einem umfangreichen Pretest mit Praktikern und Marketingforschern unterzogen.

Um den *Erfolg des Herstellers und des Vertriebspartners* zu bestimmen wurden die Schlüsselinformanten nach der Zielerreichung bezüglich des Gewinns, des Umsatzvolumens, des Umsatzwachstums und der Gesamtleistung gefragt. Die fokale Position des Herstellers im Mehrkanal-Vertriebssystem ermöglicht dabei den Schlüsselinformanten des Herstellers, die Zielerreichung des gesamten Mehrkanal-Vertriebssystems zu beurteilen. Die Schlüsselinformanten des Vertriebspartners beurteilen hingegen die

Zielerreichung des spezifischen Vertriebskanals dessen Mitglieder der jeweilige Vertriebspartner und dessen Hersteller sind. Um die prädiktive Validität der Erfolgsmaße zu prüfen, wurden diese mit weiteren erhobenen Konstrukten verglichen, die ebenfalls den Erfolg des Herstellers beziehungsweise des Vertriebspartners abbilden. Die hoch signifikanten Ergebnisse der Korrelationen des verwendeten Konstrukts zur Messung des Erfolgs des Herstellers mit der Herstellermarge (r = 0,30; $p < 0,01$) oder dem Umsatzwachstum des Herstellers (r = 0,22; $p < 0,01$) sowie des Konstrukts zur Messung des Erfolgs des Vertriebspartners mit der Vertriebspartnermarge (r = 0,39; $p < 0,01$) oder dem Umsatzwachstum des Vertriebspartners (r = 0,22; $p < 0,01$) zeigen deren Validität.

Um die *Formalisierung* im Mehrkanal-Vertriebssystem zu messen, wurde auf in der Marketingforschung etablierte Skalen zurückgegriffen (vgl. Dwyer/Welsh 1985; John 1984; Kabadayi/Eyuboglu/Thomas 2007). Basierend auf den häufig zitierten Arbeiten von Aiken und Hage (1968) sowie von Jaworski und Kohli (1993) wurde die *Zentralisierung* im Mehrkanal-Vertriebssystem als die Umkehrung der Einbindung des Vertriebspartners in die Entscheidungsfindung seines Herstellers gemessen. Diese inverse Bestimmung der Zentralisierung bildet den „… degree to which decision-making authority is concentrated, as opposed to shared, within the channel system …" (Geyskens/Steenkamp/Kumar 1999, S. 228) ab. Sowohl die Formalisierung als auch die Zentralisierung betreffen das gesamte Mehrkanal-Vertriebssystem und wurden vom Hersteller zur Steuerung der Vertriebspartner implementiert. Daher wurden beide Konstrukte auf der Herstellerebene gemessen.

Um die *Kontingenzfaktoren* des Untersuchungsmodells zu bestimmen, wurden in der bestehenden Literatur geeignete Messungen identifiziert. Die Kontingenzfaktoren der Informationsasymmetrie, der Kanaldifferenzierung und der Distributionsintensität wurden auf der Herstellerebene gemessen, da sie entweder direkt den Hersteller betreffen (Informationsasymmetrie als Informationsnachteil des Herstellers) oder das gesamte Mehrkanal-Vertriebssystem (Kanaldifferenzierung und Distributionsintensität), über das ein einzelner Vertriebspartner keinen Überblick besitzt. Der Kontingenzfaktor der Branchendynamik wurde anhand objektiver Daten aus der AMADEUS Datenbank für jede Branche (dreistellige SIC Klassifizierung) bestimmt.

Darüber hinaus wurden in das Modell mehrere *Kontrollvariablen* aufgenommen, die in der bisherigen Forschung zur Beziehung zwischen Herstellern und Vertriebspartnern üblich sind. So wurde mithilfe von Dummy-Variablen auf Branchenunterschiede kontrolliert (vgl. Narasimhan/Raijv/Dutta 2006). Zudem wurde die Größe von Herstellern und Vertriebspartnern anhand der jeweiligen Anzahl der Mitarbeiter in das Modell aufgenommen (vgl. Baum/Wally 2003). Da sowohl das Ausmaß der Kooperation als auch des Informationsaustausches zwischen Herstellern und Vertriebspartnern das Entstehen von opportunistischem Verhalten im Mehrkanal-Vertriebssystem und dadurch auch den Erfolg seiner Mitglieder bestimmen, wurden beide Konstrukte mit in das Modell aufgenommen (vgl. Dahlstrom/Nygaard 1999; Frazier et al. 2009; Wathne/Heide 2000).

Bei der Untersuchung des Einflusses der Formalisierung und der Zentralisierung auf den Erfolg der Vertriebspartner wurde zudem auf den Einsatz von Anreizen seitens des Herstellers und das Ausmaß an Loyalität zwischen Hersteller und Vertriebspartnern im jeweiligen Vertriebskanal kontrolliert, da beide Faktoren das Entstehen opportunistischen Verhaltens beeinflussen (vgl. Liu/Zhao/Krishnamachari 2010; Wathne/Heide 2000). In den Modellen zur Untersuchung des Einflusses der Formalisierung und der Zentralisierung auf den Erfolg der Vertriebspartner wurden die Größe des Vertriebspartners, das Ausmaß der Kooperation im Vertriebskanal des Vertriebspartners mit dem jeweils ebenfalls im Datensatz enthaltenen Hersteller, die Loyalität des Vertriebspartners und der Einsatz von Anreizen seitens des Herstellers auf der Ebene der Vertriebspartner abgefragt.

Studie I: Der Einfluss der bürokratischen Struktur

Konstruktmessung: Abhängige und unabhängige Variablen				
Indikatoren	IR	FR	DEV	CA
Erfolg des Vertriebssystems (Kabadayi/Eyuboglu/Thomas 2007)	Reflektive Messung	0,89	0,67	0,89
Mit unserem Vertriebssystem erreichen wir unsere ... (Likert-Skala: 1 = Stimme gar nicht zu, 7 = stimme voll und ganz zu).				
• ... wirtschaftlichen Ziele.	0,79			
• ... Umsatzziele.	0,66			
• ... Wachstumsziele.	0,63			
• ... Gewinnziele.	0,61			
Formalisierung (Kabadayi/Eyuboglu/Thomas 2007)	Reflektive Messung	0,89	0,67	0,89
Bitte geben Sie an, inwieweit Sie folgenden Aussagen zustimmen (Likert-Skala: 1 = stimme gar nicht zu, 7 = stimme voll und ganz zu).				
• Wir definieren klare Regeln und Verfahren für unsere Vertriebspartner.	0,56			
• Wir interagieren mit unseren Partnern in unseren Vertriebskanälen auf einer formalen, vorausgeplanten Basis.	0,57			
• Es gibt standardisierte Verfahren und Regeln, die von allen Vertriebspartnern zu befolgen sind.	0,81			
• Unsere Vertriebspartner müssen sich an formale Richtlinien und schriftlich festgehaltene Regeln halten.	0,75			
Zentralisierung (invers kodiert) (Jaworski/Kohli 1993, Dwyer/Welsh 1985)	Reflektive Messung	0,81	0,59	0,80
Bitte geben Sie an, inwieweit Sie folgenden Aussagen zustimmen (Likert-Skala: 1 = stimme gar nicht zu, 7 = stimme voll und ganz zu).				
• Wir entscheiden gemeinsam mit unseren Vertriebspartnern über die Ziele unserer Beziehung.	0,46			
• Wir integrieren unsere Vertriebspartner in die Planung und Formulierung von Strategien.	0,70			
• Wir geben Ideen von unseren Vertriebspartnern zu Einkauf, Verkauf oder Service an unser Management weiter.	0,61			

IR: Indikatorreliabilität, FR: Faktorreliabilität,
DEV: durchschnittlich erfasste Varianz, CA: Cronbach's Alpha.
Tabelle 7 – Konstrukte und Indikatoren der Studie I (Teil I)

Konstruktmessung: Kontingenz- und Kontrollvariablen

Indikatoren		IR	FR	DEV	CA
Kanaldifferenzierung (Dwyer/Welsh 1985; Geyskens/Steenkamp/Kumar 1998)	Reflektive Messung		0,84	0,58	0,84
Unsere Vertriebskanäle unterscheiden sich stark hinsichtlich ... (Likert-Skala: 1 = stimme gar nicht zu, 7 = stimme voll und ganz zu.					
...ihrer heutigen Bedeutung.		0,56			
...ihrer zukünftigen Bedeutung.		0,70			
...der Gestaltung der Verkaufsprozesse.		0,57			
...der Vertriebsmitarbeiter.		0,48			
Distributionsintensität (invers kodiert) (Frazier/Lassar 1996)	Reflektive Messung		0,80	0,58	0,79
Bitte geben Sie an, inwieweit Sie folgenden Aussagen zustimmen (Likert-Skala: 1 = stimme gar nicht zu, 7 = stimme voll und ganz zu).					
Wir versuchen, die Anzahl der Vertriebspartner pro Verkaufsgebiet gering zu halten.		0,41			
Wir gewähren unseren Vertriebspartnern ein exklusives Gebiet für den Vertrieb der Produkte.		0,66			
Wir sehen davon ab, konkurrierende Vertriebspartner zu bestehenden Verkaufsgebieten hinzuzunehmen.		0,67			
Kooperation (Homburg/Schneider/Fassnacht 2002)	Reflektive Messung		0,75	0,50	0,74
Bitte geben Sie an, inwieweit Sie folgenden Aussagen zustimmen (Likert-Skala: 1 = stimme gar nicht zu, 7 = stimme voll und ganz zu).					
Wir führen mit unseren Vertriebspartnern eine gemeinsame Absatzplanung durch.		0,55			
Wir planen und gestalten mit unseren Vertriebspartnern gemeinsame Marketingaktivitäten.		0,55			
Wir kümmern uns gemeinsam mit unseren Vertriebspartnern um die Belange der Endkunden.		0,39			
Informationsasymmetrie (invers kodiert) (Frenzen et al. 2010)	Reflektive Messung		0,88	0,70	0,87
Bitte geben Sie an, inwieweit Sie folgenden Aussagen zustimmen (Likert-Skala: 1 = stimme gar nicht zu, 7 = stimme voll und ganz zu).					
Wir haben mehr Informationen über unsere relevanten Märkte als unsere Vertriebspartner.		0,44			
Wir wissen mehr über unsere Endkunden als unsere Vertriebspartner.		0,72			
Generell sind wir über Endkunden und Märkte besser informiert als unsere Vertriebspartner.		0,95			
Branchendynamik (Srinivasan/Lilien/Sridhar 2011)	Objektive Daten				
Gemessen als der Variationskoeffizient des Umsatzes in der Branche eines Unternehmens (3-stellige SIC Klassifizierung) über die vorangegangenen fünf Jahre.					

Studie I: Der Einfluss der bürokratischen Struktur 71

Informationsaustausch (Heide/John 1992)	Reflektive Messung	0,87	0,63	0,86
Bitte geben Sie an, inwieweit Sie folgenden Aussagen zustimmen (Likert-Skala: 1 = stimme gar nicht zu, 7 = stimme voll und ganz zu).				
○ Wir tauschen mit unseren Vertriebspartnern häufig auch informell Informationen aus.	0,47			
○ Wir informieren unsere Vertriebspartner über Ereignisse, die den anderen betreffen.	0,83			
○ Wir tauschen häufig mit unseren Vertriebspartnern Informationen auch über das abgesprochene Maß hinaus auf.	0,74			
○ Wir erwarten von unseren Vertriebspartnern, dass sie uns nützliche Informationen weiterleiten.	0,46			
Unternehmensgröße[1] (Baum/Wally 2003, Luo/Donthu 2006)	Single Item			
(Acht Kategorien: 1 = weniger als 50; 8 = mehr als 10.000)				
○ Wie viele Mitarbeiter sind momentan insgesamt in ihrem Unternehmen bzw. Geschäftseinheit beschäftigt?				
Erfolg des Vertriebspartners[2] (Kabadayi/Eyuboglu/Thomas 2007)	Reflektive Messung	0,93	0,78	0,93
In den Vertriebskanälen, wo wir mit dem Hersteller zusammenarbeiten, erreichen wir unsere... (Likert-Skala: 1 = stimme gar nicht zu, 7 = stimme voll und ganz zu).				
○ ... wirtschaftlichen Ziele.	0,74			
○ ... Umsatzziele.	0,88			
○ ... Wachstumsziele.	0,80			
○ ... Gewinnziele.	0,68			
Einsatz von Anreizen[2] (Gilliland 2004)	Reflektive Messung	0,91	0,72	0,91
Der Hersteller belohnt uns in hohem Maße für ... (Likert-Skala: 1 = stimme gar nicht zu, 7 = stimme voll und ganz zu).				
○ ... das Erreichen von Ergebnis- und Absatzzielen.	0,70			
○ ... die Teilnahme und Durchführung von Vermarktungsaktivitäten.	0,95			
○ ... Verbesserungen unserer vertriebsbezogenen Fähigkeiten.	0,52			
○ ... unsere Loyalität.	0,70			
Kooperation[2] (Homburg/Schneider/Fassnacht 2002)	Reflektive Messung	0,82	0,60	0,81
Bitte geben Sie an, inwieweit Sie folgenden Aussagen zustimmen (Likert-Skala: 1 = stimme gar nicht zu, 7 = stimme voll und ganz zu).				
○ Der Hersteller und wir führen eine gemeinsame Absatzplanung durch.	0,62			
○ Der Hersteller und wir planen und gestalten gemeinsame Marketingaktivitäten.	0,72			
○ Der Hersteller und wir kümmern uns gemeinsam um die Belange der Endkunden.	0,47			

Loyalität des Vertriebspartners[2] (Shankar/Smith/Rangaswamy 2003) Bitte geben Sie an, inwieweit Sie folgenden Aussagen zustimmen (Likert-Skala: 1 = stimme gar nicht zu, 7 = stimme voll und ganz zu). • Wir würden den Hersteller weiterempfehlen.	Single Item

IR: Indikatorreliabilität, FR: Faktorreliabilität, DEV: durchschnittlich erfasste Varianz, CA: Cronbach's Alpha; [1] Unternehmensgröße wurde mit demselben Item beim Hersteller und beim Vertriebspartner gemessen, [2] die Items des Fragebogens für die Vertriebspartner beinhalten den Namen des im Datensatz enthaltenen und dem einzelnen Vertriebspartner zugeordneten Herstellers.

Tabelle 8 – Konstrukte und Indikatoren der Studie I (Teil II)

Um die *Reliabilität und Validität der Messung* zu überprüfen, wurde eine konfirmatorische Faktorenanalyse mit allen reflektiven Indikatoren, die auf der Herstellerebene gemessen wurden und eine konfirmatorische Faktorenanalyse mit allen Indikatoren, die auf der Vertriebspartnerebene gemessen wurden, durchgeführt. Die Ergebnisse demonstrieren, dass alle Skalen zufriedenstellende psychometrische Eigenschaften aufweisen (vgl. Bagozzi/Yi 2012). Darüber hinaus zeigen sowohl die konfirmatorische Faktorenanalyse auf Herstellerebene (χ^2/df = 2,45; comparative fit index = 0,93; root mean square error of approximation = 0,06; standardized root mean square residual = 0,05), als auch die konfirmatorische Faktorenanalyse auf Vertriebspartnerebene (χ^2/df = 2,28; comparative fit index = 0,96; root mean square error of approximation = 0,08; standardized root mean square residual = 0,05) einen akzeptablen Modell-Fit. Zudem konnte keine Einschränkung der Diskriminanzvalidität festgestellt werden, da die Quadratwurzel der durchschnittlich erfassten Varianz für jedes Variablenpaar deren Korrelation übersteigt (vgl. Fornell/Larcker 1981). Die Tabellen 7 und 8 listen alle verwendeten Konstrukte und ihre genaue Messung auf. Die Tabellen 9 und 10 stellen die deskriptiven Statistiken und Korrelationen aller verwendeten Konstrukte in der Hersteller- und der Vertriebspartner-Stichprobe dar.

Variablen	M	SD	1	2	3	4	5	6	7	8	9	10
1. Erfolg des Herstellers	5,29	1,07	-									
2. Formalisierung	4,53	1,50	0,23***	-								
3. Zentralisierung	3,95	1,44	-0,25***	-0,33***	-							
4. Informationsasymmetrie	3,90	1,53	-0,07	-0,04	-0,08*	-						
5. Branchendynamik	2,39	1,16	0,04	0,06	-0,09*	0,10	-					
6. Kanaldifferenzierung	4,25	1,54	0,04	0,08*	-0,10**	-0,12***	-0,04	-				
7. Distributionsintensität	3,92	1,99	-0,06	-0,21***	0,22***	-0,05	-0,25***	-0,01	-			
8. Kooperation	4,68	1,38	0,22***	0,52***	-0,57***	0,10**	0,05	0,11**	-0,25***	-		
9. Informationsaustausch	4,98	1,30	0,20***	0,39***	-0,43***	-0,01	0,06	0,11***	-0,26***	0,49***	-	
10. Unternehmensgröße	3,20	1,81	0,08*	0,16***	0,05	-0,07	0,06	0,04	0,02	0,03	-0,04	-

* $p < 0,10$; ** $p < 0,05$; *** $p < 0,01$; zweiseitige Tests; Mittelwert (M), Standardabweichung (SD)

Tabelle 9 – Deskriptive Statistiken und Korrelationen für die Stichprobe der Hersteller (Studie I)

Variablen	M	SD	1	2	3	4	5	6	7	8	9	10	11	12
1. Erfolg des Vertriebspartners	4,58	1,37	-											
2. Formalisierung	4,87	1,44	0,10	-										
3. Zentralisierung	4,07	1,40	-0,13*	-0,30***	-									
4. Informationsasymmetrie	3,88	1,46	0,09	0,12	0,01	-								
5. Branchendynamik	2,26	1,02	-0,04	-0,03	0,03	0,16**	-							
6. Kanaldifferenzierung	4,49	1,59	-0,03	0,00	-0,23***	-0,22***	-0,06	-						
7. Distributionsintensität	4,19	1,87	-0,12*	-0,09	0,11	-0,03	-0,40***	0,11	-					
8. Kooperation	4,04	1,63	0,53***	0,10	0,02	-0,06	0,14**	-0,07	-0,22***	-				
9. Informationsaustausch	5,20	1,17	0,00	0,30***	-0,54***	-0,12	-0,09	0,11	0,05	0,02	-			
10. Unternehmensgröße	2,83	1,37	-0,06	0,07	0,18**	-0,17**	0,04	0,03	0,01	0,11	-0,07	-		
11. Loyalität des Vertriebspartners	5,96	1,29	0,55***	0,01	-0,18***	0,04	0,02	0,05	-0,17**	0,37***	0,15**	-0,13*	-	
12. Einsatz von Anreizen	3,01	1,55	0,50***	0,12	-0,07	-0,10	0,03	-0,02	-0,17	0,56***	0,02	0,00	0,37	-

$p < 0,10$, $^{*}p < 0,05$, $^{***}p < 0,01$; zweiseitige Tests; Mittelwert (M), Standardabweichung (SD)

Tabelle 10 – Deskriptive Statistiken und Korrelationen für die Stichprobe der Vertriebspartner (Studie I)

Das potentielle Risiko eines *Common Method Bias* liegt nur in denjenigen Modellen vor, die der Untersuchung des Einflusses der Formalisierung und der Zentralisierung auf den Erfolg des Herstellers dienen. Hier wurden sowohl die abhängige als auch die unabhängigen Variablen durch denselben Schlüsselinformanten erfasst. In denjenigen Modellen, die den Einfluss der Formalisierung und der Zentralisierung auf den Erfolg des Vertriebspartners untersuchen, werden die abhängige und die unabhängigen Variablen von unterschiedlichen Schlüsselinformanten in verschiedenen Organisationen (Hersteller und Vertriebspartner) abgefragt. Um das Risiko eines Common Method Bias im Herstellermodell abschätzen zu können, wurden zwei Analysen durchgeführt. Erstens wurde Harman's Single-Factor Test angewandt, um zu überprüfen, ob ein einzelner Faktor die Varianz aller Variablen auf der Herstellereben erklären kann (vgl. Podsakoff et al. 2003). Der Vergleich eines Modells, in dem alle Konstrukte individuell spezifiziert werden, mit einem solchen Ein-Faktor-Modell zeigt einen deutlich verbesserten Fit ($\chi^2 = 4.097,0$; d.f. = 28; $p < 0,01$). Zweitens wurde die von Lindell und Whitney (2001) entwickelte Methode angewandt und die geringste paarweise Korrelation zwischen allen unabhängigen Variablen zur Anpassung der Korrelationsmatrix genutzt. Keine paarweise Korrelation verliert dadurch an Signifikanz. Zusammenfassend deuten die durchgeführten Analysen darauf hin, dass im Rahmen der vorliegenden Studie kein substantieller Common Method Bias auftritt.

3.5 Ergebnisse der empirischen Untersuchung

Um die aufgestellten Hypothesen bezüglich des Einflusses der Formalisierung und der Zentralisierung auf den Erfolg des Herstellers zu testen, wurde eine Regression nach der Methode der kleinsten Quadrate (OLS) durchgeführt (Modell 1 und Modell 2). Bezüglich der Hypothesen zum Einfluss beider Steuerungsmechanismen auf den Erfolg des Vertriebspartners wurde eine Hierarchisch-Lineare-Modellierung angewandt (HLM) (Modell 3 und Modell 4). Die hierarchische Struktur der Vertriebspartnerstichprobe resultiert daraus, dass mehrere Vertriebspartner zum selben Hersteller gehören und die somit möglichen Abhängigkeiten in den Fehlertermini zu verzerrten Ergebnissen einer Regression nach der Methode der kleinsten Quadrate führen können. Alle Vertriebspartner in der Stichprobe verteilen sich auf 112 Hersteller, wonach die Gruppengröße auf der oberen Ebene im Mehrebenenmodell größer als 50 und damit ausreichend ist (vgl. Maas/Hox 2005). Um die Interpretation der Ergebnisse zu vereinfachen, wurden alle unabhängigen Variablen standardisiert (vgl. Aiken/West 1991). Zudem empfiehlt das signifikante Ergebnis eines Breusch-Pagan Test für Heteroskedastizität die Verwendung robuster Standardfehler ($\chi 2 = 23{,}65; p < 0{,}01$). Tabelle 11 gibt einen Überblick über die erzielten Ergebnisse.

Die Ergebnisse von Modell 1 zeigen einen positiven Einfluss der Formalisierung auf den Erfolg des Herstellers ($\beta_{1a} = 0{,}12; p < 0{,}01$) und einen negativen Zusammenhang zwischen der Zentralisierung und dem Herstellererfolg ($\beta_{2a} = -0{,}14; p < 0{,}05$). Somit werden die Hypothesen H_{1a} und H_{2a} bestätigt. Bezüglich des Einflusses der Formalisierung und der Zentralisierung auf den Erfolg des Vertriebspartners findet sich in den Ergebnissen von Modell 3 empirische Unterstützung für die Hypothesen H_{1b} und H_{2b}. Während die Formalisierung in einem positiven Zusammenhang mit dem Erfolg des Vertriebspartners steht ($\beta_{1b} = 0{,}14; p < 0{,}05$), verringert die Zentralisierung den Erfolg des Vertriebspartners ($\beta_{2b} = -0{,}18; p < 0{,}05$).

Die Ergebnisse von Modell 2 und Modell 4 verdeutlichen die Wirkungsweisen verschiedener Kontingenzeffekte. Gemäß Hypothese H_{3a} wirkt sich die Informationsasymmetrie negativ auf die Beziehung zwischen der Formalisierung und dem Erfolg des Herstellers aus, was durch die Ergebnisse bestätigt werden kann ($\beta_{3a} = 0{,}13; p < 0{,}01$). Darüber hinaus weisen die Ergebnisse auf eine positive Moderation des Zusammenhangs zwischen der Formalisierung und dem Erfolg des Vertriebspartners durch die Informationsasymmetrie hin ($\beta_{3b} = 0{,}11; p < 0{,}05$), wie in Hypothese H_{3b} postuliert wurde. Hinsichtlich der Branchendynamik zeigen sich die in den Hypothesen H_{4a} und H_{4c} vermuteten Effekte. So moderiert die Branchendynamik den Einfluss der Formalisierung ($\beta_{4a} = -0{,}13; p < 0{,}01$) und der Zentralisierung ($\beta_{4c} = -0{,}10; p < 0{,}05$) auf den Erfolg des Herstellers negativ. Bezüglich des Erfolgs des Vertriebspartners zeigen die Ergebnisse eine signifikant negative Interaktion der Branchendynamik mit der Formalisierung ($\beta_{4b} = -0{,}15; p < 0{,}05$), was Hypothese H_{4b} bestätigt. In Bezug auf den Einfluss des komplexitätsbezogenen Faktors der Kanaldifferenzierung auf den Zusammenhang zwischen der Zentralisierung und dem Erfolg des Herstellers zeigt sich ein signifikant negativer Effekt ($\beta_{5c} = -0{,}10; p < 0{,}05$), was Unterstützung für die postulierte Hypothese H_{5c} bedeutet. Des Weiteren können auch die Hypothesen H_{5b} und H_{5d} zum Einfluss der Kanaldifferenzierung auf die Erfolgsauswirkungen der Formalisierung und der Zentralisierung bestätigt werden, da sich die Kanaldifferenzierung sowohl auf die Beziehung zwischen der Formalisierung und dem Erfolg des Vertriebspartners (β_{5b} = -0,12; p < 0,05) als auch auf die Beziehung zwischen der Zentralisierung und dem Erfolg des Vertriebspartners (β_{5d} = -0,21; p < 0,01) negativ auswirkt. Darüber hinaus unterstützen die Ergebnisse den in den Hypothesen H_{6a} und H_{6c} angenommenen negativen Einfluss der Distributionsintensität auf den Zusammenhang der Formalisierung (β_{6a} = -0,16; p < 0,01) sowie der Zentralisierung (β_{6c} = -0,08; p < 0,05) mit dem Erfolg des Herstellers. Im Gegensatz hierzu zeigen die Ergebnisse eine positive Interaktion der Distributionsintensität und der Formalisierung hinsichtlich des Erfolgs des Vertriebspartners (β_{6b} = 0,16; p < 0,01). Dadurch wird Hypothese H_{6b} bestätigt.

Abhängige Variablen:		OLS Regression		HLM	
		Modell 1	Modell 2	Modell 3	Modell 4
		Erfolg des Herstellers		Erfolg des Vertriebspartners	
Konstante		5,61***	5,59***	4,11***	4,34***
Formalisierung	$H_{1a, b}$	0,12**	0,13***	0,14**	0,13**
Zentralisierung	$H_{2a, b}$	-0,14***	-0,12**	-0,18**	-0,16**
Informationsbezogene Faktoren					
Informationsasymmetrie x Formalisierung	$H_{3a, b}$		-0,13***		0,11**
Informationsasymmetrie x Zentralisierung	$H_{3c, d}$		-0,05		-0,01
Branchendynamik x Formalisierung	$H_{4a, b}$		-0,13***		-0,15**
Branchendynamik x Zentralisierung	$H_{4c, d}$		-0,10**		0,05
Komplexitätsbezogene Faktoren					
Kanaldifferenzierung x Formalisierung	$H_{5a, b}$		-0,05		-0,12**
Kanaldifferenzierung x Zentralisierung	$H_{5c, d}$		-0,10**		-0,21***
Distributionsintensität x Formalisierung	$H_{6a, b}$		-0,16***		0,16***
Distributionsintensität x Zentralisierung	$H_{6c, d}$		-0,08**		-0,05
Informationsasymmetrie		-0,10*	-0,12**	0,16***	0,17***
Branchendynamik		0,04	0,02	-0,16	-0,17*
Kanaldifferenzierung		0,01	0,01	-0,06	-0,04
Distributionsintensität		0,01	0,02	0,03	-0,04
Kontrollvariablen					
Kooperation		0,07	0,08	0,48***	0,42***
Informationsaustausch		0,08	0,07	-0,21**	-0,30***
Unternehmensgröße (Hersteller/Vertriebspartner)		0,06	0,07*	-0,02	0,03
Loyalität des Vertriebspartners				0,45***	0,47***
Einsatz von Anreizen				0,26***	0,33***
Branchen Dummies		Inkludiert	Inkludiert	Inkludiert	Inkludiert
R^2 /Pseudo R^2		0,13	0,17	0,54	0,58
F – Wert		2,98***	20,95***	7,69***	6,49***
Beobachtungen		470	470	184	184

Standardisierte Koeffizienten, * $p < .10$, ** $p < .05$, *** $p < .01$, pseudo R^2 in den HLM Modellen bezieht sich auf Snijders/Bosker (1999)

Tabelle 11 – Ergebnisse der Analysen der Studie I

Um die signifikanten Interaktionseffekte genauer zu analysieren, wurde die von Aiken und West (1991) empfohlene Methode der Simple Slopes zur Untersuchung der Form der Interaktionen angewandt. Im Speziellen wurde der Verlauf der Interaktionen zwischen der Formalisierung, beziehungsweise der Zentralisierung, und dem Erfolg des Herstellers, beziehungsweise des Vertriebspartners, eine Standardabweichung oberhalb und eine Standardabweichung unterhalb des Mittelwerts des jeweiligen Moderators betrachtet. Dieses Vorgehen ist nach Spiller et al. (2013) geeignet, da die Kontingenzvariablen gemessen anhand der Kernel-Epanechinikov-Bandbreite nur eine geringe Schiefe aufweisen und keine bedeutenden Schwellenwerte existieren. Die Abbildungen 3 und 4 zeigen die Ergebnisse der Analyse.

Hinsichtlich der Kontrollvariablen sind die Ergebnisse konsistent mit den Resultaten der bisherigen Forschung. So wirken sich die Kooperation, die Loyalität und der Einsatz von Anreizen durch den Hersteller positiv auf den Erfolg des Vertriebspartners aus. Der Zusammenhang zwischen dem Informationsaustausch und dem Erfolg des Vertriebspartners stellt sich als negativ heraus.

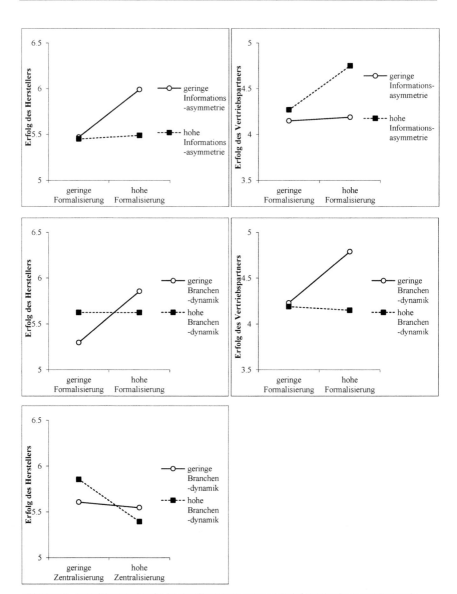

Abbildung 3 – Interaktionsgraphen für die signifikanten Moderatoren der informationsbezogenen Kategorie

Studie I: Der Einfluss der bürokratischen Struktur 81

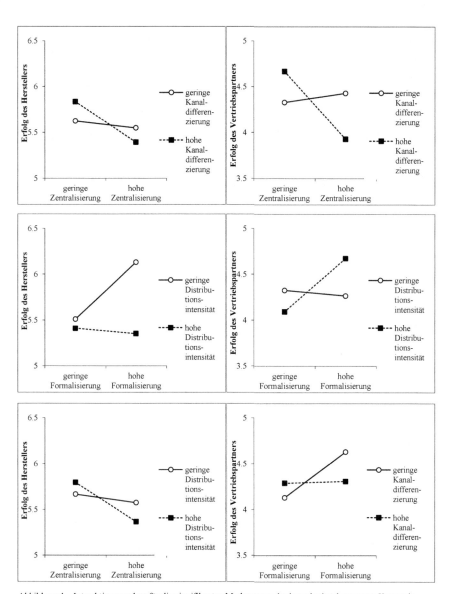

Abbildung 4 – Interaktionsgraphen für die signifikanten Moderatoren der komplexitätsbezogenen Kategorie

Um zu überprüfen, ob Multikollinearität oder Endogenität zu verzerrten Ergebnissen führen, wurden entsprechende Maßnahmen ergriffen. Um zunächst eine mögliche Multikollinearität zu identifizieren, wurden Variance-Inflation-Factors für alle verwendeten Variablen gebildet. Da der höchste Variance-Inflation-Factor unter dem üblichen Schwellenwert von fünf bleibt, ist eine ernsthafte Verzerrung der Ergebnisse durch Multikollinearität nicht wahrscheinlich (vgl. Klarmann 2008). Zur Analyse einer möglichen Endogenität der zentralen Konstrukte der Formalisierung und der Zentralisierung wurde nach einem zweistufigen Instrumentalvariablen-Ansatz vorgegangen (vgl. Petersen/Kushwaha/Kumar 2015). Zunächst wurde das Ausmaß an Kanalüberwachung des Herstellers als Instrumentalvariable für die Formalisierung und das Ausmaß an Kanalkoordinierung des Herstellers als Instrumentalvariable für die Zentralisierung ausgewählt. Beide Variablen beeinflussen zwar die Entscheidung des Herstellers zur Formalisierung beziehungsweise zur Zentralisierung seines Vertriebssystems, üben allerdings keinen direkten Einfluss auf den Erfolg des Herstellers aus (vgl. Kumar/Sunder/Sharma 2015). Um die Güte der gewählten Instrumentalvariablen zu beurteilen, wurden in der ersten Stufe die beiden möglicherweise endogenen Steuerungsmechanismen der Formalisierung und der Zentralisierung auf die ausgewählten Instrumente sowie alle anderen im Grundmodell enthaltenen Variablen regressiert. Die erste Stufe der Parameterschätzung führt für die Formalisierung zu einer F-Statistik von 18,85 und für die Zentralisierung zu einer F-Statistik von 30,15. Da Stock und Watson (2003) als Schwellenwert für starke Instrumentalvariablen eine F-Statistik von 10 angeben, können beide Instrumentalvariablen als geeignet angesehen werden. Der anschließend durchgeführte Durbin-Wu-Hausman Test ($\chi2(2) = 2,42$; $p > 0,30$) lässt darauf schließen, dass Endogenität im Kontext der Studie kein Risiko darstellt.

3.6 Diskussion der Ergebnisse

In den letzten Jahren unterlagen Vertriebssysteme enormen Veränderungen. Insbesondere die zunehmende Verbreitung des Mehrkanal-Vertriebs führte zu sich wandelnden Beziehungen zwischen Herstellern und ihren Vertriebspartnern (vgl. Verhoef/Kannan/Inman 2015; Watson et al. 2015). Somit sehen sich Vertriebsmanager mit der Frage konfrontiert, wie sie den Austausch mit ihren Partnern in heutigen Mehrkanal-Vertriebssystemen steuern können. Die vorliegende Studie liefert mehrere interessante Antworten auf diese Frage, indem mit der Formalisierung und der Zentralisierung die Steuerungsmechanismen der bürokratischen Struktur eines Vertriebssystems im Kontext heutiger Mehrkanal-Vertriebssysteme untersucht werden. Hierfür wurden triadische Daten von 470 Herstellern mit Mehrkanal-Vertriebssystemen und 184 zugehörigen Vertriebspartnern sowie zusätzlich objektive Brancheninformationen der AMADEUS Datenbank analysiert. Die erzielten Ergebnisse erweitern den aktuellen Kenntnisstand des Forschungsgebiets in mehrfacher Hinsicht und liefern zudem wertvolle Handlungsempfehlungen für die Unternehmenspraxis.

3.6.1 Implikationen für die Forschung

Erstens betont die vorliegende Studie die *Notwendigkeit weiterer Forschung zur bürokratischen Struktur* in Vertriebssystemen. Die Steuerung von Vertriebspartnern durch die Mechanismen der bürokratischen Struktur im Vertriebssystem erhielt lediglich „… little attention of late …" (Frazier 1999, S. 234), insbesondere im Vergleich zu den intensiver analysierten Mechanismen der relationalen Steuerung (vgl. Brown/Dev/Lee 2000; Palmatier et al. 2006; Samaha/Palmatier/Dant 2011). Obwohl die bisherige Forschung zu relationalen Steuerungsmechanismen wie Vertrauen oder Commitment wichtige Erkenntnisse zum Verständnis interorganisationaler Prozesse in Vertriebssystemen liefert (vgl. Palmatier/Dant/Grewal 2007), ist die Vernachlässigung der bürokratischen Struktur aus verschiedenen Gründen überraschend. Zum einen verdeutlicht die vorliegende Studie, dass mit der Formalisierung und der Zentralisierung die zentralen Mechanismen der bürokratischen Struktur eine wichtige Rolle für die Erklärung des Erfolgs verschiedener Mitglieder eines Vertriebssystems spielen. Zum anderen stellen beide Mechanismen der bürokratische Struktur die „… purposive aspects of channel governance …" (Paswan/Dant/Lumpkin 1998, S. 127) dar. Denn Vertriebsmanager sind in der Lage, durch bewusst getroffene Entscheidungen den Grad an Formalisierung und Zentralisierung im Vertriebssystem zu bestimmen. Im Gegensatz dazu hängt die Etablierung relationaler Steuerungsmechanismen wie Vertrauen stark von der jeweiligen Reaktion des Vertriebspartners auf bestimmte Marketingmaßnahmen ab (vgl. John/Reve 1982; Mohr/Fisher/Nevin 1996). Des Weiteren ist der Aufbau und Erhalt relationaler Steuerungsmechanismen mit dem Einsatz von Ressourcen verbunden, die benötigt werden, um sich beispielsweise das Vertrauen des entsprechenden Partners im Vertriebssystem zu erarbeiten. Ist die Beziehung zwischen zwei Mitgliedern eines Vertriebskanals durch einen seltenen Austausch geprägt, lohnt sich der Aufbau solcher relationaler Steuerungsmechanismen nicht (vgl. Frazier 1999). Hier ist der Aufbau einer bürokratischen Struktur effizienter.

Zweitens lässt sich aus den Ergebnissen der vorliegenden Studie die Notwendigkeit einer *grundsätzlichen Validierung bestehender Erkenntnisse* aus der bisherigen Vertriebsforschung im heutigen Vertriebskontext ableiten. Ein erheblicher Teil der existierenden Forschung zu den Konsequenzen des Einsatzes der Steuerungsmechanismen der Formalisierung und der Zentralisierung wurde in einem Kontext durchgeführt, der sich elementar von der heutigen Vertriebsrealität unterscheidet. Doch durch die enormen Veränderungen des Vertriebs in den letzten Jahren, beispielsweise bedingt durch technologische Innovationen wie Social Media und Mobile Commerce, sind bislang geltende Wirkungszusammenhänge unter Umständen überholt (vgl. Kaplan 2012). Somit überrascht es nicht, dass die Ergebnisse der vorliegenden, in heutigen Mehrkanal-Vertriebssystemen durchgeführten Studie, den Erkenntnissen früherer Forschung, wie beispielsweise dass „... centralization leads to greater effectiveness ..." (Ruekert/Walker Jr./Roering 1985, S. 15) widerspricht. Es gilt daher auch die Konsequenzen weiterer etablierter Managementansätze in heutigen Vertriebssystemen neu zu untersuchen, um nutzbare Handlungsempfehlungen für die Praxis abzuleiten. So könnten beispielsweise bislang valide Erfolgsfaktoren des Preismanagements aufgrund des häufigen Kanalwechsels des Kunden im Kaufprozess und der durch Weiterentwicklungen in der elektronischen Kommunikation bedingten höheren Preistransparent obsolet geworden sein.

Drittens zeigen die Ergebnisse, dass für die Analyse von Steuerungsaktivitäten im Mehrkanalkontext ein umfassender *systemischer Ansatz* nötigt ist. Mehrkanal-Vertriebssysteme sind mittlerweile in vielen Branchen zum Standard geworden (vgl. Pauwels/Neslin 2015). Allerdings unterscheiden sich diese grundsätzlich von den traditionellen Vertriebssystemen mit nur einem Vertriebskanal. So zeichnen sich Mehrkanal-Vertriebssysteme insbesondere durch eine hohe Beziehungskomplexität aus, die durch die große Anzahl an Vertriebskanälen und den entsprechend involvierten Akteuren entsteht (vgl. Käuferle/Reinartz 2015). Forschung, die sich lediglich auf einzelne Vertriebskanäle oder einzelne Akteure im Mehrkanal-Vertriebssystem konzentriert, vernachlässigt somit die wertrelevanten Prozesse zwischen verschiedenen Vertriebskanälen oder Akteuren im Mehrkanal-Vertriebssystem wie beispielweise Synergien oder Konflikte (vgl. Neslin et al. 2006). Um „... a comprehensive understanding of value creation within the channel system ..." (Sa Vinhas et al. 2010, S. 224) zu entwickeln, ist somit ein systemischer Ansatz nötig.

Die vorliegende Studie liefert zwei Implementierungsmöglichkeiten für einen solchen systemischen Ansatz. Zum einen wird zur Erfolgsmessung auf der Herstellerebene ein Konstrukt verwendet, das verschiedene Leistungsindikatoren wie Umsatz oder Gewinn bezüglich des gesamten Mehrkanal-Vertriebssystems abfragt und sich nicht auf einen einzelnen Kanal konzentriert. Zum anderen werden die Perspektiven unterschiedlicher Mitglieder des Mehrkanal-Vertriebssystems wie des Herstellers und mehrerer seiner Vertriebspartner in die Untersuchung einbezogen. Ein solcher systemischer Ansatz führt in der vorliegenden Studie zu interessanten Ergebnissen. So kann gezeigt werden, dass sich die Zentralisierung der Entscheidungsgewalt beim Hersteller negativ auf dessen gesamtes Mehrkanal-Vertriebssystem auswirkt. Zudem wird in den Ergebnissen deutlich, dass die Formalisierung nicht nur den Erfolg des Mehrkanal-Vertriebssystems des einzelnen Herstellers erhöht, sondern überraschenderweise auch den Erfolg des einzelnen Vertriebspartners steigert.

Viertens liefert die Untersuchung *neue theoretische Bezugspunkte* für die Erforschung von Mehrkanal-Vertriebssystemen, indem die Agenturtheorie zur Analyse der bürokratischen Struktur angewandt wird. Durch die Verwendung der verhaltensorientierten Agenturtheorie werden zudem aktuelle Weiterentwicklungen dieser Theorie berücksichtigt. Obwohl die Agenturtheorie dezidiert als für die Untersuchung von Steuerungsmechanismen geeignet beschrieben wurde (vgl. Kashyap/Antia/Frazier 2012), kam sie in der bestehenden Forschung hauptsächlich für die Untersuchung von Spezialfällen wie Franchisebeziehungen (vgl. Antia/Zheng/Frazier 2013; Kashyap/Antia/Frazier 2012; Lafontaine 1992) oder industriellem Einkaufsverhalten (vgl. Heide/Wathne/Rokkan 2007; Heide 2003; Stump/Heide 1996) zur Anwendung. Die jüngste Weiterentwicklung der verhaltensorientierten Agenturtheorie wurde bislang hauptsächlich im intraorganisationalen Kontext zur Analyse der Vergütung von Führungskräften (vgl. Devers et al. 2008; Martin/Gomez-Mejia/Wiseman 2013; Wiseman/Gomez-Mejia 1998; Wu/Tu 2007) oder des Managements von Familienunternehmen (vgl. Chrisman/Patel 2012; Lim/Lubatkin/Wiseman 2010; Miller et al. 2014) angewandt. Die vorliegende Studie zeigt den Wert der verhaltensorientierten Agenturtheorie für die Erklärung von Steuerungsprozessen im Kontext des Mehrkanalvertriebs. Zukünftige Forschung im Vertriebskontext profitiert von der Anwendung der verhaltensorientierten Agenturtheorie, da hier beispielsweise der Einfluss der verschiedenen Akteure eines Mehrkanal-Vertriebssystems, wie weiterer Kanäle oder konkurrierender Vertriebspartner des Hersteller, auf die einzelne Prinzipal-Agenten Beziehung explizit mit berücksichtigt wird.

Fünftens weisen die durchgeführten Analysen auf die Wichtigkeit einer *Kontingenzperspektive* bei der Untersuchung der bürokratischen Struktur in Mehrkanal-Vertriebssystemen hin. Obwohl die bisherige Forschung zu relationalen Steuerungsmechanismen Kontingenzeffekte berücksichtigt (vgl. Palmatier et al. 2006), wurden diese in den bislang durchgeführten Untersuchungen zu den bürokratischen Steuerungsmechanismen der Formalisierung und der Zentralisierung im interorganisationalen Kontext vernachlässigt. Die Ergebnisse dieser Studie verdeutlichen den unterschiedlichen Wert der Mechanismen der bürokratischen Struktur unter wechselnden Bedingungen. So ist beispielsweise der Wert der Formalisierung für Hersteller und Vertriebspartner unter dynamischen Umweltbedingungen geringer als in einem stabilen Umfeld. Zukünftige Forschung in diesem Kontext sollte daher Kontingenzeffekte berücksichtigen. Insbesondere Forschung, die sich mit sozialen und daher aus mehreren Akteuren bestehenden Systemen beschäftigt, wie beispielsweise einem Mehrkanal-Vertriebssystem, sollte eine solche Kontingenzperspektive einnehmen. Denn die Ergebnisse demonstrieren, dass Kontingenzfaktoren wie beispielsweise die Informationsasymmetrie oder die Distributionsintensität die Erfolgsauswirkung desselben Steuerungsmechanismus für verschiedene Akteure des Systems unterschiedlich beeinflussen.

3.6.2 Praktische Implikationen für Hersteller

Eine besonders kritische Herausforderung für Vertriebsmanager besteht in der Steuerung ihrer Kooperationspartner, da der Erfolg eines Mehrkanal-Vertriebssystems insbesondere vom Gelingen dieser Kooperation abhängt (vgl. Rosenbloom 2007). Die Rollen der einzelnen Mitglieder des Vertriebssystems haben sich in den letzten Jahren zudem geändert. Zum einen stärken Konsolidierungsstrategien und die zunehmende

Verfügbarkeit von Informationen die Machtposition der Vertriebspartner (vgl. Ailawadi et al. 2010; Dawar/Stornelli 2013; Geylani/Dukes/Srinivasan 2007; Kim/Jung/Park 2015). Zum anderen begannen Hersteller mit der Einführung neuer direkter Vertriebskanäle, die nun mit den bestehenden Vertriebspartnern konkurrieren (vgl. Verhoef/Kannan/Inman 2015; Watson et al. 2015). Somit sehen sich Vertriebsmanager mit der Frage konfrontiert, inwieweit sie unter diesen veränderten Bedingungen etablierte Steuerungsmechanismen wie die Formalisierung und die Zentralisierung einsetzen sollten. Drei Eigenschaften der hier vorgelegten Untersuchung ermöglichen eine fundierte Antwort auf diese Frage: Die Verwendung von Daten aus Mehrkanal-Vertriebssystemen, der Fokus auf den finanziellen Konsequenzen der Steuerungsmechanismen und die systemische Perspektive, die das komplette Mehrkanal-Vertriebssystem mit seinem Hersteller und den zugehörigen Vertriebspartnern berücksichtigt.

Zunächst sollte der Hersteller nicht den in Teilen der bisherigen Literatur vorgebrachten Vorschlägen zum Einsatz der Zentralisierung als Steuerungsmechanismus folgen (vgl. Crosno/Brown 2015; Ruekert/Walker Jr./Roering 1985). Stattdessen wird empfohlen, die Vertriebspartner in zentrale Entscheidungen einzubinden, um eine negative Auswirkung der Zentralisierung auf den Erfolg des Herstellers zu vermeiden. Eine solche Partizipation der Vertriebspartner ist insbesondere dann wichtig, wenn sich der Hersteller in einer hochgradig dynamischen Branche befindet oder sich dessen Mehrkanal-Vertriebssystem durch eine hohe Kanaldifferenzierung oder Distributionsintensität auszeichnet.

Im Unterschied zur Zentralisierung weisen die Untersuchungsergebnisse darauf hin, dass Hersteller feststehende Regeln und Verfahren implementieren sollten, um kooperatives Vertriebspartnerverhalten zu erzielen und dadurch den Erfolg des Mehrkanal-Vertriebssystems sicherzustellen. Ein Mehrkanal-Vertriebssystem profitiert dabei besonders von der Formalisierung, wenn sich die Regeln und Verfahren auf Aspekte beziehen, die typischerweise zu erfolgsmindernden Konflikten zwischen dem Hersteller und seinen Vertriebspartnern oder zwischen einzelnen Vertriebspartnern führen. Solche Aspekte sind beispielsweise die Verteilung verschiedener Aufgaben wie die Erbringung von Serviceleistungen zwischen einzelnen Mitgliedern des Mehrkanal-

Vertriebssystems oder die Koordination von Marketingmaßnahmen wie Rabatten (vgl. Frazier 1999; Rosenbloom 2007).

Allerdings sollten Hersteller, die den Steuerungsmechanismus der Formalisierung nutzen, die Informationsausstattung ihrer Vertriebspartner beachten. Ein Informationsvorteil seitens der Vertriebspartner im Mehrkanal-Vertriebssystem vermindert die positive Erfolgsauswirkung der Formalisierung für den Hersteller. Um das volle Erfolgspotential der Formalisierung zu nutzen, gilt es für den Hersteller diesen Informationsnachteil durch Marktforschungsaktivitäten oder einen direkten Vertriebskanal auszugleichen.

3.6.3 Praktische Implikationen für Vertriebspartner

Die Ergebnisse zeigen, dass sich die Zentralisierung nicht nur auf den Hersteller, sondern auch auf dessen Vertriebspartner negativ auswirkt. Daher wird dem Vertriebspartner empfohlen, auf einer Beteiligung an den Entscheidungen des Herstellers zu bestehen, um die negativen Konsequenzen der Zentralisierung zu vermeiden. Dies ist insbesondere in Mehrkanal-Vertriebssystemen mit stark differenzierten Kanälen wichtig, da sich hier der negative Effekt der Zentralisierung auf den Erfolg des Vertriebspartners verstärkt. Vertriebspartner sollten die Ergebnisse der vorliegenden Studie bezüglich des negativen Einflusses der Zentralisierung auf den Erfolg des Herstellers nutzen, um den Hersteller von ihrer Beteiligung an Entscheidungsprozessen zu überzeugen.

Aufgrund der positiven Beziehung zwischen der Formalisierung und dem Erfolg des Vertriebspartners sollten Vertriebspartner den Hersteller davon überzeugen, diejenigen Aspekte für die der Hersteller nicht bereit ist, Entscheidungsgewalt abzugeben, in feststehende Regeln und Richtlinien zu überführen. So können die Vertriebspartner bestimmte Risiken der Zentralisierung wie beispielsweise eine unfaire Behandlung im Vergleich zu konkurrierenden Vertriebspartnern desselben Herstellers vermeiden. Eine solche Fokussierung der Formalisierung des Herstellers, zum Beispiel in Verhandlungen, ist für den Vertriebspartner insbesondere dann von Vorteil, wenn der Vertriebspartner mehr Informationen bezüglich der Kunden und Wettbewerber als sein Hersteller besitzt oder in einem Mehrkanal-Vertriebssystem mit hoher Distributionsintensität agiert.

4 Studie II: Der Einfluss von Stabilität und Flexibilität auf den Erfolg von Vertriebssystemen

4.1 Einleitung

Die Ausgestaltung und Steuerung des Vertriebssystems eines Unternehmens stellt einen der Schlüsselfaktoren zur Erlangung eines nachhaltigen Wettbewerbsvorteils dar (vgl. Rosenbloom 2007). Allerdings sehen sich Unternehmen zunehmend mit Entwicklungen konfrontiert, die zu massiven Veränderungen ihrer etablierten Vertriebssysteme führen. Solche Entwicklungen sind beispielsweise die steigende Diversifizierung von Kundenpräferenzen (vgl. Coelho/Easingwood 2008), technologische Innovationen wie Social Media und Mobile Commerce (vgl. Kaplan 2012) oder die Verschiebung des Machtgleichgewichts im Vertriebssystem zugunsten der Vertriebspartner (vgl. Dawar/Stornelli 2013). Die Vertriebsforschung fordert daher Unternehmen auf, flexible Vertriebsstrukturen zu implementieren, um mit entsprechenden Veränderungsmaßnahmen auf dynamische Umweltbedingungen reagieren zu können (vgl. Coelho/Easingwood 2008; Yu/Cadeaux/Song 2013).

Versuchen Unternehmen jedoch flexible Vertriebsstrukturen zu implementieren, treffen sie auf verschiedene Hindernisse wie beispielsweise etablierte Vergütungsprogramme, langjährig gewachsene soziale Beziehungen und politischen Widerstand im Unternehmen (vgl. Stern/Strudivant/Getz 1993). Zudem zeigen vorangegangene Studien negative Konsequenzen von flexiblen Anpassungen im Vertriebskontext auf. So finden beispielsweise Avery et al. (2012) heraus, dass die Einführung eines indirekten Vertriebskanals zu Umsatzeinbußen im bereits existierenden direkten Vertriebskanal führen kann. Geyskens, Gielens und Dekimpe (2002) stellen fest, dass die zusätzliche Einführung eines Internetkanals in ein bestehendes Vertriebssystem den Aktienkurs von über 30% der in ihrer Studie berücksichtigten Unternehmen reduziert. Homburg, Vollmayr und Hahn (2014) zeigen schließlich auf, dass eine Steigerung der Distributionsintensität bei der Hälfte der in ihrer Studie untersuchten Unternehmen zu einer Verringerung des Firmenwerts führt. Im Hinblick auf die möglichen und hier exemplarisch dargestellten negativen Erfolgsauswirkungen der Flexibilität kann die Stabilität des Vertriebssystems daher ebenfalls als ein Erfolgsfaktor angesehen werden.

Ähnlich wie die bisherige Vertriebsforschung beantwortet auch die Unternehmenspraxis die Frage, ob stabile oder flexible Vertriebssysteme erfolgreicher sind, nicht eindeutig. So betreibt beispielsweise BMW ein flexibles Vertriebssystem und kündigte kürzlich an, in Zukunft mit neuen Vertriebsansätzen wie einem Internetkanal, Mobile Commerce und dem Einsatz von „Product Geniuses" zusätzlich zu den etablierten Verkäufern im Autohaus experimentieren zu wollen. Gleichzeitig gab BMW bekannt, die Anzahl seiner traditionellen Autohäuser zu reduzieren (vgl. BMW 2012; Gallo 2014). Der Computerhersteller Dell betont dagegen seit Jahren erfolgreich die Stabilität seines Vertriebssystems. So behielt Dell über zehn Jahre lang (1996 bis 2007) denselben Vertriebsansatz ohne nennenswerte Veränderungsmaßnahmen bei (vgl. Kay 2007).

Ziel der vorliegenden Studie ist es, die widersprüchlichen Beobachtungen in der bestehenden Vertriebsliteratur und der Unternehmenspraxis zu den Erfolgsauswirkungen von Stabilität und Flexibilität im Vertriebssystem aufzulösen. Damit leistet die Studie drei wesentliche Beiträge zur aktuellen Forschung.

Zunächst baut die Studie auf dem, in der Managementforschung bereits verbreiteten, theoretischen Konzept der Ambidextrie auf, um Stabilität und Flexibilität im Vertriebskontext zu untersuchen. Ambidextrie bezieht sich auf die Fähigkeit eines Unternehmens, gleichzeitig die beiden sich scheinbar widersprechenden Ziele der Exploration und Exploitation zu verfolgen (vgl. Tushman/O'Reilly 1996). Der konzeptionelle Beitrag der Studie zur aktuellen Vertriebsforschung besteht darin, mithilfe dieses theoretischen Ansatzes die Stabilität des Vertriebssystems als exploitative Aktivität und die Flexibilität des Vertriebssystems als explorative Aktivität neu einzuführen. In Übereinstimmung mit der bestehenden Literatur zur Ambidextrie werden Stabilität und Flexibilität nicht als Endpunkte eines Kontinuums definiert. Vielmehr nehmen Stabilität und Flexibilität eine orthogonale Position zueinander ein, die eine Verbindung beider Aktivitäten innerhalb eines Vertriebssystems ermöglicht (vgl. Gupta/Smith/Shalley 2006). Abbildung 5 verdeutlicht diese Idee der Ambidextrie. Die nur gering ausgeprägte und insignifikante Korrelation beider Konstrukte in den vorliegenden Daten (r = -0,03, p = 0,72) unterstützt diese Position.

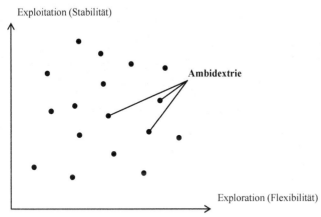

Abbildung 5 – Orthogonales Verständnis der Ambidextrie

Durch die beiden neu eingeführten Konstrukte der Stabilität des Vertriebssystems und der Flexibilität des Vertriebssystems wird ein systemischer Ansatz vorgestellt, der die Untersuchung dynamischer Prozesse im gesamten Vertriebssystem ermöglicht. Damit wird aktuellen Appellen in der Literatur nachgekommen, die ebensolche systemischen Ansätze in der Vertriebsforschung fordern (vgl. Kabadayi/Eyuboglu/Thomas 2007; Sa Vinhas et al. 2010). Denn die bisherige Forschung zu Stabilität und Flexibilität im Vertriebskontext nimmt lediglich eine Beziehungsperspektive ein und untersucht entweder die Konstanz der Beziehung zwischen Herstellern und Vertriebspartnern oder die Fähigkeit von Herstellern und Vertriebspartnern solche Beziehungen zu modifizieren (vgl. Bello/Chelariu/Zhang 2003; Ivens 2005; Lai/Cheng/Yeung 2005; Liu et al. 2008). Dieser bislang verwendete Ansatz vernachlässigt Unternehmen, die nur direkte Vertriebskanäle wie beispielsweise einen Internetkanal und eigene Außendienstmitarbeiter einsetzen und somit keine Beziehungen zu Vertriebspartnern unterhalten. Auch um Dynamiken in Mehrkanalsystemen mit multiplen indirekten und direkten Kanälen zu untersuchen, reichen die rein auf Beziehungen fokussierten bisherigen Ansätze nicht aus. Die hier verwendete systemische Konzeptualisierung der Stabilität und Flexibilität im Vertriebssystem erlaubt dagegen die Betrachtung umfangreicher Veränderungsprozesse in Vertriebssystemen, die über die bloße Anpassung der Beziehung zwischen Hersteller und Vertriebspartner hinausgehen. So wird beispielsweise das Hinzufügen eines direkten Internetkanals zu einem bereits existierenden Außendienst des Herstellers vom hier vorgestellten systemischen Ansatz erfasst. Darüber hinaus erlaubt der systemische Ansatz erstmals Stabilität und Flexibilität gemeinsam in einem Modell zu untersuchen. Das theoretische Konzept der Ambidextrie ermöglicht es, die Erfolgsauswirkungen beider Konstrukte nicht nur jeweils für sich, sondern auch den möglichen Interaktionseffekt von Stabilität und Flexibilität zu untersuchen.

Zweitens analysiert die Studie empirisch die Erfolgsauswirkungen der Stabilität des Vertriebssystems und der Flexibilität des Vertriebssystems. Damit reagiert die Studie auf aktuelle Forderungen nach der Klärung des Zusammenhangs zwischen Veränderung, Kontinuität und organisationalem Erfolg (vgl. Nasim/Sushil 2011). Die vorliegende Studie stellt hierfür einen Datensatz aus dyadischen Fragebogendaten und zusätzlichen Sekundärdaten von 120 Herstellern sowie 201 den jeweiligen Herstellern zugeordneten Vertriebspartnern aus verschiedenen Branchen zusammen. Die Ergebnisse der durchgeführten Analysen zeigen, dass sich sowohl Stabilität als auch Flexibilität positiv auf den Erfolg eines Vertriebssystems auswirken. Darüber hinaus und in Einklang mit dem theoretischen Konzept der Ambidextrie führt das gleichzeitige Erreichen von Stabilität und Flexibilität in einem Vertriebssystem zu einer verstärkten Erfolgsauswirkung beider Konstrukte.

Drittens wird der Einfluss verschiedener Kontingenzfaktoren auf die gemeinsame Erfolgsauswirkung von Stabilität und Flexibilität untersucht. Bisherige Studien identifizierten bereits verschiedene Kontingenzfaktoren der Erfolgsauswirkung der Ambidextrie, welche in den Kategorien der umweltorientierten, strukturorientierten, managementorientierten und beziehungsorientierten Faktoren zusammengefasst werden können. Die vorliegende Studie transferiert diese Kategorien in den Vertriebskontext und definiert in diesem Zusammenhang für jede Kategorie relevante Moderatoren. Die Ergebnisse zeigen, dass die Stärke der gemeinsamen Erfolgsauswirkung von Stabilität und Flexibilität von verschiedenen Moderatoren abhängt. Diese Ergebnisse ergänzen die bestehende Literatur, die bei der Untersuchung der Ambidextrie vertriebsbezogene Moderatoren bislang vernachlässigt.

Insgesamt bietet die vorliegende Studie Wissenschaftlern neue Einblicke in das organisationale Paradoxon von Kontinuität und Veränderung (vgl. Farjoun 2010). Zudem wird die erste Studie vorgelegt, die dieses Phänomen im Vertriebskontext untersucht. Aufgrund der Ergebnisse wird Unternehmen empfohlen, sich nicht darauf zu konzentrieren, ein entweder stabiles oder flexibles Vertriebssystem zu errichten. Der Fokus der Unternehmen sollte vielmehr auf der gleichzeitigen Erzielung von Stabilität und Flexibilität innerhalb eines Vertriebssystems liegen.

4.2 Konzeptionelle und theoretische Grundlagen

4.2.1 Exploitation, Exploration und Ambidextrie

Die Häufigkeit von Veränderungsmaßnahmen als Reaktion auf dynamischen Umweltbedingungen stellt eine signifikante Einflussgröße für den Unternehmenserfolg dar (vgl. Klarner/Raisch 2013). Zur Untersuchung des Veränderungsverhaltens von Organisationen kommt in der bisherigen Forschung häufig das Exploitation – Exploration Konzept aus der Management-Literatur zur Anwendung (vgl. Levinthal/March 1993). March (1991) führte dieses Konzept in der Annahme ein, dass Exploitation und Exploration zwei unterschiedliche, fundamentale Formen organisationalen Verhaltens darstellen. Er assoziiert mit Exploitation die Begriffe „... refinement, choice, production, efficiency, selection, implementation and execution ...". Mit Exploration hingegen verbindet March die Begriffe „... search, variation, risk-taking, experimentation, play, flexibility, discovery, and innovation ..." (March 1991, S. 71).

Die bisherige Forschung definiert Exploitation und Exploration häufig als zwei unabhängige Aktivitäten, die nicht die beiden Endpunkte eines Kontinuums darstellen, sondern vielmehr orthogonal zueinander ausgerichtet sind (vgl. Cao/Gedajlovic/Zhang 2009; Gupta/Smith/Shalley 2006). Somit können Exploitation und Exploration innerhalb einer organisationalen Einheit gemeinsam verfolgt werden. Tatsächlich werden Exploitation und Exploration als in ihrer Erfolgsauswirkung komplementär angesehen. So ist beispielsweise die Fähigkeit Innovationen zu generieren (Exploration) wertvoller für diejenigen Unternehmen, die diese Innovation gleichzeitig herstellen und vermarkten können (Exploration) (vgl. Boumgarden/Nickerson/Zenger 2012). Allerdings stellt eine solche Verbindung exploitativer und explorativer Aktivitäten aus zwei

Gründen eine Herausforderung für Unternehmen dar. Zum einen bedingt der fundamental unterschiedliche Charakter beider Aktivitäten die Notwendigkeit verschiedener organisationaler Denkweisen (vgl. March 1991). Zum anderen tendieren beide Aktivitäten dazu, sich auf Kosten der jeweils anderen Aktivität selbst zu verstärken (vgl. March 1996). Die Fähigkeit eines Unternehmens die hieraus erwachsenden Spannungen zu überwinden und sowohl einen hohen Grad an Exploitation als auch an Exploration zu erreichen, wird als Ambidextrie bezeichnet (vgl. Gibson/Birkinshaw 2004). Ambidextrie beschreibt die Möglichkeit eines Unternehmens exploitative und explorative Aktivitäten durchzuführen, zu koordinieren und miteinander zu verflechten (vgl. Jansen et al. 2009). Dabei identifiziert die Ambidextrie-Forschung zwei unterschiedliche Ansätze, wie Unternehmen diese Verbindung von Exploitation und Exploration bewerkstelligen können: einen sequentiellen und einen simultanen Ansatz (vgl. O'Reilly/Tushman 2013). Verfolgt ein Unternehmen den sequentiellen Ansatz, so erzielt es einen ambidexteren Zustand, indem es exploitative und explorative Aktivitäten abwechselnd durchführt. Der simultane Ansatz dagegen beschreibt die gleichzeitige Realisierung von Exploitation und Exploration (vgl. Gibson/Birkinshaw 2004). Die vorliegende Studie beruht auf dem simultanen Verständnis der Ambidextrie, da die Geschwindigkeit der Veränderung heutiger Märkte kontinuierliche Anpassungsaktivitäten nötig machen und somit Phasen reiner Exploitation verhindern (vgl. O'Reilly/Tushman 2008).

Abbildung 6 stellt das Untersuchungsmodell der Studie dar. Mithilfe der Anwendung des theoretischen Konzepts der Ambidextrie auf den Vertriebskontext werden die Stabilität des Vertriebssystems als exploitatives Konstrukt und die Flexibilität des Vertriebssystems als exploratives Konstrukt konzeptualisiert. Zudem identifiziert die Studie verschiedene Kategorien von Moderatoren der Erfolgsauswirkung der Ambidextrie in der bestehenden Literatur und leitet für jede dieser Kategorien vertriebsspezifische Moderationsvariablen ab, um deren Einfluss auf die Erfolgsauswirkung des kombinierten Effekts von Stabilität und Flexibilität zu untersuchen.

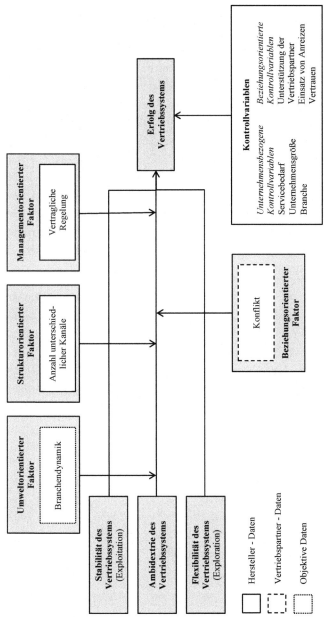

Abbildung 6 – Untersuchungsmodell der Studie II

4.2.2 Stabilität im Vertriebssystem

Wie bereits in Kapitel 4.1 beschrieben, führt die vorliegende Studie eine neue, systemische Perspektive auf die Stabilität und die Flexibilität des Vertriebssystems ein. Daher reichen die in der Literatur bislang verwendeten Definitionen der beiden Konstrukte nicht aus, sondern müssen neu entwickelt werden. Tabelle 12 bietet einen Überblick über verschiedene existierende Definitionen von Stabilität und Flexibilität. Bisherige Definitionen von Stabilität betonen vor allem die folgenden Aspekte: die Kontinuität der strukturellen Bestandteile eines Systems (vgl. Boyne/Meier 2009; Hannan/Freeman 1984), einen langfristigen Zeithorizont (vgl. Celly/Spekman/Kamauff 1999; Proenca/Castro 2004) und das Fehlen jeglicher Veränderungsaktivität (vgl. Greve 1999; Inkpen/Beamish 1997). Die hier verwendete Definition integriert all diese Bestandteile bisheriger Stabilitätsdefinitionen und definiert die Stabilität des Vertriebssystems als den Grad, zu dem strukturelle Veränderungen im Vertriebssystem über einen längeren Zeitraum unterbleiben.

Angelehnt an Marchs (1991, S. 71) Feststellung, dass sich ein System mit Fokus auf der Exploitation hin zu einem „… stable equilibria …" entwickelt, wird in der vorliegenden Studie Stabilität als eine exploitative Aktivität des Vertriebssystems angesehen. Hierfür sprechen drei Gründe. Zunächst basiert dieser Ansatz auf den Arbeiten von Stettner und Lavie (2014, S.1906) sowie Adler et al. (2009, S. 100), die aufgrund des gemeinsamen *Ziels* der möglichst effizienten Nutzung bestehender Ressourcen Exploitation und Stabilität verknüpfen. Zweitens teilen Exploitation und Stabilität denselben *Zeithorizont* durch die Fokussierung auf den Status Quo eines Systems (vgl. Josephson/Johnson/Mariadoss 2015). Drittens nennt die bestehende Literatur verschiedenste *gemeinsame Charakteristika* der Exploitation und der Stabilität wie beispielsweise Reliabilität (vgl. Farjoun, 2010; Jasmand/Blazevic/de Ruyter 2012), Konsistenz (vgl. Leana/Barry 2000; Levinthal/March 1993), Varianzreduktion (vgl. Farjoun, 2010; O'Reilly/Tushman, 2008), Effizienz (vgl. Andriopoulos/Lewis 2009; Gundlach/Achrol/Mentzer 1995) und die Etablierung von Routinen (vgl. Klarner/Raisch 2013; Mom/van den Bosch/Volberda 2009).

4.2.3 Flexibilität im Vertriebssystem

Analog zur Definition der Stabilität, wird die hier verwendete Definition der Flexibilität des Vertriebssystems ebenfalls aus der bestehenden Literatur entwickelt. Häufig vorkommende Elemente von Flexibilitätsdefinitionen sind dabei die Schnelligkeit einer Reaktion (vgl. Grewal/Tansuhaj 2001; Ivens 2005), die Charakterisierung der Flexibilität als Fähigkeit (vgl. Kurt/Hulland 2013) und ihr genuiner Kern der Anpassung an veränderte Bedingungen (vgl. Bello/Gilliland 1997). Die in der vorliegenden Studie verwendete Definition fasst diese Elemente zusammen und definiert die Flexibilität des Vertriebssystems als den Grad, zu dem ein Vertriebssystem fähig ist, sich schnell an verändernde Bedingungen anzupassen.

Angelehnt an March (1991, S. 71), der Flexibilität als einen zentralen Bestandteil der Exploration definiert, wird in der vorliegenden Studie die Flexibilität als eine explorative Aktivität des Vertriebssystems angesehen. Diese Vorgehensweise wird insbesondere von drei Argumenten unterstützt. Erstens verfolgen sowohl Exploration als auch Flexibilität das *Ziel* des „... being adaptive ..." (Ho/Lu 2015, S. 1026). Zweitens fokussieren sich Exploration und Flexibilität auf einen zukünftigen *Zeithorizont* (vgl. Josephson/Johnson/Mariadoss 2015). Drittens identifiziert die bestehende Literatur verschiedene *gemeinsame Charakteristika* von Exploration und Flexibilität wie beispielsweise das Experimentieren (vgl. Andriopoulos/Lewis 2010; Johnson et al. 2003), die Reaktion auf veränderte Bedingungen (vgl. Adler et al. 2009; Kurt/Hulland 2013) und die Schaffung von Variabilität (vgl. Benner/Tushman 2003; Bowman/Hurry 1993).

98   Studie II: Der Einfluss von Stabilität und Flexibilität

Autoren	Definitionen
Stabilität	
Anderson/Weitz 1989	Stabilität (Kontinuität) betrifft die Wahrscheinlichkeit, dass eine Beziehung innerhalb der nächsten zwei Jahre beendet wird.
Liu et al. 2008	Stabilität beschreibt einen relationalen Status zwischen zwei Partnern nach eine Phase der Kooperation.
Ford 1978	Stabilität betrifft den Beziehungsstatus zweier individueller Unternehmen innerhalb eines Vertriebskanals.
Lai/Cheng/Yeung 2005	Stabilität bezieht sich auf das Ausmaß, in dem die Beziehung zwischen Anbieter und Käufer konstant ist.
Celly/Spekman/Kamauff 1999	Stabilität beinhaltet die zwei Aspekte der Länge einer Beziehung und der Einstellung gegenüber der Beziehung.
Vorliegende Studie	Die Stabilität des Vertriebssystems ist der Grad, zu dem strukturelle Veränderungen im Vertriebssystem über einen längeren Zeitraum unterbleiben.
Flexibilität	
Heide/John 1992	Flexibilität definiert die bilateralen Erwartungen bezüglich der Bereitwilligkeit zur Anpassung bei sich ändernden Umständen.
Bello/Chelariu/Zhang 2003	Flexibilität ist ein Koordinierungsmechanismus zwischen einem Hersteller und seinen ausländischen Vertriebspartnern.
Ivens 2005	Flexibilität bezieht sich auf die Fähigkeit eines Akteurs zur Reaktion auf die Forderungen eines zweiten Akteurs nach Anpassungen.
Bello/Gilliland 1997	Flexibilität ist eine nicht-marktgebundene und bilaterale Form der Kanalsteuerung, die die Reaktion eines Partners auf Forderungen eines zweiten Partners nach der Anpassung deren Beziehung impliziert.
Cannon/Homburg 2001	Flexibilität ist die Fähigkeit eines Anbieters auf gelegentliche und unerwartete Nachfragesteigerungen eines Käufers zu reagieren.
Vorliegende Studie	Die Flexibilität des Vertriebssystems ist der Grad, zu dem ein Vertriebssystem fähig ist, sich schnell an verändernde Bedingungen anzupassen.

Tabelle 12 – Überblick über verschiedene Definitionen von Stabilität und Flexibilität

4.3 Hypothesenentwicklung

In den folgenden Abschnitten werden Hypothesen zum Einfluss der Stabilität des Vertriebssystems, der Flexibilität des Vertriebssystems und der Verbindung von Stabilität und Flexibilität (Ambidextrie) auf den Erfolg des Vertriebssystems formuliert. Darüber hinaus werden Hypothesen zu den Kontingenzfaktoren der Branchendynamik, der Anzahl der Vertriebskanäle, der vertraglichen Steuerung des Vertriebssystems und des Konflikts im Vertriebssystem entwickelt.

Der Erfolg eines Vertriebssystems wird als dessen Zielerreichung in den Bereichen Umsatz, Umsatzwachstum, Gewinn und Gesamtleistung definiert. Mithilfe dieser Konzeptualisierung kann zum einen der Erfolg eines Vertriebssystems umfassend analysiert werden, zum anderen wird die so gemessene Erfolgsgröße direkt von den Veränderungsaktivitäten im Vertriebssystem beeinflusst. Somit beinhaltet diese Erfolgsgröße entscheidende Vorteile gegenüber häufig verwendeten Erfolgsgrößen, die sich auf das gesamte Unternehmen beziehen und daher bei der Untersuchung spezifische Vertriebsaktivitäten unter Umständen zu „… misleading conclusions …" führen (Ray/Barney/Muhanna 2004, S. 24).

4.3.1 Der Einfluss der Stabilität auf den Erfolg des Vertriebssystems

Es wird aus zwei Gründen postuliert, dass sich die Stabilität des Vertriebssystems positiv auf dessen Erfolg auswirkt. Zunächst führt die Stabilität des Vertriebssystems zu sinkenden Transaktionskosten innerhalb des Vertriebssystems. Transaktionskosten entstehen durch die Suche des Herstellers nach möglichen Vertriebspartnern, der Verhandlung beidseitig akzeptabler Vereinbarungen, der Anpassung solcher Vereinbarungen, der Kontrolle des Verhaltens der beteiligten Parteien sowie der Durchsetzung vereinbarter Verpflichtungen (vgl. Dyer/Chu 2003). In stabilen Vertriebssystemen sinken diese Transaktionskosten aus verschiedenen Gründen. Stabilität vermindert den Austausch von Vertriebspartnern oder die Einführung neuer indirekter Kanäle und somit die Transaktionskosten, die mit der Suche nach sowie dem Verhandlungsprozess mit neuen Vertriebspartnern verbunden sind (vgl. Butler et al. 1997). Zudem entstehen durch die langfristige Zusammenarbeit der verschiedenen Akteure in stabilen Vertriebssystemen relationale Steuerungsmechanismen wie Vertrauen, die opportunistisches Verhalten seitens der beteiligten Akteure vermindern und dadurch Transaktionskosten, die mit der Überwachung der Akteure und der Durchsetzung von Vereinbarungen verbunden sind, reduzieren (vgl. Gundlach/Achrol/Mentzer 1995; Jap/Anderson 2003). Des Weiteren ermöglicht die Stabilität des Vertriebssystems den verschiedenen Akteuren, Verhaltensmuster aller Mitglieder des Vertriebssystems zu erkennen und somit die Verhaltensunsicherheit im Vertriebssystem zu verringern, die als ein Haupttreiber der Transaktionskosten gilt (vgl. Rindfleisch/Heide 1997).

Darüber hinaus stellt die Stabilität des Vertriebssystems eine notwendige Bedingung für den Hersteller im Vertriebssystem dar, um aus gesammelten Erfahrungen Wissen zu generieren und dieses zu nutzen. Stabilität stellt einem Vertriebssystem die Zeit zur Verfügung, die es benötigt, um erlebte Situationen zu verarbeiten, in Wissen zu überführen und hieraus durch kontinuierliche Wiederholung Routinen zu etablieren (vgl. Lavie/Stettner/Tushman 2010). Wird das Vertriebssystem zu häufig mit neuen Erfahrungen oder neuem Wissen konfrontiert, so kann kein effektiver Lernprozess einsetzen und damit auch keine Leistungssteigerung erreicht werden (vgl. Levinthal/March 1993). Stabilität verhindert den regelmäßigen Austausch von Vertriebspartnern und Vertriebskanälen und ermöglicht dem Vertriebssystem dadurch, sich auf die Ausbeutung des bestehenden Erfahrungsschatzes und Wissensbestandes zu konzentrieren. Somit wird folgende Hypothese formuliert:

H_1: Die Stabilität des Vertriebssystems wirkt sich positiv auf den Erfolg des Vertriebssystems aus.

4.3.2 Der Einfluss der Flexibilität auf den Erfolg des Vertriebssystems

Im Folgenden wird der Zusammenhang zwischen der Flexibilität des Vertriebssystems und dessen Erfolg hergestellt. Zwei Gründe sprechen hierbei für einen positiven Einfluss der Flexibilität auf den Erfolg des Vertriebssystems. Erstens steigert die Flexibilität die Effektivität des Vertriebssystems, indem es dem Vertriebssystem ermöglicht, veränderten Kundenpräferenzen zeitnah zu entsprechen. Die zunehmende Intensität des Wettbewerbs in verschiedenen Branchen und die daraus resultierenden verkürzten Produktlebenszyklen führen zu sich ständig verändernden Kundenpräferenzen (vgl. Dreyer/Grønhaug 2004). Diese Kundenpräferenzen beziehen sich dabei nicht ausschließlich auf bestimmte Attribute des Produkts oder der angebotenen Serviceleistung, sondern betreffen ebenso den Vertriebsansatz eines Unternehmens (vgl. Friedman/Furey 1999). Ein Vertriebssystem sieht sich daher stets dem Risiko ausgesetzt, Produkte und Serviceleistungen mithilfe eines Ansatzes zu vertreiben, der nicht mehr den aktuellen Kundenpräferenzen entspricht.

Die Flexibilität ermöglicht dem Vertriebssystem dieses Risiko zu vermeiden, indem es das Vertriebssystem befähigt, die genutzten Vertriebsansätze an die jeweils gegebenen Kundenpräferenzen anzupassen. Ein Beispiel für veränderte Kundenpräferenzen stellt der zunehmende Wunsch vieler Kunden nach möglichst bequemen Kaufmöglichkeiten dar (vgl. Jiang/Yang/Jun 2013). Unternehmen mit flexiblen Vertriebssystemen, wie beispielsweise BMW, reagieren auf diese Entwicklung, indem sie mobile Vertriebsmannschaften einführen, die den Kaufprozess zum Kunden nach Hause verlagern und im Gegenzug die Anzahl traditioneller stationärer Händler reduzieren.

Zweitens steigert die Flexibilität neben der Effektivität auch die Effizienz des Vertriebssystems, da flexible Vertriebssysteme zu einer schnellen Umverteilung ihrer Ressourcen und damit zum optimalen Ressourceneinsatz fähig sind. Der richtige Einsatz der verfügbaren Ressourcen stellt eine wichtige Voraussetzung für den Erfolg eines Vertriebssystems dar (vgl. Venkatesan/Kumar 2004). Allerdings können wechselnde Umweltbedingungen zur Fehlallokation von Ressourcen hin zu überholten Vertriebsansätzen und einer damit einhergehenden verminderten Leistung des Vertriebssystems führen.

Die Flexibilität ermöglicht dem Vertriebssystem diejenigen Ressourcen zu identifizieren, die alternative Vertriebsansätze ermöglichen, sowie die Verwendung dieser Ressourcen im Hinblick auf sich verändernde Umweltbedingungen zu koordinieren (vgl. Sanchez 1995; Zhou/Wu 2010). Daher können flexible Vertriebssysteme Ressourcen ihrer aktuell besten Verwendung zuweisen und somit eine effiziente Ressourcennutzung sicherstellen (vgl. Nadkarni/Herrmann 2010). Vor diesem Hintergrund wird die folgende Hypothese formuliert:

H_2: Die Flexibilität des Vertriebssystems wirkt sich positiv auf den Erfolg des Vertriebssystems aus.

4.3.3 Der Einfluss der Ambidextrie des Vertriebssystems

Ambidextrie liegt dann vor, wenn in einem System gleichzeitig die Aktivitäten der Exploitation und der Exploration verfolgt werden (vgl. Gibson/Birkinshaw 2004). Daher definiert die vorliegende Studie ein Vertriebssystem dann als ambidexter, wenn gleichzeitig Stabilität (Exploitation) und Flexibilität (Exploration) erreicht werden. Die bisherige Forschung zeigt, dass ambidextere Unternehmen im Unterschied zu Unternehmen, die sich entweder auf Exploitation oder auf Exploration fokussieren, höhere Lerneffekte und Innovationserfolge (vgl. Tushman et al. 2010), finanzielle Erfolge (vgl. Jansen/Simsek/Cao 2012), ein stärkeres Umsatzwachstum (vgl. He/Wong 2004) sowie eine längere Lebensdauer (vgl. Hill/Birkinshaw 2012) aufweisen. Aufgrund der Konzeptualisierung von Stabilität als exploitative Aktivität und Flexibilität als explorative Aktivität wird postuliert, dass die Kombination von Stabilität und Flexibilität in einem ambidexteren Vertriebssystem einen positiven Einfluss auf dessen Erfolg ausübt. Hierfür werden drei Gründe angeführt.

Zunächst zeigt die bisherige Forschung, dass ein Fokus auf exploitative Aktivitäten wie der Stabilität negativen Folgen wie organisationale Trägheit mit sich bringen kann (vgl. Kelly/Amburgey 1991). Die langfristigen Symptome organisationaler Trägheit für Manager sind ein Qualifikationsrückgang, eine geringere Arbeitsmotivation und das Risiko von Kompetenzfallen (vgl. Feldman/Pentland 2003). Eine Kombination von Stabilität und Flexibilität beugt solcher organisationaler Trägheit vor. Durch das Anstoßen von Veränderungsmaßnahmen zwingt die Flexibilität das Vertriebssystem zur Auseinandersetzung mit neuen Ressourcen, Prozessen und Fähigkeiten, die zur Auflösung der erfolgsmindernden organisationalen Trägheit führen (vgl. Gilbert 2005).

Des Weiteren kann die Flexibilität des Vertriebssystems zum Chaos führen, wenn häufige Veränderungsmaßnahmen zum Verlust eines Identitätsgefühls im Vertriebssystem beitragen, das den verschiedenen Mitgliedern des Systems zur Orientierung dient (vgl. Maitlis/Sonenshein 2010). In der Folge entstehen unter den Managern im Vertriebssystem Verwirrung, Stress und sogar Angst, die deren rationale Entscheidungsfindung behindern (vgl. Lüscher/Lewis 2008). Die Verbindung der Flexibilität mit Stabilität in einem ambidexteren Vertriebssystem verhindert, dass das Vertriebssystem durch die Schwächung der Entscheidungsprozesse an Kontrollfähigkeit verliert. Stabilität sorgt für Kontinuität in den strukturellen Aspekten des Vertriebssystems, erleichtert die Bildung von Vertrauen und sorgt somit für ein gemeinsames Verständnis der Akteure im Vertriebssystem (vgl. Balogun/Johnson 2004).

Zuletzt generiert die Flexibilität Kosten, die insbesondere durch die Bereitstellung unterschiedlicher Ressourcen entstehen, die für die Anpassung an veränderte Bedingungen durch die Auswahl aus verschiedenen Handlungsoptionen benötigt werden (vgl. Johnson et al. 2003). Stabilität wirkt diesen steigenden Kosten im Vertriebssystem entgegen, indem es Transaktionskosten senkt und zur Etablierung kosteneffizienter Routinen beiträgt. Zusammenfassend wird daher angenommen, dass die Ambidextrie des Vertriebssystems, also die gleichzeitige Verfolgung von Stabilität und Flexibilität, den Erfolg des Vertriebssystems steigert und die folgende Hypothese formuliert:

H_3: Die Ambidextrie des Vertriebssystems wirkt sich positiv auf den Erfolg des Vertriebssystems aus.

4.3.4 Moderierende Einflüsse

Die bisherige Forschung identifiziert verschiedene Kontingenzfaktoren, die die Erfolgsauswirkungen exploitativen, explorativen und ambidexteren organisationalen Verhaltens beeinflussen (vgl. Cao/Gedajlovic/Zhang 2009; Jansen/Simsek/Cao 2012; Lin/Yang/Demirkan 2007; Voss/Voss 2013). Die vorliegende Studie fasst diese Kontingenzfaktoren zunächst in den Kategorien der umweltorientierten, strukturorientierten, managementorientierten und beziehungsorientierten Faktoren zusammen. Im Anschluss wird für jede dieser Kategorien ein Moderator von besonderer Relevanz im Vertriebskontext bestimmt.

Bezüglich der *umweltorientierten Kategorie* kennt die Literatur zur Ambidextrie verschiedene Kontingenzfaktoren wie die Unsicherheit der Umwelt (vgl. Lin/Yang/Demirkan 2007), die Ressourcenausstattung der Umwelt (vgl. Cao/Gedajlovic/Zhang 2009) oder die Dynamik der Umwelt (vgl. Simsek 2009). In der vorliegenden Studie soll der Einfluss der Branchendynamik als der direkten Umwelt des jeweiligen Vertriebssystems auf den Zusammenhang zwischen der Ambidextrie des Vertriebssystems und dessen Erfolg untersucht werden, da sich in der Branchendynamik insbesondere Veränderungen in den Kundenpräferenzen wiederspiegeln und hierdurch das Vertriebssystem unmittelbar beeinflusst wird.

Darüber hinaus zeigt die Literatur zur Ambidextrie, dass im Rahmen der *strukturorientierten Kategorie* die Größe eines Systems (vgl. Voss/Voss 2013) und die strukturelle Differenzierung (vgl. Jansen/Simsek/Cao 2012) die Erfolgsauswirkung der Ambidextrie moderieren. Im Vertriebskontext können beide Faktoren durch die Anzahl der unterschiedlichen Kanäle eines Vertriebssystems ausgedrückt werden.

Bezüglich der *managementorientierten Kategorie* weist die bestehende Literatur auf den moderierenden Effekt des Einsatzes niedergeschriebener Regeln und etablierter Prozesse zur Steuerung einer Organisation hin (vgl. Jansen/van den Bosch/Volberda 2006; Li/Chu/Lin 2010). Der korrespondierende Faktor im Vertriebssystem ist dessen vertragliche Regelung, die anzeigt, inwieweit die Beziehungen innerhalb des Vertriebssystems durch niedergeschriebene Verträge geregelt sind (vgl. Ferguson/Paulin/Bergeron 2005).

Im Hinblick auf die *beziehungsorientierte Kategorie* stellt die bisherige Forschung heraus, dass die Abhängigkeit einer organisationalen Einheit von einer weiteren organisationalen Einheit durch die hieraus entstehenden Konflikte die Erfolgsauswirkung der Ambidextrie vermindert (vgl. Brown et al. 1983; Jansen/Simsek/Cao 2012). Daher untersucht die vorliegende Studie den Einfluss von Konflikten zwischen Herstellern und Vertriebspartnern im Vertriebssystem auf die Beziehung zwischen der Ambidextrie des Vertriebssystems und dessen Erfolg.

Es wird angenommen, dass die *Branchendynamik* den Einfluss der Ambidextrie des Vertriebssystems auf dessen Erfolg positiv beeinflusst. Unter Branchendynamik wird dabei verstanden, wie oft und wie unvorhersehbar sich die Nachfrage in einer Branche verändert (vgl. Fang/Palmatier/Grewal 2011). Zunächst steigern häufige, unvorhersehbare Veränderungen die Entscheidungsunsicherheit der Mitglieder des Vertriebssystems (vgl. Baum/Wally 2003). Entscheidungsunsicherheiten vermindern die Möglichkeit der Vertriebsmanager die Konsequenzen ihrer Entscheidungen vorherzusehen und können daher zu falschen Entscheidungen führen (vgl. Simerly/Li 2000). Die Ambidextrie des Vertriebssystems reduziert diese Unsicherheit und ist daher insbesondere bei hoher Branchendynamik und der damit einhergehenden Unsicherheit wertvoll. Zum einen fördert die Stabilität des Vertriebssystems die Entwicklung feststehender Verhaltensmuster wie beispielsweise Routinen, welche die Vorhersagbarkeit des Verhaltens der verschiedenen Mitglieder des Vertriebssystems erhöhen und somit Unsicherheiten reduzieren (vgl. Becker/Knudsen 2005). Zum anderen sorgt die gleichzeitige Erzielung von Flexibilität in ambidexteren Vertriebssystemen dafür, dass die Reaktionsfähigkeit des Vertriebssystems erhalten bleibt. Somit wird die Gefahr, dass durch die Etablierung von festen Verhaltensmustern organisationale Trägheit entsteht, verringert (vgl. Lin/Yang/Demirkan 2007). Ein ambidexteres Vertriebssystem verringert somit die durch eine hohe Branchendynamik hervorgerufene Entscheidungsunsicherheit und vermeidet durch den Erhalt seiner Reaktionsfähigkeit gleichzeitig von ebendieser Branchendynamik überholt zu werden.

Des Weiteren vermindert eine hohe Branchendynamik die Zuverlässigkeit von Prognosen, da sich die hierfür nötigen Informationen häufig ändern, und erschwert dadurch die Planung von Strategien und Taktiken (vgl. Easingwood/Coelho 2003). Unter diesen Bedingungen sehen sich Vertriebsmanager mit Schwierigkeiten in der Bestimmung des mittelfristig erfolgsversprechenden Vertriebsansatzes konfrontiert. Die Ambidextrie wirkt sich unter diesen Bedingungen besonders positiv auf den Erfolg des Vertriebssystems aus. Zum einen erlaubt die Flexibilität es dem Vertriebssystem sich an die durch eine hohe Branchendynamik verursachten, häufig verändernden Nachfragebedingungen anzupassen. Zum anderen ermöglicht die gleichzeitig erzielte Stabilität dem Vertriebssystem erst dieses Reaktionsvermögen, welches die Vorhaltung einer entsprechenden Anzahl an Auswahloptionen mit den entsprechenden Ressourcenausstattungen nötig macht (vgl. Johnson et al. 2003). Die Stabilität des Vertriebssystems unterstützt die Bereitstellung nötiger Ressourcen einerseits durch die grundsätzliche Verringerung des Ressourcenverbrauchs durch sinkende Transaktionskosten und andererseits durch die Unterstützung effizienterer Ressourcenverwendung mithilfe der Etablierung von Routinen. Vor diesem Hintergrund wird die folgende Hypothese formuliert:

H_4: Die Branchendynamik verstärkt den positiven Effekt der Ambidextrie auf den Erfolg des Vertriebssystems.

Des Weiteren wird vermutet, dass die *Anzahl an unterschiedlichen Vertriebskanälen* innerhalb eines Vertriebssystems die positive Erfolgsauswirkung der Ambidextrie des Vertriebssystems steigert. Die Anzahl unterschiedlicher Vertriebskanäle beschreibt die Reihe der Kanäle, mithilfe derer ein Unternehmen seine relevanten Märkte bearbeitet, wie beispielsweise einen Onlinekanal und einen eigenen Außendienst. Verschiedene Vertriebskanäle sind dabei typischerweise mit unterschiedlichen Umweltbedingungen konfrontiert. Die bisherige Forschung zeigt, dass es hierbei für den Erfolg des einzelnen Vertriebskanals besonders wichtig ist, sich an die jeweils geltenden Umweltbedingungen anzupassen (vgl. Kabadayi/Eyuboglu/Thomas 2007). Besteht ein Vertriebssystem aus einer hohen Anzahl an unterschiedlichen Kanälen, so ist der Beitrag der Ambidextrie zum Erfolg des Vertriebssystems besonders ausgeprägt. Die Flexibilität des Vertriebssystems ermöglicht eine schnelle Anpassung der unterschiedlichen Kanäle an die jeweils vorherrschenden Bedingungen. Die gleichzeitig erreichte Stabilität des Vertriebssystems beugt Konfusion und Chaos vor, die durch die unterschiedlichen Anpassungsaktivitäten in den verschiedenen Kanälen eines Vertriebssystems entstehen können. Die Gefahr des Auftretens solcher Phänomene ist besonders in Vertriebssystemen mit einer hohen Anzahl unterschiedlicher Kanäle gegeben, da die Komplexität eines solchen Vertriebssystems an sich bereits zu Kommunikations- und Kontrollproblemen sowie schlussendlich zu Konflikten führen kann (vgl. Coelho/Easingwood/Coelho 2003). Ein ambidexteres Vertriebssystem ist somit fähig, die unterschiedlichen Anpassungen, die in einem Vertriebssystem mit einer hohen Anzahl unterschiedlicher Kanäle nötig sind, durchzuführen und wirkt gleichzeitig dem möglicherweise entstehenden Chaos und den entsprechenden negativen Folgen entgegen.

Darüber hinaus verursacht ein Vertriebssystem mit einer hohen Anzahl unterschiedlicher Kanäle einen beträchtlichen Koordinationsaufwand, da Kunden in ihrem Kaufprozess zwischen den einzelnen Kanälen wechseln und einen nahtlosen Übergang zwischen den Kanälen erwarten (vgl. Rosenbloom 2007). Die Ambidextrie des Vertriebssystems ist in dieser Situation besonders wertvoll. Die Stabilität des Vertriebssystems senkt den Koordinationsaufwand im Vertriebssystem, indem Entscheidungsträgern die Möglichkeit gegeben wird, Erfahrungen mit weiteren Mitgliedern des Vertriebssystems zu sammeln und somit deren wahrscheinliches Entscheidungsverhalten zu antizipieren. Gleichzeit führt die Flexibilität des Vertriebssystems dazu, dass das Vertriebssystem nicht an Strukturen und Prozessen festhält, die nicht mehr den jeweiligen Bedingungen der unterschiedlichen Kanäle entsprechen (vgl. Kelly/Amburgey 1991). Die Ambidextrie des Vertriebssystems erleichtert somit die Koordination der unterschiedlichen Kanäle des Vertriebssystems und vermindert gleichzeitig das Risiko, dass Vertriebsaktivitäten nicht mehr mit den aktuellen Kundenanforderungen an die einzelnen Kanäle übereinstimmen. Zusammenfassend wird die folgende Hypothese formuliert:

H_5: Die Anzahl der unterschiedlichen Kanäle eines Vertriebssystems verstärkt den positiven Effekt der Ambidextrie auf den Erfolg des Vertriebssystems.

In Bezug auf die *vertragliche Regelung* des Vertriebssystems wird ein gegenteiliger Effekt als für die Branchendynamik und die Anzahl der unterschiedlichen Kanäle des Vertriebssystems unterstellt. Die vertragliche Regelung des Vertriebssystems definiert, zu welchem Grad das Management der Beziehungen innerhalb des Vertriebssystems, beispielsweise zwischen einem Hersteller und einem Händler, durch formale Verträge gekennzeichnet ist, die „… detailed, binding legal agreements that specify the obligations and role of both parties …" darstellen (Ferguson/Paulin/Bergeron 2005, S. 220). Es wird aus zwei Gründen postuliert, dass ein hoher Grad an vertraglicher Steuerung die positive Erfolgsauswirkung der Ambidextrie des Vertriebssystems vermindert.

Erstens beschneidet ein hoher Grad an vertraglicher Regelung die Varianz im Verhalten aller Mitglieder des Vertriebssystems, da Hersteller und Vertriebspartner Abweichungen von vertraglich vereinbartem Verhalten vermeiden, um mögliche Vertragsstrafen zu entgehen (vgl. Jansen/van den Bosch/Volberda 2006; Poppo/Zenger 2002). Allerdings stellt die Möglichkeit der Akteure situativ und individuell zu reagieren eine wichtige Voraussetzung dar, um das Erfolgspotential der Ambidextrie auszuschöpfen (vgl. O'Reilly/Tushman 2008). Vertriebsmanager müssen abhängig von der jeweiligen Situation entscheiden können, welche Aspekte des Vertriebssystems flexibel angepasst werden sollen und für welche Aspekte Veränderungen möglichst vermieden werden. Durch die Einschränkung ihrer Entscheidungsautorität hindern umfangreiche vertragliche Regelungen im Vertriebssystem Vertriebsmanager an solchen Entscheidungen. Somit vermindert ein hoher Grad an vertraglicher Regelung die Effektivität der Ambidextrie des Vertriebssystems da Vertriebsmanager davon abgehalten werden, in der adäquaten Situation die Stabilität oder die Flexibilität des Vertriebssystems zu fokussieren.

Zweitens verlangsamt ein hoher Grad an vertraglicher Regelung die Reaktionszeit des Vertriebssystems auf externe und interne Impulse, da die Veränderung dieser Verträge zeitaufwändiger Verhandlungen bedarf. Eine hohe Reaktionsgeschwindigkeit stellt allerdings einen entscheidenden Faktor für die Entfaltung des Erfolgspotentials der Ambidextrie dar (vgl. Jansen/Simsek/Cao 2012). Vertriebsmanager können ein ambidexteres Vertriebssystem schaffen, indem sie abhängig von der jeweils vorherrschenden Situation die verfügbare Zeit und die vorhandenen Ressourcen auf Aktivitäten zur Erzielung von Stabilität und auf Aktivitäten zur Erzielung von Flexibilität aufteilen (vgl. Gibson/Birkinshaw 2004). In Vertriebssystemen, die sich durch einen hohen Grad an vertraglicher Regelung auszeichnen, sehen sich Vertriebsmanager gezwungen, bei der Implementierung ihrer Entscheidung für die Flexibilität oder die Stabilität eines Aspektes des Vertriebssystems möglicherweise davon betroffene Verträge zu identifizieren und diese entsprechend neu zu verhandeln. Solch ein zeitintensiver Prozess vermindert die Effizienz der Ambidextrie des Vertriebssystems. Daher wird die folgende Hypothese formuliert:

H_6: Das Ausmaß an vertraglicher Regelung im Vertriebssystem verringert den positiven Effekt der Ambidextrie auf den Erfolg des Vertriebssystems.

Ebenso wie das Ausmaß an vertraglicher Regelung vermindert auch ein hohes Ausmaß an *Konflikten* im Vertriebssystem den positiven Einfluss der Ambidextrie. Ein Konflikt im Vertriebssystem ist „… the perception on the part of a channel member that its goal attainment is being impeded by another …" (Gaski 1984, S. 11). Zwei Gründe sprechen für eine Abschwächung des Einflusses der Ambidextrie auf den Erfolg des Vertriebssystems durch ein hohes Ausmaß an Konflikten.

Zunächst verringert ein hohes Ausmaß an Konflikten die Kooperation zwischen den Mitgliedern des Vertriebssystems (vgl. Skinner/Gassenheimer/Kelley 1992). Um allerdings ein ambidexteres Vertriebssystem effizient zu steuern und von den entsprechenden Vorteilen zu profitieren, ist der Hersteller auf die Kooperation seiner Vertriebspartner angewiesen und von der gemeinsamen Anstrengung aller beteiligten Akteure abhängig (vgl. Birkinshaw/Gibson 2004). So führt beispielsweise ein hohes Ausmaß an Konflikten dazu, dass ein Vertriebspartner die Auflösung seiner Herstellerbeziehung betreibt und den entsprechenden Hersteller somit an der Erzielung der Stabilität hindert (vgl. Yang et al. 2012). Zeitgleich erhöhen Konflikte den Widerstand der Vertriebspartner gegenüber Veränderungsaktivitäten des Herstellers, wie beispielsweise die Einführung neuer Steuerungsmechanismen. Diesen Widerstand muss der Hersteller überwinden, um die Flexibilität des Vertriebssystems zu erreichen (vgl. Piderit 2000). Somit sieht sich der Hersteller gezwungen, Ressourcen in die Erzielung kooperativen

Vertriebspartnerverhaltens zu investieren um Stabilität und Flexibilität im Vertriebssystem zu erhalten.

Darüber hinaus zeigt die bestehende Forschung, dass Konflikte zwischen Herstellern und ihren Vertriebspartnern den Erfolg dieser Beziehungen negativ beeinflussen (vgl. Duarte/Davies 2003; Lee 2001). Um dies zu vermeiden, investieren die Mitglieder eines Vertriebssystems beträchtliche Ressourcen in verschiedene Techniken der Konfliktlösung, was die Erfolgsauswirkung der Ambidextrie des Vertriebssystems schwächt. Denn zum einen führt die Realisierung verschiedener Techniken der Konfliktlösung zu einer generellen Steigerung der Ressourcenknappheit im Vertriebssystem. Die Erfolgsauswirkung der Ambidextrie hängt jedoch von der Fähigkeit des Vertriebssystems ab, genügend Ressourcen in die Erzielung von Stabilität und Flexibilität investieren zu können (vgl. Cao/Gedajlovic/Zhang 2009). Zum anderen werden ebendiese Ressourcen, die zur Lösung der konfliktären Spannungen zwischen Hersteller und Vertriebspartnern eingesetzt werden, benötigt, um die Spannungen zwischen exploitativen und explorativen Tätigkeiten im Vertriebssystem – also zwischen Stabilität und Flexibilität – zu beseitigen und somit den vollen Wert eines ambidexteren Vertriebssystems entfalten zu können. Zusammenfassend führt ein hohes Ausmaß an Konflikten somit zu einer geringeren Effizienz der Ambidextrie des Vertriebssystems, indem die Kooperationswilligkeit der Vertriebspartner reduziert und Ressourcen kannibalisiert werden. Vor diesem Hintergrund wird die folgende Hypothese formuliert:

H_7: Das Ausmaß an Konflikten im Vertriebssystem verringert den positiven Effekt der Ambidextrie auf den Erfolg des Vertriebssystems.

4.4 Methodik

4.4.1 Datenerhebung und Stichprobe

Die Überprüfung der in den vorangegangenen Kapiteln aufgestellten Hypothesen fand anhand von Daten aus drei unterschiedlichen Quellen statt: (1) Befragungsdaten von Herstellern, (2) Befragungsdaten der zugehörigen Vertriebspartner und (3) objektive Daten der Hersteller aus der Datenbank AMADEUS. Zur Erhebung der Befragungsdaten wurden sowohl elektronisch wie auch postalisch Fragebögen an Vertriebsleiter und

Geschäftsführer von Herstellern aus verschiedenen Branchen des Business-to-Business und des Business-to-Consumer Bereichs in Deutschland, Österreich und der Schweiz gesendet. Die Auskunftspersonen auf Herstellerseite wurden zudem gebeten, Kontaktdaten ihrer wichtigsten Vertriebspartner anzugeben, die im Anschluss mit einem zweiten Fragebogen kontaktiert wurden. Um die Rücklaufquote der versendeten Fragebögen zu erhöhen, wurden verschiedene etablierte Maßnahmen angewendet (vgl. Rogelberg/Stanton 2007). So wurden beispielsweise alle Herstellerkontakte, die den Fragebogen nach vier Wochen noch nicht zurückgesendet oder keine Vertriebspartnerkontakte genannt hatten, persönlich angerufen. Letztendlich sendeten 703 Hersteller und 201 Vertriebspartner Fragebögen zurück. Dies entspricht Rücklaufquoten von 11% für die Hersteller und 18% für die Vertriebspartner. Im Hinblick auf die generell zurückgehenden Rücklaufquoten in der Fragebogenforschung, insbesondere bei der Befragung von Führungskräften, sind diese Werte zufriedenstellend (vgl. Cycyota/Harrison 2006). Zudem erwähnten die Auskunftspersonen häufig die Sensibilität der Gestaltung des Vertriebssystems und der Steuerung der Vertriebspartner, die zu einem restriktiven Umgang mit diesbezüglichen Informationen führt. Tabelle 13 gibt einen Überblick über Branchenzugehörigkeit, Position der Auskunftsperson und Umsätze der befragten Hersteller und Vertriebspartner dieser Studie.

Studie II: Der Einfluss von Stabilität und Flexibilität 111

Hersteller		Vertriebspartner	
Branche	%	**Branche**	%
Maschinen- und Anlagebau	21	Maschinen- und Anlagebau	18
Telekommunikation /IT	18	Telekommunikation /IT	22
Elektronik/Elektrotechnik	10	Elektronik/Elektrotechnik	11
Pharma	9	Pharma	10
Metallverarbeitung	7	Metallverarbeitung	5
Automobilindustrie	7	Automobilindustrie	7
Chemie	5	Chemie	4
Andere B2B	11	Andere B2B	11
Andere B2C	12	Andere B2C	12
Position des Befragten	%	**Position des Befragten**	%
Leiter Vertrieb	64	Leiter Einkauf	53
Geschäftsführer	29	Geschäftsführer	35
Leiter Marketing	7	Leiter Marketing	12
Jährlicher Umsatz in Mio €	%	**Jährlicher Umsatz in Mio €**	%
< 50	46	< 1	25
50 – 100	10	1 – 10	40
100 – 500	23	10 – 50	23
500 – 1000	9	50 – 100	6
1.000 – 5.000	8	100 – 500	3
> 5000	4	> 500	3
Anzahl der Mitarbeiter	%	**Anzahl der Mitarbeiter**	%
< 50	10	< 10	36
50 – 100	17	10 – 50	36
100 – 500	38	50 – 100	12
500 – 1000	6	100 – 1000	12
1.000 – 5.000	20	1.000 – 5.000	2
> 5.000	9	> 5.000	2

Tabelle 13 – Zusammensetzung der Stichprobe der Studie II

In 120 Fällen liegen sowohl vollständig ausgefüllte Fragebögen des Herstellers, als auch ein vollständig ausgefüllter Fragebogen mindestens eines zugehörigen Händlers vor. Daher stützen sich die folgenden Analysen auf 120 Hersteller und 201 zugehörige Vertriebspartner. Da einige dieser 120 Hersteller mehrere Vertriebspartner nannten, liegen keine eindeutigen Dyaden vor, sondern die Anzahl der Vertriebspartner pro Hersteller variiert von einem bis neun Vertriebspartnern. Dementsprechend wurden die Antworten der Vertriebspartner für den jeweiligen Hersteller auf Basis der Mittelwerte aggregiert. Um eine mögliche Verzerrung der Ergebnisse durch den Ausschluss derjenigen Hersteller, zu denen keine Vertriebspartnerdaten existieren, zu vermeiden („selection bias") wurde ein zweistufiges Selektionsmodell gerechnet (vgl. Heckman 1979). Die entstandene inverse Mills-Ratio wurde in alle Regressionsmodelle der Studie integriert.

Vor dem Hintergrund der Rücklaufquote wurde zudem untersucht, ob die Stichprobe durch Nichtteilnahme (Non-Response Bias) verzerrt ist, indem das Antwortverhalten von frühen und späten Teilnehmern der Befragung auf Unterschiede untersucht wurde (vgl. Armstrong/Overton 1977). Die Ergebnisse des Vergleichs der Mittelwerte aller verwendeten Konstrukte des ersten und des letzten Drittels der Befragungsteilnehmer zeigen keine signifikanten Unterschiede ($p > 0,05$).

Um zu überprüfen, ob die erhaltenen Antworten valide sind, wurde zunächst die durchschnittliche Berufserfahrung der Auskunftspersonen erfragt (vgl. Kumar/Stern/Anderson 1993). Die Auskunftspersonen auf der Ebene des Herstellers zeigen eine durchschnittliche Berufserfahrung von 19,7 Jahren, während die Auskunftspersonen auf Ebene der Vertriebspartner ihren Beruf seit durchschnittlich 22,7 Jahren ausüben. Des Weiteren wurden die Antworten der Auskunftspersonen durch den Vergleich mit objektiven Daten validiert. Für den Teil der Hersteller der Stichprobe, für die objektive Erfolgsdaten verfügbar waren, wurden die Einschätzungen der Auskunftspersonen zum Umsatzvolumen mit den objektiven Umsatzdaten der AMADEUS Datenbank verglichen. Die hohe und signifikante Korrelation von $r = 0,80$ ($p < 0,01$) zeigt, dass die Auskunftspersonen in der Lage waren, valide Antworten zu geben.

4.4.2 Messung der Konstrukte

Zur Konzeptualisierung und Operationalisierung der verwendeten Konstrukte wurden wenn möglich etablierte siebenstufige Rating-Skalen verwendet. Die Fragebögen wurden zudem vorab einem Pretest mit Praktikern aus verschiedenen Unternehmen sowie Marketingforschern unterzogen.

Um den *Erfolg des Vertriebssystems* zu messen, wurden die Auskunftspersonen nach dem Grad der Zielerreichung des Vertriebssystems bezüglich des Gewinns, des Umsatzvolumens, des Umsatzwachstums und der Gesamtleistung gefragt (vgl. Kabadayi/Eyuboglu/Thomas 2007). Die Validierung dieser Erfolgsgröße erfolgte in zwei

Schritten. Zunächst wurde die hier verwendete Erfolgsgröße mit weiteren Größen aus den Fragebogendaten verglichen, die den Erfolg des Vertriebssystems eines Herstellers darstellen, wie der Herstellermarge (r = 0,37) und dem Umsatzwachstum (r = 0,30). Beide Korrelationskoeffizienten sind signifikant ($p < 0{,}01$). Des Weiteren wurde die Erfolgsgröße mit objektiven Kennzahlen verglichen. In einer Teilstichprobe (38% der Unternehmen der Stichprobe), für die objektiven Kennzahlen in der AMADEUS Datenbank vorlagen, korreliert die hier verwendete Erfolgsgröße signifikant mit der objektiven Umsatzrendite (r = 0,35; $p < 0.05$).

Die neu eingeführten Konstrukte der *Stabilität* und der *Flexibilität des Vertriebssystems* wurden mit neu entwickelten Skalen bestehend aus jeweils drei Indikatoren gemessen. Die Indikatoren beziehen sich auf die einzelnen Bestandteile der in Kapitel 4.2.2 und Kapitel 4.2.3 aus der bestehenden Literatur entwickelten Definitionen. Bezüglich der Stabilität des Vertriebssystems wurde wie folgt vorgegangen. Um die in der Definition beschriebene Dauer stabiler Phasen abzuschätzen, wurden die Auskunftspersonen nach der Häufigkeit von Veränderungsmaßnahmen im Vertriebssystem gefragt. Die Messung der Kontinuität struktureller Aspekte erfolgte durch Fragen nach Veränderungen von Vertriebskanälen oder Vertriebspartnern. Dem in der Definition beschriebenen Ausbleiben von Veränderungen im Vertriebssystem wurde durch eine inverse Kodierung der Indikatoren Rechnung getragen. Bezüglich der Flexibilität des Vertriebssystems wurde deren Charakterisierung als Fähigkeit in den Indikatoren herausgestellt. Zudem wurden die nötige Schnelligkeit einer flexiblen Aktivität sowie die Reaktion auf veränderte Bedingungen durch die Frage nach der Anpassung an wirtschaftliche Schwankungen in die Indikatoren integriert.

Um den Grad der *Ambidextrie* in einem System zu bestimmen, schlägt die bisherige Forschung eine separate Messung von Exploitation und Exploration vor, anstatt Ambidextrie über verschiedene Indikatoren direkt abzufragen (vgl. Birkinshaw/Gupta 2013). Allerdings weichen die verwendeten Mechanismen zur Kombination der getrennt erhobenen Konstrukte der Exploitation und Exploration zu einem Wert für die Ambidextrie stark voneinander ab (vgl. Birkinshaw/Gupta 2013). Während einige Studien zur Bestimmung der Ambidextrie das Produkt von Exploitation und Exploration verwenden (vgl. Jasmand/Blazevic/de Ruyter 2012), addieren andere Studien die erhobenen Werte der Exploitation und Exploration (vgl. Cao/Simsek/Thang 2012). Die vorliegende Studie folgt dem in der Literatur mehrheitlich angewandten Ansatz, die Ambidextrie als das Produkt von Exploitation und Exploration zu bilden (vgl. Junni et al. 2013). Die multiplikative Interaktion von Stabilität und Flexibilität entspricht der hier verwendeten Idee, dass Stabilität und Flexibilität zwei zusammenhängende, aber nicht substituierbare Dimensionen der Ambidextrie darstellen (vgl. Gibson/Birkinshaw 2004; Jansen et al. 2008). Somit komplementieren und verstärken sich hohe Werte der Stabilität und der Flexibilität gegenseitig (vgl. Jansen/Simsek/Cao 2012).

Für die Messung der *Kontingenzvariablen* mussten die entsprechend geeigneten Auskunftspersonen gefunden werden. Um die Anzahl der unterschiedlichen Kanäle zu bestimmen wie auch um das Ausmaß an vertraglicher Regelung im Vertriebssystem abzuschätzen, muss das gesamte Vertriebssystem überschaut werden. Daher schätzten Auskunftspersonen auf Ebene des Herstellers die entsprechenden Indikatoren. Das Ausmaß an Konflikten im Vertriebssystem wurde von Auskunftspersonen auf Ebene der Vertriebspartner geschätzt, da die Sensibilität des Themas verzerrte Antworten auf Herstellerseite wahrscheinlich macht und die Messung des Konfliktniveaus im Vertriebssystem somit durch verschiedene Vertriebspartner pro Hersteller erfolgen kann. Die Branchendynamik wurde schlussendlich anhand objektiver Daten der AMADEUS Datenbank für die jeweilige Branche des einzelnen Herstellers bestimmt.

Des Weiteren wurden im Einklang mit der bisherigen Forschung mehrere *Kontrollvariablen* in das Untersuchungsmodell aufgenommen. So wurde zunächst die Branchenzugehörigkeit der Hersteller über Dummy-Variablen berücksichtigt (vgl. Narasimhan/Raijv/Dutta 2006). Darüber hinaus wurde der Servicebedarf der Produkte des jeweiligen Herstellers berücksichtigt sowie die Herstellergröße anhand der Mitarbeiterzahl gemessen (vgl. Bergkvist/Rossiter 2007). Zusätzlich beinhaltet das Untersuchungsmodell Kontrollvariablen, die der bisherigen Forschung zufolge den Erfolg eines Vertriebssystems bestimmen, wie die Unterstützung der Vertriebspartner durch den Hersteller, der Einsatz von Anreizen zur Vertriebspartnersteuerung seitens des Herstellers und das Ausmaß an Vertrauen im Vertriebssystem (vgl. Gilliland 2004; Jap/Anderson 2003; Schul/Pride/Little 1983). Die Tabellen 14 und 15 bilden die detaillierte Messung aller Konstrukte ab.

Studie II: Der Einfluss von Stabilität und Flexibilität

Konstruktmessung: Abhängige und unabhängige Variablen				
Indikatoren	IR	FR	DEV	CA
Erfolg des Vertriebssystems (Kabadayi/Eyuboglu/Thomas 2007)	Reflektive Messung	0,90	0,69	0,89
Mit unserem Vertriebssystem erreichen wir unsere ... (Likert-Skala: 1 = stimme gar nicht zu, 7 = stimme voll und ganz zu).				
• ... wirtschaftlichen Ziele.	0,78			
• ... Umsatzziele.	0,74			
• ... Wachstumsziele.	0,61			
• ... Gewinnziele.	0,61			
Stabilität des Vertriebssystems (invers kodiert) (neu entwickelt)	Reflektive Messung	0,76	0,52	0,76
Bitte geben Sie an, inwieweit Sie folgenden Aussagen zustimmen (Likert-Skala: 1 = stimme gar nicht zu, 7 = stimme voll und ganz zu).				
• Wir müssen häufig Vertriebspartner ersetzen.	0,40			
• Wir probieren häufig neue Vertriebskanäle aus.	0,51			
• In unserem Vertriebssystem kommt es häufig zu Änderungen.	0,64			
Flexibilität des Vertriebssystems (neu entwickelt)	Reflektive Messung	0,89	0,72	0,88
Bitte geben Sie an, inwieweit Sie folgenden Aussagen zustimmen (Likert-Skala: 1 = stimme gar nicht zu, 7 = stimme voll und ganz zu).				
• Wir können unser Vertriebssystem rasch an unerwartete Situationen anpassen.	0,81			
• Unser Vertriebssystem ist sehr flexibel und anpassungsfähig.	0,85			
• Unser Vertriebssystem kann sich an konjunkturelle Schwankungen flexibel anpassen.	0,51			

IR: Indikatorreliabilität, FR: Faktorreliabilität,
DEV: durchschnittlich erfasste Varianz, CA: Cronbach's Alpha.
Tabelle 14 – Konstrukte und Indikatoren der Studie II (Teil I)

Studie II: Der Einfluss von Stabilität und Flexibilität

Konstruktmessung: Kontingenz- und Kontrollvariablen				
Indikatoren		IR	FR	DEV	CA
Anzahl unterschiedlicher Kanäle	Index			
Bitte geben Sie an, welche der folgenden Vertriebskanäle Ihr Unternehmen bzw. Ihre Geschäftseinheit nutzt (es sind mehrere Antworten möglich).				
• Eigener Außendienst • Exklusive Unternehmensvertreter • Unternehmensvertreter, die Produkte mehrerer Unternehmen vertreiben • Eigene stationäre Shops • Eigene Fabrikverkäufe • Internes Direktmarketing (Mail, Kataloge) • Eigene Online-Shops, Portale, Marktplätze • Eigener Telefonvertrieb • Franchisenehmer • Einzelhändler • Großhändler • Makler • Externe Online-Shops, Portale, Marktplätze • Externes Direktmarketing (Mail, Kataloge) • Externer Telefonvertrieb • Sonstige				
Vertragliche Regelung (Ferguson/Paulin/Bergeron 2005)	Single Item			
Bitte geben Sie an, inwieweit Sie folgenden Aussagen zustimmen (Likert-Skala: 1 = stimme gar nicht zu, 7 = stimme voll und ganz zu).				
• Die Geschäftsbeziehungen zu unseren Vertriebspartnern sind stark durch vertragliche Regeln und Vorschriften bestimmt.				
Konflikt (beim Vertriebspartner gemessen) [1] (Skinner/Gassenheimer/Kelley 1992)	Reflektive Messung	0,84	0,57	0,83
Bitte geben Sie das Ausmaß an Konflikt mit Ihrem Hersteller an, hinsichtlich ... (Liker-Skala: 1 = sehr gering, 7 = sehr hoch).				
• ... der Gewinnspannen.	0,38			
• ... der Serviceleistungen.	0,64			
• ... der Informationsweitergabe.	0,80			
• ... des Commitments gegenüber den Produkten des Herstellers.	0,47			
Sales partner support (Schul/Pride/Little 1983)	Reflektive Messung	0,91	0,77	0,91
Bitte geben Sie an, inwieweit Sie folgenden Aussagen zustimmen (Likert-Skala: 1 = stimme gar nicht zu, 7 = stimme voll und ganz zu).				
• Wir unterstützen und betreuen unsere Vertriebspartner aktiv.	0,74			
• Wir sind nicht nur daran interessiert eine hohe Marktpräsenz zu erzielen, sondern auch unsere Vertriebspartner zu unterstützen.	0,89			
• Wir sind stark am Wohlergehen unserer Vertriebspartner interessiert.	0,68			

Vertrauen (beim Vertriebspartner gemessen) [1]	Reflektive	0,95	0,83	0,95
(Kim/Frazier 1997; Morgan/Hunt 1994)	Messung			

Bitte geben Sie an, inwieweit Sie folgenden Aussagen zustimmen (Likert-Skala: 1 = stimme gar nicht zu, 7 = stimme voll und ganz zu).

• Der Hersteller hält seine Versprechen.	0,82			
• Der Hersteller ist immer ehrlich zu uns.	0,90			
• Wir glauben den Informationen, die uns der Hersteller gibt.	0,85			
• Wir vertrauen darauf, dass der Hersteller unsere Interessen nicht außer Acht lässt.	0,74			

Einsatz von Anreizen (beim Vertriebspartner gemessen)[1]	Reflektive	0,92	0,73	0,91
(Gilliland 2004)	Messung			

Bitte geben Sie an, inwieweit Sie folgenden Aussagen zustimmen (Likert-Skala: 1 = stimme gar nicht zu, 7 = stimme voll und ganz zu).

Der Hersteller belohnt uns in hohem Maße für ...

• ... das Erreichen von Ergebnis- und Absatzzielen.	0,67
• ... die Teilnahme und Durchführung von Vermarktungsaktivitäten.	0,93
• ... Verbesserungen unserer vertriebsbezogenen Fähigkeiten.	0,67
• ... unsere Loyalität.	0,66

Branchendynamik	Objektive Daten
(Srinivasan/Lilien/Sridhar 2011)	

Gemessen als der Variationskoeffizient des Umsatzes in der Branche eines Unternehmens (3-stellige SIC Klassifizierung über die vorangegangenen fünf Jahre.

Unternehmensgröße	Single Item
(Baum/Wally 2003; Luo/Donthu 2006)	

(acht Kategorien: 1 = weniger als 50; 8 = mehr als 10.000)

• Wie viele Mitarbeiter sind momentan insgesamt in ihrem Unternehmen bzw. Geschäftseinheit beschäftigt?

Service need	Single Item
(Srinivasan/Lilien/Sridhar 2011)	

(Likert-Skala: 1 = sehr geringer Servicebedarf; 7 = sehr hoher Servicebedarf)

• Bitte geben Sie eine Beurteilung über den erforderlichen Servicebedarf (Beratung, Kundendienst) Ihrer Produkte ab.

Kanalkonzentration	Single Item

Bitte geben Sie an, inwieweit Sie folgenden Aussagen zustimmen (Likert-Skala: 1 = stimme gar nicht zu, 7 = stimme voll und ganz zu).

• Wir erzielen den Großteil unseres Umsatzes über sehr wenige Vertriebskanäle.

Vertragskomplexität	Single Item
(Poppo/Zenger 2002)	

Bitte geben Sie an, inwieweit Sie folgenden Aussagen zustimmen (Likert-Skala: 1 = stimme gar nicht zu, 7 = stimme voll und ganz zu).

• Wir entwerfen sehr komplexe Verträge für unsere Vertriebspartner.

IR: Indikatorreliabilität, FR: Faktorreliabilität, DEV: durchschnittlich erfasste Varianz, CA: Cronbach's Alpha; [1] die Items des Fragebogens für die Vertriebspartner beinhalten den Namen des im Datensatz enthaltenen und dem einzelnen Vertriebspartner zugeordneten Herstellers.

Tabelle 15 – Konstrukte und Indikatoren der Studie II (Teil II)

Die *Reliabilität* und *Validität* aller reflektiv gemessenen Skalen wurde mithilfe einer konfirmatorischen Faktorenanalyse überprüft. Dabei wurden die Indikatorreliabilitäten, die durchschnittlich erklärte Varianz, die Faktorreliabilität und das Cronbach'sche Alpha jedes Konstrukts berechnet. Alle untersuchten Konstrukte übertreffen die üblichen Schwellenwerte. Lediglich ein Indikator weist eine Reliabilität leicht unterhalb des Schwellenwerts von 0,40 auf (vgl. Bagozzi/Yi 2012). Aus konzeptionellen Gründen verbleibt dieser Indikator analog zu Frazier und Lassar (1996) allerdings im entsprechenden Konstrukt. Um die Diskriminanzvalidität der im Modell betrachteten Konstrukte zu überprüfen, wurde das Fornell/Larcker-Kriterium angewendet (vgl. Fornell/Larcker 1981). Hierfür wurde die durchschnittlich erklärte Varianz jedes Konstrukts und die Korrelationen dieses Konstrukts mit allen weiteren im Untersuchungsmodell enthaltenen Konstrukten vergleichen. Die Quadratwurzel der durchschnittlich erklärten Varianzen aller Konstrukte übersteigt die Korrelationen und zeigt somit an, dass die Faktoren der Untersuchung Diskriminanzvalidität aufweisen. Zuletzt zeigt auch der Modell-Fit einer konfirmatorischen Faktorenanalyse mit allen Indikatoren der reflektiven Messungen akzeptable Werte ($\chi2/df$ = 1,35; comparative fit index = 0,95; root mean square error of approximation = 0,05; standardized root mean square residual = 0,06). Tabelle 16 gibt einen Überblick über die deskriptiven Statistiken und Korrelationen der im Modell enthaltenen Variablen.

Studie II: Der Einfluss von Stabilität und Flexibilität

Variablen	M	SD	1	2	3	4	5	6	7	8	9	10	11	12	13	14
1. Erfolg des Vertriebssystems[1]	5,30	1,00	-													
2. Stabilität des Vertriebssystems[1]	5,79	0,93	0,16*	-												
3. Flexibilität des Vertriebssystems[1]	4,11	1,36	0,26***	-0,03	-											
4. Branchendynamik[3]	2,32	0,97	0,01	-0,01	-0,07	-										
5. Anzahl unterschiedlicher Kanäle[1]	3,71	1,87	0,18**	-0,18**	0,02	-0,24***	-									
6. Vertragliche Regelung[1]	3,43	1,58	0,08	-0,01	-0,14	0,01	0,03	-								
7. Konflikt[2]	3,00	1,25	-0,12	0,04	0,01	0,03	0,01	0,13	-							
8. Unternehmensgröße[1]	3,58	1,84	0,00	0,05	-0,12	0,00	0,04	0,22***	0,06	-						
9. Servicebedarf[1]	4,91	1,38	-0,03	0,02	0,07	0,04	-0,08	-0,04	0,05	0,14	-					
10. Unterstützung der Vertriebspartner[1]	5,44	1,25	0,30***	0,02	0,06	-0,17*	0,02	0,07	-0,02	0,08	0,20**	-				
11. Einsatz von Anreizen[2]	3,00	1,39	0,02	0,07	-0,06	0,07	0,00	0,19**	0,22***	-0,07	0,14	0,08	-			
12. Vertrauen[2]	4,96	1,45	0,04	-0,05	-0,08	0,06	-0,09	0,02	-0,25***	0,00	-0,18**	0,01	0,29***	-		
13. Kanalkonzentration[1]	5,50	1,59	-0,03	-0,17*	-0,06	-0,08	-0,15	-0,04	0,03	0,17*	0,00	-0,02	-0,10	0,01	-	
14. Vertragliche Komplexität[1]	2,80	1,53	-0,09	-0,09	-0,27***	0,14	-0,07	0,48***	0,03	0,24***	0,09	-0,08	0,02	0,03	-0,02	-

[1]Hersteller-Daten, [2]Vertriebspartner-Daten, [3]objektive Daten; *$p < 0{,}10$, **$p < 0{,}05$, ***$p < 0{,}01$; zweiseitige Tests; Mittelwert (M), Standardabweichung (SD)

Tabelle 16 – Deskriptive Statistiken und Korrelationen der Studie II

Da die unabhängigen Variablen (Stabilität und Flexibilität), wie auch die abhängige Variable (Erfolg des Vertriebssystems) des Untersuchungsmodells bei einer einzelnen Auskunftsperson pro Unternehmen erfasst wurden, besteht potentiell das Risiko eines Common Method Bias (vgl. Klarmann 2008). Um dieses Risiko einschätzen zu können, wurden zwei etablierte Techniken angewandt. Erstens wurde untersucht, ob ein einzelner Faktor die Varianz aller beim Hersteller gemessenen Konstrukte erklärt (vgl. Podsakoff et al. 2003). Das resultierende Ein-Faktor-Modell weist einen Chi-Quadrat Wert von 580,97 (df = 65) auf, wohingegen die individuelle Spezifikation aller Konstrukte zu einer Verbesserung des Modell-Fit führt ($\chi 2$ = 505,00, df = 6, $p < 0,01$) und somit anzeigt, dass ein Common Method Bias kein ernsthaftes Risiko darstellt. Zweitens wurde die Methode von Lindell und Whitney (2001) angewandt, die argumentieren, dass eine Variable, die mit den übrigen Variablen des Untersuchungsmodells unkorreliert ist, einen validen Indikator für eine mögliche Einmethodenvarianz darstellt. Daher wurde die geringste paarweise Koorelation zwischen einer unabhängigen Variablen und der abhängigen Variablen im Untersuchungsmodell verwendet, um die Korrelationsmatrix anzupassen. Da dadurch keine der paarweisen Korrelationen an Signifikanz verliert, stellt ein Common Method Bias mit hoher Wahrscheinlichkeit kein Risiko für die Ergebnisse der Studie dar.

4.4.3 Ergebnisse der Hypothesenprüfung

Zur Schätzung des Untersuchungsmodells wurde eine OLS-Regression verwendet. Eine Mittelwertzentrierung aller unabhängigen Variablen erleichtert die Interpretation der Interaktionseffekte (vgl. Aiken/West 1991). Die Modellschätzung basiert auf drei Stufen und ist in Tabelle 17 abgebildet. Zunächst wurde ein Modell berechnet, das die Haupteffekte der Stabilität und der Flexibilität des Vertriebssystems sowie alle Kontingenz- und Kontrollvariablen beinhaltet (Modell 1). Das im Anschluss geschätzte Modell beinhaltet zusätzlich die Ambidextrie des Vertriebssystems als Interaktion der Stabilität mit der Flexibilität des Vertriebssystems (Modell 2). In einem dritten Schritt wurden die drei-Wege-Interaktionen zwischen Stabilität, Flexibilität und den jeweiligen Kontingenzvariablen in das Modell integriert (Modell 3).

Die Ergebnisse von Modell 1 zeigen, dass die Stabilität des Vertriebssystems (β_1 = 0,21; $p < 0,05$) und die Flexibilität des Vertriebssystems (β_2 = 0,20; $p < 0,01$) in einer positiven Beziehung zum Erfolg des Vertriebssystems stehen. Die Hypothesen H_1 und H_2 lassen sich auf Basis dieser Ergebnisse bestätigen. Im zweiten Modell wurde der Einfluss der gleichzeitigen Erzielung von Stabilität und Flexibilität innerhalb eines Vertriebssystems anhand des theoretischen Konzepts der Ambidextrie untersucht. Die Ergebnisse verdeutlichen, dass die Ambidextrie des Vertriebssystems, gemessen als die Interaktion von Stabilität und Flexibilität, einen signifikant positiven Einfluss auf den Erfolg des Vertriebssystems ausübt (β_3 = 0,17; $p < 0,05$). Somit wird die Hypothese H_3 unterstützt. Das dritte Modell dient der Überprüfung der Hypothesen hinsichtlich der moderierenden Effekte. Bezüglich der Branchendynamik zeigen die Ergebnisse keinen signifikanten Interaktionseffekt mit der Ambidextrie des Vertriebssystems, wie ihn die Hypothese H_4 unterstellt (β_4 = -0,01; $p = 0,89$). Allerdings wird der in Hypothese H_5 postulierte positive Zusammenhang zwischen der Ambidextrie des Vertriebssystems und der Anzahl unterschiedlicher Kanäle durch die Ergebnisse unterstützt (β_5 = 0,17; $p < 0,01$). Im Gegensatz hierzu weisen die Ergebnisse auf eine negative Moderation des Einflusses der Ambidextrie des Vertriebssystems auf dessen Erfolg durch das Ausmaß an vertraglicher Regelung hin (β_6 = -0,10; $p < 0,05$). Ebenso deutet die negative drei-Wege-Interaktion zwischen dem Ausmaß an Konflikten, Stabilität und Flexibilität darauf hin, dass ein hohes Ausmaß an Konflikten im Vertriebssystem den positiven Einfluss der Ambidextrie auf den Erfolg des Vertriebssystems schwächt (β_7 = -0,11; $p < 0,05$). Somit werden die Hypothesen H_6 und H_7 bestätigt.

Bezüglich der Kontrollvariablen sind die erzielten Ergebnisse mit der bisherigen Forschung konsistent. So übt insbesondere die Unterstützung der Vertriebspartner durch den Hersteller einen positiven Einfluss auf den Erfolg des Vertriebssystems aus.

Abhängige Variable: Erfolg des Vertriebssystems		Modell 1	Modell 2	Modell 3
Stabilität des Vertriebssystems	H_1	0,21**	0,17**	0,16*
Flexibilität des Vertriebssystems	H_2	0,20***	0,16**	0,15**
Ambidextrie des Vertriebssystems (Stabilität x Flexibilität)	H_3		0,17**	0,18**
Umweltorientierter Faktor				
Branchendynamik x Ambidextrie (Stabilität x Flexibilität)	H_4			-0,01
Branchendynamik x Stabilität				0,08
Branchendynamik x Flexibilität				-0,02
Strukturorientierter Faktor				
Anzahl unterschiedlicher Kanäle x Ambidextrie (Stabilität x Flexibilität)	H_5			0,17***
Anzahl unterschiedlicher Kanäle x Stabilität				-0,02
Anzahl unterschiedlicher Kanäle x Flexibilität				0,08**
Managementorientierter Faktor				
Vertragliche Regelung x Ambidextrie (Stabilität x Flexibilität)	H_6			-0,10**
Vertragliche Regelung x Stabilität				0,08
Vertragliche Regelung x Flexibilität				-0,09**
Beziehungsorientierter Faktor				
Konflikt x Ambidextrie (Stabilität x Flexibilität)	H_7			-0,11**
Konflikt x Stabilität				0,04
Konflikt x Flexibilität				0,10**
Konstante		6,21***	6,35***	5,29***
Branchendynamik		0,11	0,19	0,40*
Anzahl unterschiedlicher Kanäle		0,10*	0,08*	0,13**
Vertragliche Regelung		0,06	0,07	0,05
Konflikt		-0,11*	-0,10*	-0,09
Unternehmensbezogene Kontrollvariablen				
Unternehmensgröße		-0,05	-0,06	-0,01
Servicebedarf		-0,13*	-0,13*	-0,13*
Beziehungsorientierte Kontrollvariablen				
Unterstützung der Vertriebspartner		0,22***	0,23***	0,28***
Einsatz von Anreizen		-0,04	-0,06	-0,11*
Vertrauen		0,05	0,05	0,10*
Weitere Kontrollvariablen				
Inverse Mills ratio		-0,67	-0,73	-0,08
Branchen Dummies		Inkludiert	Inkludiert	Inkludiert
Beobachtungen		120	120	120
R^2		0,39	0,41	0,56
Korrigiertes R^2		0,23	0,25	0,35

Mittelwertzentrierte Koeffizienten, *$p < 0,10$, **$p < 0,05$, ***$p < 0,01$
Tabelle 17 – Ergebnisse der Analysen der Studie II

4.4.4 Weitere Analysen der Moderationseffekte

Um die Drei-Wege-Interaktionen des Untersuchungsmodells weiter zu untersuchen, wurden die signifikanten Interaktionseffekte anhand des von Aiken und West (1991) vorgeschlagenen Verfahrens analysiert, das Aussagen über die Auswirkungen verschiedener Niveaus von Kontingenzvariablen auf den Haupteffekt erlaubt. Hierfür wurden die Steigungen der Regressionsgeraden („Simple Slope") der Beziehung zwischen der Interaktion von Stabilität und Flexibilität, die hier als Maß für die Ambidextrie des Vertriebssystems dient, und dem Erfolg des Vertriebssystems jeweils eine Standardabweichung unterhalb und eine Standardabweichung oberhalb des Mittelwerts der signifikanten Moderatoren untersucht. In der vorliegenden Studie ist dieses Verfahren geeignet, da die Kontingenzvariablen nur eine niedrige Schiefe aufweisen und keine bedeutenden Schwellenwerte identifizierbar sind (vgl. Spiller et al. 2013). Abbildung 7 zeigt die entsprechenden Schaubilder.

A: Hohes Ausmaß an unterschiedlichen Kanälen   **B: Geringes Ausmaß an unterschiedlichen Kanälen**

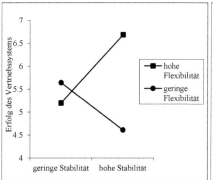 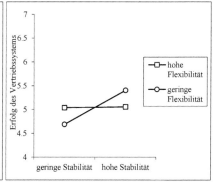

A: Hohes Ausmaß an vertraglicher Regelung   **B: Geringes Ausmaß an vertraglicher Regelung**

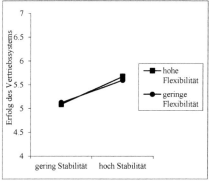 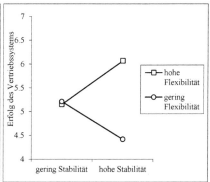

A: Hohes Ausmaß an Konflikt   **B: Geringes Ausmaß an Konflikt**

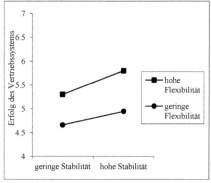 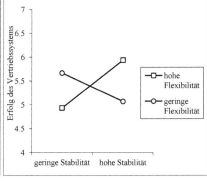

Abbildung 7 – Interaktionsgraphen der signifikanten Moderatoren

Der positive Einfluss der Ambidextrie auf den Erfolg des Vertriebssystems ($\beta_3 = 0{,}18$) wird durch die Interaktionen mit dem Grad an vertraglicher Regelung ($\beta_6 = -0{,}10$) und dem Ausmaß an Konflikten im Vertriebssystem ($\beta_7 = -0{,}11$) verringert. Die Ergebnisse implizieren, dass in bestimmten Situationen die Ambidextrie des Vertriebssystems keinen wünschenswerten Zustand mehr für ein Unternehmen darstellen könnte. In Abhängigkeit von der Ausprägung der beiden Kontingenzvariablen können zwei Situationen entstehen. Erstens wird der Effekt der Ambidextrie auf den Erfolg des Vertriebssystems bis zu einem bestimmten Wert der Kontingenzvariable lediglich abgeschwächt. In dieser Situation profitiert das Vertriebssystem immer noch davon, Stabilität und Flexibilität gleichzeitig zu erzielen. Zweitens könnte der Einfluss der Ambidextrie auf den Erfolg des Vertriebssystems ab einem bestimmten Wert der Kontingenzvariablen negativ werden. In einer solchen Situation sollten sich Unternehmen eher darauf konzentrieren, entweder ein stabiles oder ein flexibles Vertriebssystem zu erreichen.

Im Folgenden sollen nun die Schwellenwerte der Kontingenzvariablen bestimmt werden, für die der Einfluss der Ambidextrie auf den Erfolg des Vertriebssystems noch positiv ist. Hierfür werden in den Regressionsgleichungen alle Variablen außer der Stabilität, der Flexibilität und dem jeweiligen Moderator auf null (ihren jeweiligen Mittelwert) gesetzt. Im Anschluss werden die Gleichungen für jeden Moderator nach der Stabilität und der Flexibilität abgeleitet. Die entstandenen Differenzen für jeden Moderator werden dann ebenfalls mit null gleichgesetzt (für das Ausmaß an vertraglicher Regelung: $0{,}18 - 0{,}10 \bullet$ „Ausmaß an vertraglicher Regelung"; für das Ausmaß an Konflikten: $0{,}18 - 0{,}11 \bullet$ „Ausmaß an Konflikten"). Die Lösung der Gleichungen ergibt, dass der Einfluss der Ambidextrie auf den Erfolg des Vertriebssystems dann negativ wird, wenn das Ausmaß an vertraglicher Regelung einen Wert von 1,8 und das Ausmaß an Konflikten einen Wert von 1,7 übersteigt. In beiden Situationen sollten sich Unternehmen entweder auf das Erzielen von Stabilität oder von Flexibilität konzentrieren.

Um zu beleuchten, in welcher Situation sich Unternehmen auf das Erzielen von Stabilität und in welcher Situation auf das Erzielen von Flexibilität konzentrieren sollten, wurden die ersten Ableitungen der Regressionsgleichungen gebildet. In einer Situation, die durch ein hohes Ausmaß an vertraglicher Regelung (Wert von 1,8) gekennzeichnet ist, stellen sich die ersten Ableitungen der Regressionsgleichung wie folgt dar:

(1) $\frac{\delta Erfolg}{\delta Stabilität} = 0{,}16 + 0{,}18 \times Flexibilität - 0{,}10 \times 1{,}8 \times Flexibilität + 0{,}08 \times 1{,}8 = 0{,}30$

(2) $\frac{\delta Erfolg}{\delta Flexibilität} = 0{,}15 + 0{,}18 \times Stabilität - 0{,}10 \times 1{,}8 \times Stabilität + 0{,}09 \times 1{,}8 = -0{,}01$

In einer Situation, die durch ein hohes Ausmaß an Konflikten (Wert von 1,7) gekennzeichnet ist, stellen sich die ersten Ableitungen der Regressionsgleichung wie folgt dar:

(3) $\frac{\delta Erfolg}{\delta Stabilität} = 0{,}16 + 0{,}18 \times Flexibilität - 0{,}11 \times 1{,}7 \times Flexibilität + 0{,}04 \times 1{,}7 = 0{,}22$

(4) $\frac{\delta Erfolg}{\delta Flexibilität} = 0{,}15 + 0{,}18 \times Stabilität - 0{,}11 \times 1{,}7 \times Stabilität + 0{,}10 \times 1{,}7 = 0{,}32$

Somit lässt sich feststellen, dass sich Unternehmen in einer Situation mit einem hohen Ausmaß an vertraglicher Regelung (höherer Wert als 1,8) ausschließlich auf die Erzielung von Stabilität konzentrieren sollten, da Stabilität stärker zum Erfolg des Vertriebssystems beiträgt (Wert von 0,30) als Flexibilität (Wert von -0,01). Sieht sich ein Vertriebssystem allerdings mit einem hohen Ausmaß an Konflikten konfrontiert, sollte das Erreichen von Flexibilität im Vordergrund stehen, da der Einfluss der Flexibilität auf den Erfolg des Vertriebssystems (Wert von 0,32) größer als der Einfluss der Stabilität (Wert von 0,22) ist. Tabelle 18 stellt diese Ergebnisse im Detail dar.

Studie II: Der Einfluss von Stabilität und Flexibilität

Flexibilität des Vertriebssystems	Einfluss der Stabilität des Vertriebssystems auf dessen Erfolg					
	Vertragliche Regelung			Konflikt		
	1,6	1,8	2,0	1,5	1,7	1,9
Gering (-1σ)	0,26	0,30	0,35	0,19	0,22	0,27
Mittel	0,29**	0,30**	0,32**	0,22*	0,22*	0,23*
Hoch (+1σ)	0,31*	0,30*	0,29	0,24	0,22	0,20

Stabilität des Vertriebssystems	Einfluss der Flexibilität des Vertriebssystems auf dessen Erfolg					
	Vertragliche Regelung			Konflikt		
	1,6	1,8	2,0	1,5	1,7	1,9
Gering (-1σ)	-0,01	-0,01	-0,01	0,28*	0,32**	0,36**
Mittel	0,01	-0,01	-0,03	0,30***	0,32***	0,34***
Hoch (+1σ)	0,02	-0,01	-0,05	0,32***	0,32**	0,32**
Anmerkung:	Mittelwertzentrierte Koeffizienten; *p < 0,10, **p < 0,05, ***p < 0,01; die Tabelle zeigt mit OLS geschätzten Steigungskoeffizienten für die ersten partiellen Ableitungen ∂Erfolg des Vertriebssystems/∂Stabilität des Vertriebssystems und ∂Erfolg des Vertriebssystems/∂Flexibilität des Vertriebssystems für verschiedene Werte der Kontingenzfaktoren der vertraglichen Steuerung und des Konflikts um deren jeweilige Schwellenwerte von 1,8 und 1,7.					

Tabelle 18 – Analyse der marginalen Effekte

4.4.5 Ergebnisse der Robustheitschecks

Um eine mögliche Verzerrung der Ergebnisse durch Multikollinearität zwischen den unabhängigen Variablen zu identifizieren, wurden Variance-Inflation-Factors für jede der in den Fragebögen erhobenen Variablen berechnet. Ein maximaler Variance-Inflation-Factor unter dem Schwellenwert von fünf deutet darauf hin, dass Multikollinerarität kein wesentliches Problem für die Studie darstellt (vgl. O'Brien 2007). Des Weiteren zeigt die Anwendung des Tests von White, dass keine Heteroskedastizität vorliegt ($\chi^2 = 120,00$; df = 119; $p > 0,46$).

Neben Multikollinerarität und Heteroskedastizität stellt auch Endogenität eine mögliche Verzerrungsgefahr für die Ergebnisse dar (vgl. Rossi 2014). Daher wurden in der vorliegenden Studie entsprechende Maßnahmen ergriffen, um die Gefahr der Endogenität abzuschwächen. Wie in den vorangegangenen Kapiteln beschrieben, wurde zunächst die Verzerrung der Ergebnisse durch die Nichtteilnahme (Non-Response Bias),

Methodenverzerrung (Common Method Bias) und Stichprobenverzerrung (Selection Bias) überprüft, die alle zu einer Endogenitätsproblematik beitragen können (vgl. Antonakis et al. 2010). Zudem wurden aus konzeptionellen Gründen verschiedene Kontrollvariablen in das Modell integriert, um die Wahrscheinlichkeit einer Verzerrung aufgrund von ausgelassenen Variablen (Omitted Variable Bias) zu reduzieren. So wurden beispielsweise durch die entsprechenden Variablen auf die Branche und die Größe der einzelnen Unternehmen kontrolliert, da beide Faktoren die Stabilität, Flexibilität und den Erfolg des Vertriebssystems beeinflussen können. Des Weiteren wurden mehrere Instrumentalvariablen identifiziert, die die Kriterien der Relevanz und der Exogenität des Instruments erfüllen (vgl. Stock/Watson 2003). Als Instrumentalvariable für die Stabilität des Vertriebssystems dient die Kanalkonzentration als das Ausmaß, in dem ein Hersteller sein Umsatzvolumen über eine geringe Anzahl an Kanälen erzielt. Eine hohe Kanalkonzentration beeinflusst die Stabilität des Vertriebssystems, da Veränderungen dieser wenigen und dadurch gleichzeitig sehr wichtigen Kanäle des Herstellers mit einem hohen Risiko verbunden sind und somit tendenziell vermieden werden. Gleichzeitig beeinflusst die Kanalkonzentration nicht direkt den Erfolg des Vertriebssystems. Hinsichtlich der Flexibilität des Vertriebssystems wurde das Ausmaß an Vertragskomplexität im Vertriebssystem als geeignete Instrumentalvariable identifiziert. Eine geringe Vertragskomplexität im Vertriebssystem impliziert, dass der Hersteller die hohe Anzahl an nicht vertraglich geregelten Aspekten im Vertriebssystem situativ entscheiden muss und somit die Fähigkeit der Flexibilität benötigt. Analog zur Instrumentalvariablen des Ausmaßes der Kanalkonzentration beeinflusst auch das Ausmaß an Vertragskomplexität den Erfolg des Vertriebssystems nicht direkt. Ein Wu-Hausman Test ($F(2,93) = 0{,}16$; $p > 0{,}85$) und ein Durbin-Wu-Hausman Test ($\chi 2(2) = 0{,}43$; $p > 0{,}81$) mit beiden Instrumentalvariablen zeigen keine signifikanten Resultate und deuten darauf hin, dass Endogenität kein Problem für die Ergebnisse der Studie darstellt.

4.5 Diskussion der Ergebnisse

Vertriebsmanager im heutigen dynamischen Wettbewerbsumfeld sehen sich mit widersprüchlichen Empfehlungen bezüglich ihrer Vertriebsstrategie konfrontiert. So identifiziert die Marketingforschung sowohl die Stabilität als auch die Flexibilität als Erfolgsfaktoren. Allerdings blieb in der bisherigen Forschung die Frage unbeantwortet, ob die Stabilität oder die Flexibilität oder gar deren Kombination zu mehr Erfolg im Vertriebssystem führt. Zudem gibt es keine Erkenntnisse zu den Kontingenzeffekten der Erfolgsauswirkung dieser Faktoren. Die vorliegende Studie adressiert diese Forschungslücken, indem sie die Perspektive des theoretischen Konzepts der Ambidextrie annimmt, die Konstrukte der Stabilität und der Flexibilität des Vertriebssystems einführt und triadische Daten von Herstellern, deren Vertriebspartnern sowie einer unabhängigen Datenbank analysiert. Hieraus lassen sich wertvolle Implikationen für die Forschung und die Praxis ableiten.

4.5.1 Implikationen für die Forschung

Erstens trägt die Studie zur Diffusion des theoretischen Konzepts der Ambidextrie in die Marketingforschung bei. Obwohl Ambidextrie als „... hot topic in organizational research ..." (Birkinshaw/Gupta 2013, S. 287) gilt, finden sich nur wenige Anwendungsbeispiele des Konzepts in der Marketingliteratur, die sich zudem fast ausschließlich auf den Innovationskontext konzentrieren (vgl. Atuahene-Gima 2005; Vorhies/Orr/Bush 2011). Tatsächlich ist die Anzahl der Studien, die das Konzept der Ambidextrie auf weitere Bereiche des Marketings anwenden begrenzt (vgl. Jasmand/Blazevic/de Ruyter 2012; Josephson/Johnson/Mariadoss 2015; Kyriakopoulos/Moorman 2004; Rapp et al. 2013; Sarkees/Hulland/Chatterjee 2014; Yu/Patterson/de Ruyter 2013). Mit der Anwendung des in der Management-Literatur entwickelten Konzepts der Ambidextrie auf den Vertriebskontext reagiert die vorliegende Studie auf eine Vielzahl von Forderungen nach mehr interdisziplinärer Forschung (vgl. Clark et al. 2014; Cardador/Pratt 2006) und schafft „... additional important synergies between marketing and management within the context of organization theory ..." (Ketchen/Hult 2011, S. 481).

Die vorliegende Studie betont die Relevanz des Konzeptes der Ambidextrie im Vertriebskontext, indem die positive Erfolgsauswirkung der Ambidextrie auf das Vertriebssystem aufgezeigt wird. Die Anwendung des Konzepts der Ambidextrie auf weitere Forschungsbereiche könnte zu interessanten neuen Erkenntnissen in der Marketing- und Vertriebsforschung führen, indem beispielsweise die scheinbar unvereinbaren Steuerungsmechanismen der Partizipation und der Zentralisierung in einem Vertriebssystem gleichzeitig untersucht werden. Darüber hinaus zeigt die Analyse der Moderationseffekte, dass Unternehmen von der singulären Erzielung von Stabilität oder von Flexibilität anstatt von Ambidextrie profitieren, wenn bestimmte Moderatoren, wie beispielsweise das Ausmaß an vertraglicher Regelung oder an Konflikten, hohe Werte annehmen. Daher sollte zukünftige Forschung zur Ambidextrie das Zusammenspiel von Exploitation und Exploration für verschiedene Werte der betrachteten Kontingenzvariablen untersuchen, um eine Missinterpretation der Interaktionseffekte zu vermeiden und keine falschen Schlüsse über die Erfolgsauswirkung der Ambidextrie zu ziehen.

Zweitens führt die Studie mit den Konstrukten der Stabilität und der Flexibilität des Vertriebssystems zwei neue Möglichkeiten zur Untersuchung von Dynamiken in Vertriebssystemen mithilfe eines systemischen Ansatzes ein. Die positive Auswirkung beider Konstrukte auf den Erfolg des Vertriebssystems zeigt deren Relevanz im Vertriebskontext.

Der hier verwendete systemische Ansatz zur Untersuchung der Stabilität und der Flexibilität des Vertriebssystems geht über die bisherige Forschung hinaus, die Stabilität und Flexibilität primär aus einer engeren Perspektive betrachtet. So fokussierte sich vorangegangene Forschung zu Veränderungen in Vertriebssystemen einerseits auf einzelne Aspekte des Vertriebssystems wie beispielsweise das Hinzufügen eines Vertriebskanals (vgl. Geyskens/Gielens/Dekimpe 2002), den Anstieg der Distributionsintensität (vgl. Bucklin/Siddarth/Silva-Risso 2008) oder den Wechsel von Steuerungsmechanismen (vgl. Hendrikse 2011). Andererseits konzentrierte sich bisherige Forschung zu Stabilität und Flexibilität im Vertriebskontext auf einzelne Beziehungen innerhalb eines Vertriebssystems wie beispielsweise die Beziehung des Herstellers zu einem Händler (vgl. Bello/Chelariu/Zhang 2003; Ivens 2005; Lai/Cheng/Yeung 2005; Liu et al. 2008). Dieser Ansatz vernachlässigt Vertriebssysteme, die lediglich direkte Vertriebskanäle wie beispielsweise einen Online-Kanal und einen Außendienst beinhalten. Durch die Verwendung der hier vorgestellten Konstrukte der Stabilität und der Flexibilität des Vertriebssystems wird die Untersuchung von Dynamiken in Vertriebssystemen weder auf einzelne Anpassungsaktivitäten noch auf eine einzelne Beziehung innerhalb des Vertriebssystems begrenzt, sondern vielmehr eine umfassende und systemweite Analyse ermöglicht. Ein solcher systemischer Ansatz ist zum Verständnis der

Wertschöpfung in heutigen Vertriebssystemen unabdingbar. So führt beispielsweise die Einführung einer Mehrkanalstruktur in Vertriebssystemen, die mittlerweile „… the rule rather than the exception …" (Frazier, 1999, p. 232) darstellt, zu möglichen positiven Konsequenzen wie Synergien zwischen einzelnen Kanälen. Um allerdings die dynamischen Prozesse zu analysieren, die innerhalb eines komplexen Mehrkanal-Vertriebssystems mit verschiedenen direkten und indirekten Kanälen zu solchen Synergien führen, ist ein umfassender systemischer Ansatz, wie ihn die Studie vorstellt, nötig.

Drittens verdeutlichen die Ergebnisse, dass bei der Untersuchung von Dynamiken im Vertriebskontext eine Kontingenzperspektive eingenommen werden sollte. Nur wenige Studien, die Veränderungen in Vertriebssystemen (vgl. Geyskens/Gielens/Dekimpe 2002; Homburg/Vollmayr/Hahn 2014; Lee/Grewal 2004) oder Ambidextrie im Marketing- und Vertriebskontext (vgl. Kyriakopoulos/Moorman 2004) untersuchen, berücksichtigen Kontingenzfaktoren. Zudem konzentrieren sich diese Studien primär auf Kontingenzfaktoren des generellen Unternehmensumfelds, währen die vorliegende Studie aufzeigt, dass die Erfolgsauswirkung der Ambidextrie von verschiedenen vertriebsspezifischen Kontingenzfaktoren wie beispielsweise der Anzahl der unterschiedlichen Kanäle abhängt. Daher sollte zukünftige Forschung zur Ambidextrie im Vertriebskontext weitere vertriebsspezifische Kontingenzfaktoren berücksichtigen.

4.5.2 Implikationen für die Praxis

Verschiedene Phänomene wie beispielsweise die Entwicklung neuer innovativer Vertriebstechnologien oder die zunehmende Verbreitung des E-Commerce üben einen deutlichen Veränderungsdruck auf Vertriebsmanager aus (vgl. Lankton/Stafford 2013; Martin 2013). Allerdings gibt die bestehende Literatur widersprüchliche Empfehlungen bezüglich der adäquaten Reaktion auf diese Veränderungen. So wird einerseits den Herstellern zu „… design more adaptive channel structures …" (Coelho/Easingwood 2008, S. 1007) geraten und andererseits die Wichtigkeit für den Hersteller „… to maintain stability in channels of distribution …" (Kumar/Stern/Achrol 1992, S. 240) betont. Die vorliegende Studie löst diesen Widerspruch auf und leitet wichtige Empfehlungen für Vertriebsmanager ab.

Zunächst verdeutlichen die Ergebnisse, dass sich Vertriebsmanager nicht zwischen der Stabilität und der Flexibilität des Vertriebssystems entscheiden müssen. Da sich beide Konstrukte positiv auf den Erfolg des Vertriebssystems auswirken, sollten Vertriebsmanager ein ambidexteres Vertriebssystem implementieren, das gleichzeitig Stabilität und Flexibilität verbindet. Um ein solches Vertriebssystem aufzubauen, schlägt die bisherige Ambidextrie-Literatur zwei Vorgehensweisen vor.

Eine strukturelle Lösung separiert exploitative Aktivitäten, hier die Stabilität des Vertriebssystems, und explorative Aktivitäten, hier die Flexibilität des Vertriebssystems, in unterschiedliche organisationale Einheiten (vgl. Simsek 2009). Eine solche strukturelle Separierung kann anhand verschiedener Dimensionen wie Produkten, Märkten, Kunden oder Aufgaben erfolgen (vgl. Jansen et al. 2009). Eine aufgabenorientierte Einteilung wird beispielsweise durch die Errichtung zweier organisational getrennter Vertriebsabteilungen erreicht. Eine strategisch orientierte Einheit konzentriert sich auf die Erzielung von Stabilität, zeigt sich für die horizontale sowie die vertikale Vertriebsstruktur verantwortlich und entscheidet daher beispielsweise über die Anzahl der Kanäle oder den Austausch von Vertriebspartnern. Eine zweite Einheit fokussiert sich auf die Flexibilität und verantwortet operative Themen im Vertriebssystem wie beispielsweise die Steuerung der Vertriebspartner, die es den jeweiligen Rahmenbedingungen entsprechend flexibel anpasst. Durch die Tätigkeit beider Einheiten innerhalb eines Vertriebssystems kann Ambidextrie erreicht werden.

Neben dem vorgestellten strukturellen Ansatz, findet sich in der Literatur zur Ambidextrie auch ein kontextbasierter Ansatz. Hier soll der organisationale Kontext die Mitglieder einer Organisation ermutigen und befähigen, individuell zu entscheiden wie sie die ihnen zur Verfügung stehenden Ressourcen zwischen exploitativen und explorativen Aktivitäten aufteilen (vgl. Gibson/Birkinshaw 2004). Dieser Ansatz ähnelt Empfehlungen zur Implementierung von Marktorientierung in einer Organisation (vgl. Jaworski/Kohli 1993). Analog zum kontextbasierten Ansatz der Literatur zur Ambidextrie, ist es auch für die Verbreitung von Marktorientierung notwendig, dass Mitarbeiter bestimmte organisationale Werte und Normen übernehmen, die die gewünschten Verhaltensweisen fördern (vgl. Kirca/Jayachandran/Bearden 2005). Im Vertriebssystem benötigt ein solcher organisationaler Kontext verschiedene Eigenschaften, die Vertriebsmanager motivieren und in die Lage versetzen, individuell über die Ressourcenallokation zur Sicherung der Stabilität bestimmter Aspekte des Vertriebssystems oder deren flexiblen Anpassung zu entscheiden. Hierzu zählen insbesondere drei Eigenschaften. Erstens muss die Entscheidungsfindung im Vertriebssystem dezentral erfolgen, um den Vertriebsmitarbeitern die Möglichkeit einzuräumen, zeitnah und ohne langwierige Abstimmungsprozesse auf veränderte Rahmenbedingungen zu reagieren (vgl. Ahearne/Mathieu/Rapp 2005; Jansen/Simsek/Cao 2012). Zweitens ist eine organisationale Vision nötig, die den Vertriebsmitarbeitern die Notwendigkeit der Kombination von Stabilität und Flexibilität erklärt (vgl. Simsek 2009). Fehlt eine solche Überzeugung in der Organisation, führt die der Stabilität innewohnende Trägheit zu einer Vernachlässigung der Flexibilität. Drittens müssen kurzfristig orientierte Anreizsysteme durch langfristig orientierte Anreizsysteme ersetzt werden (vgl. Andriopoulos/Lewis 2010). Anreize, die auf kurzfristige Effizienzgewinne ausgerichtet sind, ermutigen Vertriebsmitarbeiter dazu, ihre Ressourcen ausschließlich zur Erzielung von Stabilität einzusetzen.

Die Erzielung eines ambidexteren Vertriebssystems durch eine strukturelle Separierung oder einen kontextbasierten Ansatz ist mit dem Verbrauch von Ressourcen verbunden (vgl. Gupta/Smith/Shalley 2006). Daher zeigt die vorliegende Studie Situationen auf, in denen sich die Erzielung der Ambidextrie besonders positiv auf den Erfolg des Vertriebssystems auswirkt. So profitieren insbesondere Vertriebssysteme mit einer hohen Anzahl an unterschiedlichen Kanälen von der Ambidextrie. Des Weiteren sollten Vertriebsmanager das Ausmaß an vertraglicher Regelung im Vertriebssystem reduzieren und Konflikte mit den Vertriebspartnern lösen, um so eine möglichst hohe positive Wirkung der Ambidextrie auf den Erfolg des Vertriebssystems zu erzielen. Sollte eine solche Vorgehensweise nicht möglich sein und das Vertriebssystem zudem durch ein hohes Ausmaß an vertraglicher Regelung oder an Konflikten gekennzeichnet sein, so sollten Vertriebsmanager die verfügbaren Ressourcen in die Erzielung von Stabilität beziehungsweise Flexibilität investieren, anstatt die Ambidextrie des Vertriebssystems zu forcieren.

5 Schlussbetrachtung

Die Gestaltung der Vertriebsstruktur stellt eine wichtige Quelle zur Erlangung strategischer Wettbewerbsvorteile für Unternehmen dar (vgl. Palmatier/Stern/El-Ansary 2015). Dabei kann die Vertriebsstruktur in eine vertikale, horizontale und bürokratische Dimension unterteilt werden. Eine systematische Analyse der bestehenden Literatur zeigt, dass während bereits einige Studien die Auswirkungen der vertikalen und der horizontalen Struktur auf den Erfolg eines Unternehmens untersuchen, bezüglich der bürokratischen Struktur kaum Orientierungshilfe für Unternehmen geleistet wird. Des Weiteren betont die bestehende Literatur einerseits die Notwendigkeit von kontinuierlichen Veränderungsmaßnahmen im Vertriebssystem um sicherzustellen, dass „… firms do not mistakenly cling to outdated channel structures …" (Sa Vinhas et al. 2010, S. 228). Andererseits kann aus den wenigen Studien zu den Auswirkungen einzelner Veränderungsmaßnahmen, wie beispielsweise dem Hinzufügen eines Vertriebskanals, keine allgemeingültige Aussage über den Wert von Veränderung im Vertriebssystem abgeleitet werden. Mit dem Ziel diese beiden Forschungslücken zu schließen, wurden im Kapitel 2.5 drei Forschungsfragen formuliert, die in den Kapiteln 3 und 4 anhand zweier empirischer Studien behandelt wurden. Im Folgenden werden nun die zentralen Erkenntnisbeiträge der vorliegenden Arbeit zusammengefasst und zur Beantwortung der identifizierten Forschungsfragen verwendet.

Forschungsfrage I: Wie wirkt sich die bürokratische Struktur eines Vertriebssystems auf den Erfolg des Herstellers aus?

Die Ergebnisse der ersten Studie zeigen unterschiedliche Auswirkungen der beiden Bestandteile der bürokratischen Struktur, der Formalisierung und der Zentralisierung, auf den Erfolg des Mehrkanal-Vertriebssystems eines Herstellers. So wirkt sich die Formalisierung positiv auf den Erfolg des Vertriebssystems aus, indem durch klare Regeln und Verfahren Mehrdeutigkeiten, Konflikte und letztendlich opportunistisches Verhalten im Vertriebssystem vermindert werden und gleichzeitig der Hersteller Wissen und Erfahrungen durch die Formalisierung kodifiziert und im Vertriebssystem verbreitet. Im Gegensatz zur Formalisierung wirkt sich die Zentralisierung negativ auf den Erfolg des Vertriebssystems aus, da der Hersteller zum einen durch seine begrenzte Rationalität nicht in der Lage ist, effektive Entscheidungen für das komplexe Mehrkanalvertriebssystem zu treffen und zum anderen die Einschränkung der Entscheidungsautonomie der Vertriebspartner zu steigendem opportunistischen Verhalten im Vertriebssystem führt. Da die Studie den Erfolg des Vertriebssystems in Bezug auf Gewinn, Umsatz und Umsatzwachstum in einer Vielzahl unterschiedlicher Branchen untersucht, kann zur Klärung der Ambiguität in der bestehenden Literatur bezüglich der Auswirkungen der bürokratischen Struktur beigetragen werden. Zudem können aus den Ergebnissen klare Handlungsempfehlungen für Unternehmen abgeleitet werden. Außerdem wird durch die in der Studie eingenommene Kontingenzperspektive gezeigt, dass sich der negative Effekt der Zentralisierung für Unternehmen mit stark differenzierten Kanälen, hoher Distributionsintensität oder in dynamischen Branchen verstärkt.

Forschungsfrage II: Wie wirkt sich die bürokratische Struktur eines Vertriebssystems auf den Erfolg des Vertriebspartners aus?

Die Beantwortung der zweiten Forschungsfrage erfolgt anhand der Untersuchung des Einflusses der Formalisierung und der Zentralisierung auf den Erfolg des Vertriebspartners im Vertriebskanal mit dem jeweiligen die bürokratische Struktur etablierenden Hersteller. Interessanterweise zeigt die bürokratische Struktur sowohl auf die Vertriebspartner als auch auf den Hersteller ähnliche Auswirkungen. So steigert die Formalisierung auch den Erfolg des Vertriebspartners, indem sie ihn vor unvorhergesehenen Interventionen des Herstellers schützt und indem durch standardisierte Regeln und Verfahren die Wettbewerbsintensität zwischen den einzelnen Vertriebspartnern verringert wird. Die Zentralisierung wirkt sich negativ auf den Erfolg des Vertriebspartners aus, da die Gefahr einseitig vorteilhafter Entscheidungen des Herstellers steigt und gleichzeitig die Einschränkung der Entscheidungsautonomie des Vertriebspartners dessen Motivation zum Engagement in seinem Vertriebskanal reduziert. Dabei profitiert ein Vertriebspartner insbesondere in Vertriebssystemen mit hoher Distributionsintensität von der Formalisierung. In Vertriebssystemen mit stark differenzierten Kanälen wirkt sich die Zentralisierung besonders negativ auf den Vertriebspartner aus.

Forschungsfrage III: Wie wirkt sich das Ausmaß an Veränderung im Vertriebssystem auf dessen Erfolg aus?

Um die dritte Forschungsfrage zu beantworten wurden in der zweiten empirischen Studie der vorliegenden Arbeit die Konstrukte der Stabilität und der Flexibilität des Vertriebssystems eingeführt. Hierdurch soll Unternehmen eine grundsätzliche Orientierungshilfe bei der Frage nach den Erfolgsauswirkungen der kontinuierlichen Veränderung und der Beibehaltung des Status Quo des Vertriebssystems gegeben werden. Die Ergebnisse zeigen sowohl einen positiven Einfluss der Stabilität, als auch der Flexibilität des Vertriebssystem. Im Einklang mit dem theoretischen Konzept der Ambidextrie steigert insbesondere die gleichzeitige Erzielung von Stabilität und Flexibilität innerhalb eines Vertriebssystems dessen Erfolg, da dadurch mögliche erfolgsmindernde Konsequenzen der singulären Verfolgung von Stabilität oder von Flexibilität, wie beispielsweise organisationale Trägheit oder Chaos, vermieden werden. Umsetzungsmöglichkeiten der Ambidextrie bestehen beispielsweise in einer auf Kontinuität ausgerichteten Gestaltung der Vertriebsstruktur und einer gleichzeitigen kontinuierlichen Anpassung des Managements des Vertriebssystems, also beispielsweise des Einsatzes von Anreizen zur Vertriebspartnersteuerung.

Die in den vorangegangenen Abschnitten dargelegte Beantwortung der Forschungsfragen beinhaltet wichtige Implikationen für Wissenschaft und Praxis, die für jede der beiden Studien bereits in den Kapiteln 3.6 und 4.6 diskutiert wurden. Im Folgenden werden drei darüber hinausgehende Impulse skizziert, die von der vorliegenden Arbeit ausgehen sollen.

Zunächst zeigt die vorliegende Arbeit die *Relevanz struktureller Elemente* für den Vertriebserfolg auf. Die im zweiten Kapitel systematisch aufgearbeitete Literatur zur Vertriebsstruktur sowie die Ergebnisse der ersten Studie zu den Auswirkungen der bürokratischen Struktur verdeutlichen, dass unterschiedliche Erfolgsgrößen wie beispielsweise die Kundenzufriedenheit (vgl. Wallace/Giese/Johnson 2004), der Firmenwert (vgl. Srinivasan 2006) oder der Gewinn (vgl. Rambocas et al. 2015) von der Ausgestaltung der Vertriebsstruktur abhängen. Daher fordern verschiedene Autoren in regelmäßigen Abständen einen stärkeren Fokus der Forschung im Marketing- und Vertriebskontext auf strukturelle Elemente (vgl. Geyskens/Steenkamp/Kumar 1999; Rangaswamy/Van Bruggen 2010; Sharma/Dominguez 1992). Trotzdem stellten Lee, Kozlenkova und Palmatier (2015, S.73) kürzlich fest, dass „… research examining the effects of different organizational structure design elements on marketing outcomes remains fragmented and scarce …". Weitere Forschungsarbeiten zu strukturellen Elementen sind auch aufgrund der praktischen Relevanz struktureller Gestaltungsentscheidungen wünschenswert, die sich insbesondere in drei Gründen manifestiert. Erstens zeigen die Ergebnisse der vorliegenden Arbeit, dass Unternehmen bei falschen Entscheidungen bezüglich ihrer Vertriebsstruktur signifikante Erfolgseinbußen befürchten müssen, wenn sie beispielsweise eine stark zentralisierte bürokratische Struktur wählen. Zweitens sind strukturelle Entscheidungen im Vertriebssystem langfristiger Natur (vgl. Chu/Chintagunta/Vilcassim 2007). So ist beispielsweise die Abschaffnung eines indirekten Vertriebskanals kurzfristig nur schwer zu revidieren. Drittens bilden strukturelle Entscheidungen die Basis auf der alle weiteren Aktivitäten im Vertriebssystem aufbauen. So gilt beispielsweise für das Gebiet des Vertriebskanalmanagements, das sich primär mit den Beziehungen innerhalb eines Vertriebssystems beschäftigt (vgl. Jindal et al. 2007), dass dessen Prozesse „… take place within a specific structure, not apart from it …" (Stern/El-Ansary 1988, S. 2).

Zweitens zeigen beide vorliegenden Studien die *Bedeutung eines systemischen Ansatzes* zur Analyse verschiedener Phänomene im Vertriebskontext. Eine der maßgeblichsten Entwicklungen der letzten Jahre in der Struktur von Vertriebssystemen bestand in der steigenden Anzahl von parallel genutzen Kanälen (vgl. Verhoef/Kannan/Inman 2015). Dieser Mehrkanal-Vertrieb bedingt insbesondere eine Steigerung der Komplexität des Vertriebssystems (vgl. Sa Vinhas/Heide 2015), die sich beispielsweise in den Interaktionen zwischen einzelnen Kanälen und den dadurch auftretenden positiven und negativen Konsequenzen wie Synergien (vgl. Neslin et al. 2006) oder Konflikten (vgl. Webb/Lambe 2007) zeigt. Dementsprechend ist es für Unternehmen besonders wichtig, „… a comprehensive understanding of value creation with the channel system …" (Sa Vinhas et al. 2010, S. 224) zu entwickeln. Ein solches umfassendes Verständnis des Vertriebssystems und der Auswirkungen bestimmter Maßnahmen kann nicht durch eine eingeschränkte Perspektive, wie beispielsweise der alleinigen Betrachtung einzelner Mitglieder oder Kanäle des Vertriebssystems, erlangt werden. Vielmehr zeigt die in Kapitel drei vorgestellte Studie, dass die Analyse verschiedener Mitglieder des Vertriebssystems zu überraschenden Ergebnissen, beispielsweise bezüglich der Auswirkung einer starken Formalisierung auf den Erfolg der Vertriebspartner, führt. Auch die Betrachtung von Veränderungsmaßnahmen im gesamten Vertriebssystem, losgelöst von Anpassungen in einzelnen Vertriebskanälen oder speziellen Veränderungsmaßnahmen, in der zweiten Studie offenbart interessante Einblicke.

Drittens weisen beide Studien auf die *Wichtigkeit situativer Faktoren bei der Gestaltung des Vertriebssystems* hin. Die Aufarbeitung der Literatur im zweiten Kapitel zeigt, dass bezüglich der Erfolgsauswirkungen bestimmter Gestaltungsentscheidungen oftmals keine klaren Empfehlungen getroffen werden können (vgl. Käuferle/Reinartz 2015; Srinivasan 2006; Reibstein/Farris 1995). Insbesondere bezüglich der relationalen Konsequenzen der Ausgestaltung der bürokratischen Struktur sowie der Auswirkungen von Veränderungsmaßnahmen kommen verschiedene Studien nicht zu einheitlichen Ergebnissen (vgl. Dwyer/Oh 1987, Gençtürk/Aulakh 2007; Lee/Grewal 2004; Cheng et al. 2007). Die Gründe hierfür sind häufig Kontingenzeffekte. So zeigt die zweite Studie im vierten Kapitel beispielsweise, dass der positive Einfluss der Ambidextrie auf das Vertriebssystem nur bis zu einem gewissen Ausmaß an Konflikten oder bis zu einem gewissen Grad an vertraglicher Regelung im Vertriebssystem auftritt. In Vertriebssystemen die durch häufige Konflikte oder viele vertragliche Regelungen gekennzeichnet sind, sollten Unternehmen daher lediglich die Flexibilität beziehungsweise die Stabilität verfolgen. Eine genaue Betrachtung situativer Faktoren ist für die einzelnen Unternehmen in einem Vertriebssystem auch deswegen so wichtig, da sich dieselbe Situation unterschiedlich auf verschiedene Akteure des Vertriebssystems auswirken kann. So zeigt die erste Studie im dritten Kapitel, dass beispielsweise eine hohe Distributionsintensität den positiven Effekt der Formalisierung auf den Erfolg des Herstellers vermindert, den Einfluss der Formalisierung auf den Erfolg des Vertriebspartners aber erhöht.

Literaturverzeichnis

Adamson, B., Dixon, M., Toman, N. (2012), The End of Solution Sales, *Harvard Business Review*, Juli-August, 61-68.

Adler, P. S., Benner M., Brunner, D. J., MacDuffie, J. P., Osono, E., Staats, B. R., Hirotaka Takeuchi, H., Tushman, M. L., Winter, S. G. (2009), Perspectives on the Productivity Dilemma, *Journal of Operations Management*, 27, 2, 99-113.

Agrawal, D. K., Agrawal, D. P., Singh, D. (2006), Internet Based Distribution Systems: A Framework for Adoption, *Decision*, 33, 1, 21-46.

Ahearne, M., Mathieu, J., Rapp, A. (2005), To Empower or Not to Empower Your Sales Force? An Empirical Examination of the Influence of Leadership Empowerment Behavior on Customer Satisfaction and Performance, *Journal of Applied Psychology*, 90, 5, 945-955.

Aiken, L. S., West, S. G. (1991), *Multiple Regression: Testing and Interpreting Interactions*, London: Sage.

Aiken, M., Hage, J. (1968), Organizational Interdependence and Intra-Organizational Structure, *American Sociological Review*, 33, 6, 912-930.

Ailawadi, K. L., Zhang J., Krishna, A., Kruger, M. W. (2010), When Wal-Mart Enters: How Incumbent Retailers React and How This Affects Their Sales Outcomes, *Journal of Marketing Research*, 47, 4, 577-593.

Anderson, E. (1985), The Salesperson as Outside Agent or Employee: A Transaction Cost Analysis, *Marketing Science*, 4, 234-54.

Anderson, E., Coughlan, A. T. (1987), International Market Entry and Expansion via Independent or Integrated Channels of Distribution, *Journal of Marketing*, 51, 1, 71-82.

Anderson, E., Day, G. S., Rangan, V. K. (1997), Strategic Channel Design, *MIT Sloan Management Review*, 38, 4, 59-69.

Anderson, E., Oliver, R. L. (1987), Perspectives on Behavior-based versus Outcome-based Salesforce Control Systems, *Journal of Marketing*, 51, 4, 76-88.

Anderson, E., Schmittlein, D. C. (1984), Integration of the Sales Force: An Empirical Examination, *The Rand Journal of Economics*, 15, 3, 385-395.

Anderson, E., Weitz, B. (1989), Determinants of Continuity in Conventional Industrial Channel Dyads, *Marketing Science*, 8, 4, 310-323.

Anderson, E., Weitz, B. (1986), Make-or-Buy Decisions: Vertical Integration and Marketing Productivity, *Sloan Management Review*, 27, 3, 3-3.

Anderson, E., Weitz, B. (1992), The Use of Pledges to Build and Sustain Commitment in Distribution Channels, *Journal of Marketing Research*, 29, 1, 18-34.

Andriopoulos, C., Lewis, M. W. (2009), Exploitation-Exploration Tensions and Organizational Ambidexterity: Managing Paradoxes of Innovation, *Organization Science*, 20, 4, 696-717.

Andriopoulos, C., Lewis, M. W. (2010), Managing Innovation Paradoxes: Ambidexterity Lessons from Leading Product Design Companies, *Long Range Planning*, 43, 1, 104-122.

Ansari, A., Mela, C. F., Neslin, S. A. (2008), Customer Channel Migration, *Journal of Marketing Research*, 45, 1, 60-76.

Antia, K. D., Frazier, G. L. (2001), The Severity of Contract Enforcement in Interfirm Channel Relationships, *Journal of Marketing*, 65, 4, 67-81.

Antia, K. D., Zheng, X., Frazier, G. L. (2013), Conflict Management and Outcomes in Franchise Relationships: The Role of Regulation, *Journal of Marketing Research*, 50, 5, 577-589.

Antonakis, J., Bendahan, S., Jacquart, P., Lalive, R. (2010) On Making Causal Claims: A Review and Recommendations, *The Leadership Quarterly*, 21, 6, 1086-1120.

Armstrong, J. S., Overton, T. S. (1977), Estimating Nonresponse Bias in Mail Surveys, *Journal of Marketing Research*, 14, 3, 396-402.

Aspinwall, L. V. (1958), *The Characteristics of Goods Theory and Parallel Systems Theorie*, Chicago, IL: South-Western Publishing Company.

Atuahene-Gima, K. (2005), Resolving the Capability – Rigidity Paradox in New Product Innovation, *Journal of Marketing*, 69, 4, 61-83.

Auh, S., Menguc, B. (2007), Performance Implications of the Direct and Moderating Effects of Centralization and Formalization on Customer Orientation, *Industrial Marketing Management*, 36, 8, 1022-1034.

Aulakh, P. S., Kotabe, M. (1997), Antecedents and Performance Implications of Channel Integration in Foreign Markets, *Journal of International Business Studies*, 28, 1, 145-175.

Avery, J., Steenburgh, T. J., Deighton, J., Caravella, M. (2012), Adding Bricks to Clicks: Predicting the Patterns of Cross-Channel Elasticities over Time, *Journal of Marketing*, 76, 3, 96-111.

Bagozzi, R. P., Yi, Y. (2012), Specification, Evaluation, and Interpretation of Structural Equation Models, *Journal of the Academy of Marketing Science*, 40, 1, 8-34.

Bairstow, N., Young, L. (2012), How Channels Evolve: A Historical Explanation, *Industrial Marketing Management*, 41, 3, 385-393.

Balakrishnan, S., Wernerfelt, B. (1986), Technical Change, Competition and Vertical Integration, *Strategic Management Journal*, 7, 4, 347-359.

Balogun, J., Johnson, G. (2004), Organizational Restructuring and Middle Manager Sensemaking, *Academy of Management Journal*, 47, 4, 523-549.

Barclay, D. W. (1991), Interdepartmental Conflict in Organizational Buying: The Impact of the Organizational Context, *Journal of Marketing Research*, 28, 2, 145-159.

Basu, A. K., Lal, R., Srinivasan, V., Staelin, R. (1985), Salesforce Compensation Plans: An Agency Theoretic Perspective, *Marketing Science*, 4, 4, 267-291.

Baum, J. R., Wally, S. (2003), Strategic Decision Speed and Firm Performance, *Strategic Management Journal*, 24, 11, 1107-1129.

Becker, M. C., Knudsen, T. (2005), The Role of Routines in Reducing Pervasive Uncertainty, *Journal of Business Research*, 58, 6, 746-757.

Bello, D. C., Chelariu, C., Zhang, L. (2003), The Antecedents and Performance Consequences of Relationalism in Export Distribution Channels, *Journal of Business Research*, 56, 1, 1-16.

Bello, D. C., Gilliland, D. I. (1997), The Effect of Output Controls, Process Controls, and Flexibility on Export Channel Performance, *Journal of Marketing*, 61, 1, 22-38.

Benito, G. R., Pedersen, T., Petersen, B. (2005), Export Channel Dynamics: An Empirical Investigation, *Managerial and Decision Economics*, 26, 3, 159-173.

Benner, M. J., Tushman, M. (2003), Exploitation, Exploration, and Process Management: The Productivity Dilemma Revisited, *Academy of Management Review*, 28, 2, 238-256.

Bergen, M., Dutta, S., Walker Jr., O. C. (1992), Agency Relationships in Marketing: A Review of the Implications and Applications of Agency and Related Theories, *Journal of Marketing*, 56, 3, 1-24.

Bergkvist, L., Rossiter, J. R. (2007), The Predictive Validity of Multiple-Item Versus Single-Item Measures of the Same Constructs, *Journal of Marketing Research*, 44, 2, 175-184.

Binder, J., Herhausen, D., Pernet, N., Schögel, M. (2012), Channel Extension Strategies: The Crucial Roles of Internal Capabilities and Customer Lock-In, *European Retail Research*, 26, 1, 43-70.

Birkinshaw, J., Gibson, C. (2004), Building Ambidexterity into an Organization, *MIT Sloan Management Review*, 45, 4, 47-55.

Birkinshaw, J., Gupta, K. (2013), Clarifying the Distinctive Contribution of Ambidexterity to the Field of Organization Studies, *Academy of Management Perspectives*, 27, 4, 287-298.

Biyalogorsky, E., Naik, P. (2003), Clicks and Mortar: The Effect of On-line Activities on Off-line Sales, *Marketing Letters*, 14, 1, 21-32.

BMW 2012, http://www.bmwgroup.com/bmwgroup_pro d/d/0_0_www_ bmwgroup_com /investor_relations/_pdf/Sneak_Preview_Speech.pdf, [23.10.2014].

Bonoma, T. V. (1981), Market Success Can Breed 'Marketing Inertia', *Harvard Business Review*, 59, September-Oktober, 115-121.

Boulding, K. E. (1956), General Systems Theory-The Skeleton of Science, *Management Science*, 2, 3, 197-208.

Boumgarden, P., Nickerson, J., Zenger, T. R. (2012), Sailing into the Wind: Exploring the Relationships among Ambidexterity, Vacillation, and Organizational Performance, *Strategic Management Journal*, 33, 6, 587-610.

Bowman, E. H., Hurry, D. (1993), Strategy through the Option Lens: An Integrated View of Resource Investments and the Incremental-Choice Process, *Academy of Management Review*, 18, 4, 760-782.

Boyle, B. A., Dwyer, F. R. (1995), Power, Bureaucracy, Influence, and Performance: Their Relationships in Industrial Distribution Channels, *Journal of Business Research*, 32, 3, 189-200.

Boyne, G. A., Meier, K. J. (2009), Environmental Turbulence, Organizational Stability, and Public Service Performance, *Administration & Society*, 40, 8, 799-824.

Brettel, M., Engelen, A., Müller, T., Schilke, O. (2011), Distribution Channel Choice of New Entrepreneurial Ventures, *Entrepreneurship Theory and Practice*, 35, 4, 683-708.

Bronnenberg, B. J., Mahajan, V., Vanhonacker, W. R. (2000), The Emergence of Market Structure in New Repeat-Purchase Categories: The Interplay of Market Share and Retailer Distribution, *Journal of Marketing Research*, 37, 1, 16-31.

Brouthers, K. D., Brouthers, L. E., Werner, S. (2003), Transaction Cost-Enhanced Entry Mode Choices and Firm Performance, *Strategic Management Journal*, 24, 12, 1239-1248.

Brouthers, L. E., Brouthers, K. D., Werner, S. (2000), Perceived Environmental Uncertainty, Entry Mode Choice and Satisfaction with EC-MNC Performance, *British Journal of Management*, 11, 3, 183-195.

Brown, J. R., Cobb, A. T., Lusch, R. F. (2006), The Roles Played by Interorganizational Contracts and Justice in Marketing Channel Relationships, *Journal of Business Research*, 59, 2, 166-175.

Brown, J. R., Cobb, A. T., Lusch, R. F., Muehling, D. D. (1983), Conflict and Power-Dependence Relations in Retailer-Supplier Channels, *Journal of Retailing*, 59, 4, 53-80.

Brown, J. R., Dev, C. S., Lee, D. J. (2000), Managing Marketing Channel Opportunism: The Efficacy of Alternative Governance Mechanisms, *Journal of Marketing*, 64, 2, 51-65.

Brown, S. (1988), The Wheel of the Wheel of Retailing. *International Journal of Retailing*, 3, 1, 16-37.

Brown, S. (1991), Variations on a Marketing Enigma: The Wheel of Retailing Theory, *Journal of Marketing Management*, 7, 2, 131-155.

Bucklin, L. P. (1966), *A Theory of Distribution Channel Structure*, Berkely, CA.

Bucklin, L. P., Ramaswamy, V., Majumdar, S. K. (1996), Analyzing Channel Structures of Business Markets via the Structure-Output Paradigm, *International Journal of Research in Marketing*, 13, 1, 73-87.

Bucklin, R. E., Siddarth, S., Silva-Risso, J. M. (2008), Distribution Intensity and New Car Choice, *Journal of Marketing Research*, 45, 4, 473-486.

Butler, P., Hall, T. W., Hanna, A. M., Mendonca, L., Auguste, B., Manyika, J., Sahay, A. (1997), A Revolution in Interaction, *McKinsey Quarterly*, 4-23.

Cannon, J. P., Homburg, Ch. (2001), Buyer-supplier Relationships and Customer Firm Costs, *Journal of Marketing*, 65, 1, 29-43.

Cannon, J. P., Achrol, R. S., Gundlach, G. T. (2000), Contracts, Norms, and Plural Form Governance, *Journal of the Academy of Marketing Science*, 28, 2, 180-194.

Cao, L., Li, L. (2015), The Impact of Cross-Channel Integration on Retailers' Sales Growth, *Journal of Retailing*, 91, 2, 198-216.

Cao, Q., Gedajlovic, E., Zhang, H. (2009), Unpacking Organizational Ambidexterity: Dimensions, Contingencies, and Synergistic Effects, *Organization Science*, 20, 4, 781-796.

Cao, Q., Simsek, Z., Zhang, H. (2010) Modelling the Joint Impact of the CEO and the TMT on Organizational Ambidexterity, *Journal of Management Studies*, 47, 7, 1272-1296.

Cardador, M. T., Pratt, M. G. (2006), Identification Management and Its Bases: Bridging Management and Marketing Perspectives through a Focus on Affiliation Dimensions, *Journal of the Academy of Marketing Science*, 34, 2, 174-184.

Cattani, G. (2006), Technological Pre-Adaptation, Speciation, and Emergence of New Technologies: How Corning Invented and Developed Fiber Optics. *Industrial and Corporate Change*, 15, 2, 285-318.

Cattani, K., Gilland, W., Heese, H. S., Swaminathan, J. (2006), Boiling Frogs: Pricing Strategies For a Manufacturer Adding a Direct Channel That Competes With the Traditional Channel, *Production and Operations Management*, 15, 1, 40-56.

Celly, K. S., Frazier, G. L. (1996), Outcome-Based and Behavior-Based Coordination Efforts in Channel Relationships, *Journal of Marketing Research*, 33, 2, 200-210.

Celly, K. S., Spekman, R. E., Kamauff, J. W. (1999), Technological Uncertainty, Buyer Preferences and Supplier Assurances: An Examination of Pacific Rim Purchasing Arrangements, *Journal of International Business Studies*, 30, 2, 297-316.

Cespedes, F. V. (1988), Channel Management Is General Management, *California Management Review*, 31, 1, 98-120.

Challagalla, G. N., Shervani, T. A. (1996), Dimensions and Types of Supervisory Control: Effects on Salesperson Performance and Satisfaction, *Journal of Marketing*, 60, 1, 89-105.

Chan, K. W., Lam, W. (2011), The Trade-off of Servicing Empowerment on Employees' Service Performance: Examining the Underlying Motivation and Workload Mechanisms, *Journal of the Academy of Marketing Science*, 39, 4, 609-628.

Chandler, A. D. (1962), *Strategy and Structure: Chapters in the History of the Industrial Enterprise*, Boston, MA: MIT Press.

Chen, X., John, G., Narasimhan, O. (2008), Assessing the Consequences of a Channel Switch, *Marketing Science*, 27, 3, 398-416.

Cheng, J. M. S., Tsao, S. M., Tsai, W. H., Tu, H. H. J. (2007), Will eChannel Additions Increase the Financial Performance of the Firm?-The Evidence from Taiwan, *Industrial Marketing Management*, 36, 1, 50-57.

Child, J. (1972), Organization Structure and Strategies of Control: A Replication of the Aston Study, *Administrative Science Quarterly*, 17, 2, 163-177.

Cho, Y. K., Menor, L. J. (2012), A Complementary Resource Bundle as an Antecedent of e-Channel Success in Small Retail Service Providers, *Journal of Service Research*, 15, 1, 111-125.

Chrisman, J. J., Patel, P. C. (2012), Variations in R&D Investments of family and non-family Firms: Behavioral Agency and Myopic Loss Aversion Perspectives, *Academy of Management Journal*, 55, 4, 976-997.

Chu, J., Chintagunta, P. K., Vilcassim, N. J. (2007), Assessing the Economic Value of Distribution Channels: An Application to the Personal Computer Industry, *Journal of Marketing Research*, 44, 1, 29-41.

Chun, B. G., Ihm, S., Maniatis, P., Naik, M., Patti, A. (2011) Clonecloud: Elastic Execution Between Mobile Device and Cloud, *Proceedings of the sixth conference on Computer systems,* 301-314.

Chung, C., Chatterjee, S. C., Sengupta, S. (2012), Manufacturers' Reliance on Channel Intermediaries: Value Drivers in the Presence of a Direct Web Channel, *Industrial Marketing Management,* 41, 1, 40-53.

Churchill Jr., G. A.,. Ford, N. M.,. Walker Jr., O.C (1997), *Sales Force Management: Planning, Implementation, and Control,* Homewood, IL.

Christen, M., Iyer, G., Soberman, D. (2006), Job Satisfaction, Job Performance, and Effort: A Reexamination Using Agency Theory, *Journal of Marketing,* 70, 1, 137-150.

Clark, T., Key, T. M., Hodis, M., Rajaratnam, D. (2014), The Intellectual Ecology of Mainstream Marketing Research: An Inquiry into the Place of Marketing in the Family of Business Disciplines, *Journal of the Academy of Marketing Science,* 42, 3, 223-241.

Coelho, F., Easingwood, C. (2003), Multiple Channel Structures in Financial Services: A Framework, *Journal of Financial Services Marketing,* 8, 1, 22-34.

Coelho, F., Easingwood, C. (2004), Multiple Channel Systems in Services: Pros, Cons and Issues, *The Service Industries Journal,* 24, 5, 1-29.

Coelho, F., Easingwood, C. (2005), Determinants of Multiple Channel Choice in Financial Services: An Environmental Uncertainty Model, *Journal of Services Marketing,* 19, 4, 199-211.

Coelho, F., Easingwood, C. (2008), An Exploratory Study into the Drivers of Channel Change, *European Journal of Marketing,* 42, 9/10, 1005-1022.

Coelho, F., Easingwood, C., Coelho, A. (2003), Exploratory Evidence of Channel Performance in Single vs Multiple Channel Strategies, *International Journal of Retail & Distribution Management,* 31, 11, 561-573.

Corriveau, G., Tamilia, R. D. (2002), Comparing Transactional Forms in Administered, Contractual and Corporate Systems in Grocery Distribution, *Journal of Business Research,* 55, 9, 771-773.

Coughlan, A. T., Anderson, E., Stern, L. W., El-Ansary, A. (2006), Marketing Channels, 7. Aufl., Englewood Cliffs: Pearson International.

Coughlan, A. T., Lal, R. (1992), Retail Pricing: Does Channel Length Matter?, *Managerial and Decision Economics,* 13, 3, 201-214.

Crosno, J. L., Brown, J. R. (2015), A Meta-Analytic Review of the Effects of Organizational Control in Marketing Exchange Relationships, *Journal of the Academy of Marketing Science,* 43, 3, 297-314.

Crosno, J. L., Dahlstrom, R. (2011), Fairness Heuristics and the Fundamental Transformation in Interorganizational Relationships, *Journal of Business-to-Business Marketing*, 18, 4, 313-334.

Cuevas-Rodríguez, G., Gomez-Mejia, L. R., Wiseman, R. M. (2012), Has Agency Theory Run Its Course? Making the Theory More Flexible to Inform the Management of Reward Systems, *Corporate Governance: An International Review*, 20, 6, 526-546.

Cycyota, C. S., Harrison, D. A. (2006), What (Not) to Expect When Surveying Executives – A Meta-Analysis of Top Manager Response Rates and Techniques Over Time, *Organizational Research Methods*, 9, 2, 133-160.

Dahlstrom, R., Nygaard, A. (1999), An Empirical Investigation of Ex Post Transaction Costs in Franchised Distribution Channels, *Journal of Marketing Research*, 36, 2, 160-170.

David, R. J., Han, S. K. (2004), A Systematic Assessment of the Empirical Support for Transaction Cost Economics, *Strategic Management Journal*, 25, 1, 39-58.

Davis, J. H., Schoorman, F. D., Donaldson, L. (1997), Toward a Stewardship Theory of Management, *Academy of Management Review*, 22, 1, 20-47.

Dawar, N., Stornelli, J. (2013), Rebuilding the Relationship Between Manufacturers and Retailers, *MIT Sloan Management Review*, 54, 2, 83-90.

Day, G. (1999), Aligning Organizational Structure to the Market, *Business Strategy Review*, 10, 3, 33-46.

Deleersnyder, B., Geyskens, I., Gielens, K., Dekimpe, M. G. (2002), How Cannibalistic is the Internet Channel? A Study of the Newspaper Industry in the United Kingdom and the Netherlands, *International Journal of Research in Marketing*, 19, 4, 337-348.

Devers, C. E., McNamara, G., Wiseman, R. M., Arrfelt, M. (2008), Moving Closer to the Action: Examining Compensation Design Effects on Firm Risk, *Organization Science*, 19, 4, 548-566.

Dewar, R. D., Whetten, D. A., Boje, D. (1980), An Examination of the Reliability and Validity of the Aiken and Hage Scales of Centralization, Formalization, and Rask Routineness, *Administrative Science Quarterly*, 25, 1, 120-128.

Doherty, N., Ellis-Chadwick, F., Hart, C. (2003), An Analysis of the Factors Affecting the Adoption of the Internet in the UK Retail Sector, *Journal of Business Research*, 56, 11, 887-897.

Doney, P. M., Cannon, J. P. (1997), An Examination of the Nature of Trust in Buyer-Seller Relationships, *Journal of Marketing*, 61, 2, 35-51.

Drazin, R., van de Ven, A. H. (1985), Alternative Forms of Fit in Contingency Theory, *Administrative Science Quarterly*, 30, 4, 514-539.

Dreesmann, A. C. (1968), Patterns of Evolution in Retailing, *Journal of Retailing*, 44, 1, 64-81.

Dreyer, B., Grønhaug, K. (2004), Uncertainty, Flexibility, and Sustained Competitive Advantage, *Journal of Business Research*, 57, 5, 484-494.

Duarte, M., Davies, G. (2003), Testing the Conflict-Performance Assumption in Business-to-Business Relationships, *Industrial Marketing Management*, 32, 2, 91-99.

Dutta, S., Bergen, M., Heide, J. B., John, G. (1995), Understanding Dual Distribution: The Case of Reps and House Accounts, *Journal of Law, Economics, & Organization*, 11, 1, 189-204.

Dutta, S., Heide, J. B., Bergen, M. (1999), Vertical Territorial Restrictions and Public Policy: Theories and Industry Evidence, *Journal of Marketing*, 63, 4, 121-134.

Dwyer, F. R., Oh, S. (1987), Output Sector Munificence Effects on the Internal Political Economy of Marketing Channels, *Journal of Marketing Research*, 24, 4, 347-358.

Dwyer, F. R., Oh, S. (1988), A Transaction Cost Perspective on Vertical Contractual Structure and Interchannel Competitive Strategies, *Journal of Marketing*, 52, 2, 21-34.

Dwyer, F. R., Welsh, M. A. (1985), Environmental Relationships of the Internal Political Economy of Marketing Channels, *Journal of Marketing Research*, 22, 4, 397-414.

Dyer, J. H. (1997), Effective Interfirm Collaboration: How Firms Minimize Transaction Costs and Maximize Transaction Value, *Strategic Management Journal*, 18, 7, 535-556.

Dyer, J. H., Chu, W. (2003), The Role of Trustworthiness in Reducing Transaction Costs and Improving Performance: Empirical Evidence from the United States, Japan, and Korea, *Organization Science*, 14, 1, 57-68.

Easingwood, C., Coelho, F. (2003), Single Versus Multiple Channel Strategies: Typologies and Drivers, *The Service Industries Journal*, 23, 2, 31-46.

Easingwood, C., Storey, C. (1996), The Value of Multi-Channel Distribution Systems in the Financial Services Sector, *The Service Industries Journal*, 16, 2, 223-241.

Eisenhardt, K. M. (1988), Agency-and Institutional-Theory Explanations: The Case of Retail Sales Compensation, *Academy of Management Journal*, 31, 3, 488-511.

Eisenhardt, K. M. (1989), Agency Theory: An Assessment and Review, *Academy of Management Review*, 14, 1, 57-74.

Fama, E. F., Jensen, M. C. (1983), Separation of Ownership and Control, *Journal of Law and Economics*, 26, 2, 301-325.

Fang, E., Palmatier, R. W., Grewal, R. (2011), Effects of Customer and Innovation Asset Configuration Strategies on Firm Performance, *Journal of Marketing Research*, 48, 3, 587-602.

Farjoun, M. (2010), Beyond Dualism: Stability and Change as a Duality, *Academy of Management Review*, 35, 2, 202–225.

Fehr, E., Falk, A. (2002), Psychological Foundations of Incentives, *European Economic Review* 46, 4, 687-724.

Fein, A. J., Anderson, E. (1997), Patterns of Credible Commitments: Territory and Brand Selectivity in Industrial Distribution Channels, *Journal of Marketing*, 61, 2, 19-34.

Feldman, M. S., Pentland, B. T. (2003), Reconceptualizing Organizational Routines as a Source of Flexibility and Change, *Administrative Science Quarterly*, 48, 1, 94-118.

Ferguson, R. J., Paulin, M., Bergeron, J. (2005), Contractual Governance, Relational Governance, and the Performance of Interfirm Service Exchanges: The Influence of Boundary-Spanner Closeness, *Journal of the Academy of Marketing Science*, 33, 2, 217-234.

Fiksel, J., Polyviou, M., Croxton, K. L., Pettit, T. J. (2015), From Risk to Resilience: Learning to Deal with Disruption, *MIT Sloan Management Review*, 56, 2, 79-86.

Ford, I. D. (1978), Stability Factors in Industrial Marketing Channels, *Industrial Marketing Management*, 7, 6, 410-422.

Fornell, C., Larcker, D. F. (1981), Evaluating Structural Equation Models With Unobservable Variables and Measurement Error, *Journal of Marketing Research*, 18, 1, 39-50.

Frazier, G. L. (1999), Organizing and Managing Channels of Distribution, *Journal of the Academy of Marketing Science*, 27, 2, 226-240.

Frazier, G. L., Lassar, W. M. (1996), Determinants of Distribution Intensity, *Journal of Marketing*, 60, 4, 39-51.

Frazier, G. L., Maltz, E., Antia, K. D., Rindfleisch, A. (2009), Distributor Sharing of Strategic Information with Suppliers, *Journal of Marketing*, 73, 4, 31-43.

Frenzen, H., Hansen, A.-K., Krafft, M., Mantrala, M. K., Schmidt, S. (2010), Delegation of Pricing Authority to the Sales Force: An Agency-Theoretic Perspective of its Determinants and Impact on Performance, *International Journal of Research in Marketing*, 27, 1, 58-68.

Friedman, L. G., Furey, T. R. (1999), *The Channel Advantage: Going to Market with Multiple Sales Channels to Reach More Customers, Sell More Products, Make More Profit*, London: Routledge.

Gabrielsson, M., Gabrielsson, P. (2011), Internet-based Sales Channel Strategies of Born Global Firms, *International Business Review*, 20, 1, 88-99.

Gabrielsson, M., Kirpalani, V. M., Luostarinen, R. (2002), Multiple Channel Strategies in the European Personal Computer Industry, *Journal of International Marketing*, 10, 3, 73-95.

Gallo, C. (2014), BMW Radically Rethinks the Car Buying Experience, *forbes online*, http://www.forbes.com/sites/carminegallo/2014/04/18/bmw-radically-rethinks-the-car-buying-experience/, [23.10.2014].

Ganesan, S. (1994), Determinants of Long-Term Orientation in Buyer-Seller Relationships, *Journal of Marketing*, 58, 2, 1-19.

Ganesan, S., George, M., Jap, S., Palmatier, R. W., Weitz, B. (2009), Supply Chain Management and Retailer Performance: Emerging Trends, Issues, and Implications For Research and Practice, *Journal of Retailing*, 85, 1, 84-94.

Gatignon, H., Anderson, E. (1988), The Multinational Corporation's Degree of Control Over Foreign Subsidiaries: An Empirical Test of a Transaction Cost Explanation, *Journal of Law, Economics, & Organization*, 4, 2, 305–336.

Gaski, J. F. (1984), The Theory of Power and Conflict in Channels of Distribution, *Journal of Marketing*, 48, 9–29.

Geiger, S., Guenzi, P. (2009), The Sales Function in the Twenty-First Century: Where Are We and Where Do We Go From Here?, *European Journal of Marketing*, 43, 7/8, 873-889.

Geylani, T., Dukes, A. J., Srinivasan, K. (2007), Strategic Manufacturer Response to a Dominant Retailer, *Marketing Science*, 26, 2, 164-178.

Gençtürk, E. F., Aulakh, P. S. (2007), Norms- and Control-Based Governance of International Manufacturer-Distributor Relational Exchanges, *Journal of International Marketing*, 15, 1, 92-126.

Geoffrion, A. M., Graves, G. W. (1974), Multicommodity Distribution System Design by Benders Decomposition, *Management Science*, 20, 5, 822-844.

Geyskens, I., Gielens, K., Dekimpe, M. G. (2002), The Market Valuation of Internet Channel Additions, *Journal of Marketing*, 66, 2, 102-119.

Geyskens, I., Steenkamp, J.-B., Kumar, N. (1998), Generalizations About Trust in Marketing Channel Relationships Using Meta-Analysis, *International Journal of Research in Marketing*, 15, 3, 223-248.

Geyskens, I., Steenkamp, J.-B., Kumar, N. (1999), A Meta-Analysis of Satisfaction in Marketing Channel Relationships, *Journal of Marketing Research*, 36, 2, 223-238.

Giamanco, B., Gregoire, K. (2012), Tweet Me, Friend Me, Make Me Buy, *Harvard Business Review*, 90, 7, 89-93.

Gibson, C. B., Birkinshaw, J. (2004), The Antecedents, Consequences, and Mediating Role of Organizational Ambidexterity, *Academy of Management Journal*, 47, 2, 209-226.

Gilbert, C. G. (2005), Unbundling the Structure of Inertia: Resource versus Routine Rigidity, *Academy of Management Journal*, 48, 5, 741-763.

Gilliland, D. I. (2004), Designing Channel Incentives to Overcome Reseller Rejection, *Industrial Marketing Management*, 33, 2, 87-95.

Gilliland, D. I., Kim, S. K. (2014), When Do Incentives Work in Channels of Distribution?, *Journal of the Academy of Marketing Science*, 42, 4, 361-379.

Greve, H. R. (1999), The Effect of Core Change on Performance: Inertia and Regression toward the Mean, *Administrative Science Quarterly*, 44, 3, 590-614.

Grewal, R., Dharwadkar, R. (2002), The Role of the Institutional Environment in Marketing Channels, *Journal of Marketing*, 66, 3, 82-97.

Grewal, R., Kumar, A. Mallapragada, G., Saini, A. (2013), Marketing Channels in Foreign Markets: Control Mechanisms and the Moderating Role of Multinational Corporation Headquarters–Subsidiary Relationship, *Journal of Marketing Research*, 50, 3, 378-398.

Grewal, R., Tansuhaj, P. (2001), Building Organizational Capabilities for Managing Economic Crisis: The Role of Market Orientation and Strategic Flexibility, *Journal of Marketing*, 65, 2, 67-80.

Gu, F. F., Kim, N., Tse, D. K., Wang, D. T. (2010), Managing Distributors' Changing Motivations over the Course of a Joint Sales Program, *Journal of Marketing*, 74, 5, 32-47.

Guiltinan, J. P. (1974), Planned and Evolutionary Changes in Distribution Channels, *Journal of Retailing*, 50, 2, 79-91.

Gundlach, G. T., Achrol, R. S., Mentzer, J. T. (1995), The Structure of Commitment in Exchange, *Journal of Marketing*, 59, 1, 78-92.

Gupta, A. K., Smith, K. G., Shalley, C. E. (2006), The Interplay Between Exploration and Exploitation, *Academy of Management Journal*, 49, 4, 693-706.

Hambrick, D. C., Mason, P. A. (1984), Upper Echelons: The Organization as a Reflection of its Top Managers, *Academy of Management Review*, 9, 2, 193-206.

Hannan, M. T., Freeman, J. (1984), Structural Inertia and Organizational Change, *American Sociological Review*, 49, 2, 149-164.

He, X., Brouthers, K. D., Filatotchev, I. (2013), Resource-Based and Institutional Perspectives on Export Channel Selection and Export Performance, *Journal of Management*, 39, 1, 27-47.

He, Z.-L., Wong, P.-K. (2004), Exploration vs. Exploitation: An Empirical Test of the Ambidexterity Hypothesis, *Organization Science*, 15, 4, 481-494.

Heckman, J. J. (1979), Sample Selection Bias as a Specification Error, *Econometrica: Journal of the Econometric Society*, 47, 1, 153-161.

Heide, J. B. (1994), Interorganizational Governance in Marketing Channels, *Journal of Marketing*, 58, 1, 71-85.

Heide, J. B. (2003), Plural Governance in Industrial Purchasing, *Journal of Marketing*, 67, 4, 18-29.

Heide, J. B., John, G. (1988), The Role of Dependence Balancing in Safeguarding Transaction-Specific Assets in Conventional Channels, *Journal of Marketing*, 52, 1, 20-35.

Heide, J. B., John, G. (1992), Do Norms Matter in Marketing Relationships?, *Journal of Marketing*, 56, 2, 32-44.

Heide, J. B., Wathne, K. H., Rokkan, A. I. (2007), Interfirm Monitoring, Social Contracts, and Relationship Outcomes, *Journal of Marketing Research*, 44, 3, 425-433.

Hendrikse, G. (2011), Pooling, Access, and Countervailing Power in Channel Governance, *Management Science*, 57, 9, 1692-1702.

Hernández-Espallardo, M., Arcas-Lario, N. (2003), The Effects of Authoritative Mechanisms of Coordination on Market Orientation in Asymmetrical Channel Partnerships, *International Journal of Research in Marketing*, 20, 2, 133-152.

Hernando, I., Nieto, M. J. (2007), Is the Internet Delivery Channel Changing Banks' Performance? The Case of Spanish Banks, *Journal of Banking & Finance*, 31, 4, 1083-1099.

Hill, S. A., Birkinshaw, J. (2012), Ambidexterity and Survival in Corporate Venture Units, *Journal of Management*, 27, 4, 287-298.

Ho, H. D., Lu, R. (2015), Performance Implications of Marketing Exploitation and Exploration: Moderating Role of Supplier Collaboration, *Journal of Business Research*, 68, 5, 1026-1034.

Hollander, S. C. (1960), The Wheel of Retailing, *Journal of Marketing*, 25, 1, 37-42.

Hollander, S. C. (1966), Notes on the Retail Accordion, *Journal of Retailing*, 42, 29-40.

Homburg, Ch., Giering, A. (1996), Konzeptualisierung und Operationalisierung komplexer Konstrukte: ein Leitfaden für die Marketingforschung, *Marketing: Zeitschrift für Forschung und Praxis*, 5-24.

Homburg, Ch., Schäfer, H., Schneider, J. (2012), Sales Excellence. Vertriebsmanagement mit System, Wiesbaden: Springer.

Homburg, Ch., Schneider, J., Fassnacht, M. (2002), Opposites Attract, but Similarity Works: A Study of Interorganizational Similarity in Marketing Channels, *Journal of Business-to-Business Marketing*, 10, 1, 31-54.

Homburg, Ch., Vollmayr, J., Hahn, A. (2014), Firm Value Creation through Major Channel Expansions: Evidence from an Event Study in the United States, Germany, and China, *Journal of Marketing*, 78 (Mai), 38-61.

Homburg, Ch., Vomberg, A., Enke, M., Grimm, P. H. (2015), The Loss of the Marketing Department's Influence: Is It Really Happening? And Why Worry?, *Journal of the Academy of Marketing Science*, 43, 1, 1-13.

Huckemann, M., Schmitz, C. (2015), Leistungsreserven identifizieren und ausschöpfen, *Steuern + Entscheiden*, 1, 76-80.

Hulland, J., Wade, M. R., Antia, K. D. (2007), The Impact of Capabilities and Prior Investments on Online Channel Commitment and Performance, *Journal of Management Information Systems*, 23, 4, 109-142.

Iglesias, V., Trespalacios, J. A., Vazquez, R. (2000), Effects of Exclusivity Agreements on Supplier's Control Over Marketing Channels, *Journal of Marketing Channels*, 7, 4, 61-81.

Inkpen, A. C., Beamish, P. W. (1997), Knowledge, Bargaining Power, and the Instability of International Joint Ventures, *Academy of Management Review*, 22, 1, 177-202.

Ivens, B. S. (2005), Flexibility in Industrial Service Relationships: The Construct, Antecedents, and Performance Outcomes, *Industrial Marketing Management*, 34, 6, 566-576.

Jackson, D. M., d'Amico, M. F. (1989), Products and Markets Served by Distributors and Agents, *Industrial Marketing Management*, 18, 1, 27-33.

Jansen, J. J., George, G., Van den Bosch, F. A., Volberda, H. W. (2008), Senior Team Attributes and Organizational Ambidexterity: The Moderating Role of Transformational Leadership, *Journal of Management Studies*, 45, 5, 982-1007.

Jansen, J. J., Simsek, Z., Cao, Q. (2012), Ambidexterity and Performance in Multiunit Contexts: Cross-Level Moderating Effects of Structural and Resource Attributes, *Strategic Management Journal*, 33, 11, 1286-1303.

Jansen, J. J., Tempelaar, M. P., van den Bosch, F. A., Volberda, H. W. (2009), Structural Differentiation and Ambidexterity: The Mediating Role of Integration Mechanisms, *Organization Science*, 20, 4, 797-811.

Jansen, J. J., van den Bosch, F. A., Volberda, H. W. (2006), Exploratory Innovation, Exploitative Innovation, and Performance: Effects of Organizational Antecedents and Environmental Moderators, *Management Science*, 52, 11, 1661-1674.

Jap, S. D., Anderson, E. (2003), Safeguarding Interorganizational Performance and Continuity under Ex Post Opportunism, *Management Science*, 49, 12, 1684-1701.

Jap, S. D., Anderson, E. (2007), Testing a Life-Cycle Theory of Cooperative Interorganizational Relationships: Movement Across Stages and Performance, *Management Science*, 53, 2, 260-275.

Jap, S. D., Ganesan, S. (2000), Control Mechanisms and the Relationship Life Cycle: Implications for Safeguarding Specific Investments and Developing Commitment, *Journal of Marketing Research*, 37, 2, 227-245.

Jasmand, C., Blazevic, V., de Ruyter, K. (2012), Generating Sales While Providing Service: A Study of Customer Service Representatives' Ambidextrous Behavior, *Journal of Marketing*, 76, 1, 20-37.

Jaworski, B. J., Kohli, A. K. (1993), Market Orientation: Antecedents and Consequences, *Journal of Marketing*, 57, 3, 53-70.

Jensen, M. C., Meckling, W. H. (1976), Theory of the Firm: Managerial Behavior, Agency Costs and Ownership Structure, *Journal of Financial Economics*, 3, 4, 305-360.

Jiang, L. A., Yang, Z., Jun, M. (2013), Measuring Consumer Perceptions of Online Shopping Convenience, *Journal of Service Management*, 24, 2, 191-214.

Jindal, R. P., Reinartz, W., Krafft, M., Hoyer, W. D. (2007), Determinants of the Variety of Routes to Market, *International Journal of Research in Marketing*, 24, 1, 17-29.

John, G. (1984), An Empirical Investigation of Some Antecedents of Opportunism in a Marketing Channel, *Journal of Marketing Research*, 21, 3, 278-289.

John, G., Martin, J. (1984), Effects of Organizational Structure of Marketing Planning on Credibility and Utilization of Plan Output, *Journal of Marketing Research*, 21, 2, 170-183.

John, G., Reve, T. (1982), The Reliability and Validity of Key Informant Data from Dyadic Relationships in Marketing Channels, *Journal of Marketing Research*, 19, 4, 517-524.

John, G., Weitz, B. A. (1988), Forward Integration Into Distribution: An Empirical Test of Transaction Cost Analysis, *Journal of Law, Economics, & Organization*, 4, 2, 337-355.

Johnson, J. L., Lee, R. P.-W., Saini, A., Grohmann, B. (2003), Market-Focused Strategic Flexibility: Conceptual Advances and an Integrative Model, *Journal of the Academy of Marketing Science*, 31, 1, 74-89.

Josephson, B. W., Johnson, J. L., Mariadoss, B. J. (2015), Strategic Marketing Ambidexterity: Antecedents and Financial Consequences, *Journal of the Academy of Marketing Science*, 1-16.

Joshi, A. W., Campbell, A. J. (2003), Effect of Environmental Dynamism on Relational Governance in Manufacturer-Supplier Relationships: A Contingency Framework and an Empirical Test, *Journal of the Academy of Marketing Science*, 31, 2, 176-188.

Junni, P., Sarala, R. M., Taras, V., Tarba, S. Y. (2013), Organizational Ambidexterity and Performance: A Meta-Analysis, *The Academy of Management Perspectives*, 27, 4, 299-312.

Kabadayi, S. (2011), Choosing the Right Multiple Channel System to Minimize Transaction Costs, *Industrial Marketing Management*, 40, 5, 763-773.

Kabadayi, S., Eyuboglu, N., Thomas, G. P. (2007), The Performance Implications of Designing Multiple Channels to Fit with Strategy and Environment, *Journal of Marketing*, 71, 4, 195-211.

Kaplan, A. M. (2012), If You Love Something, Let It Go Mobile: Mobile Marketing and Mobile Social Media 4x4, *Business Horizons*, 55, 2, 129-139.

Kashyap, V., Antia, K. D., Frazier, G. L. (2012), Contracts, Extracontractual Incentives, and Ex Post Behavior in Franchise Channel Relationships, *Journal of Marketing Research*, 49, 2, 260-276.

Kast, F. E., Rosenzweig, J. E. (1985), *Organization and Management: A Systems and Contigency Approach*, New York, NY: McGraw-Hill.

Käuferle, M., Reinartz, W. (2015), Distributing through Multiple Channels in Industrial Wholesaling: How Many and How Much?, *Journal of the Academy of Marketing Science*, 43, 6, 746-767.

Kay, R. L. (2007), What's Dell Doing at Wal-Mart?, *Businessweek online*, http://www.businessweek.com/stories/2007-06-01/whats-dell-doing-at-walmart-businessweek-business-news-stock-market-and-financial-advice, [23.10.2014].

Kelly, D., Amburgey, T. L. (1991), Organizational Inertia and Momentum: A Dynamic Model of Strategic Change, *Academy of Management Journal*, 34, 3, 591-612.

Ketchen Jr., D. J., Hult, G. T. M. (2011), Marketing and Organization Theory: Opportunities for Synergy, *Journal of the Academy of Marketing Science*, 39, 4, 481-483.

Kim, B., Prescott, J. E., Kim, S. M. (2005), Differentiated Governance of Foreign Subsidiaries in Transnational Corporations: An Agency Theory Perspective, *Journal of International Management*, 11, 1, 43-66.

Kim, D., Jung, G. O., Park, H. H. (2015), Manufacturer's Retailer Dependence: A Private Branding Perspective, *Industrial Marketing Management*, 49 (August), 95-104.

Kim, J., Daniels, J. D. (1991), Marketing Channel Decisions of Foreign Manufacturing Subsidiaries in the US: The Case of the Metal and Machinery Industries, *MIR: Management International Review*, 31, 2, 123-138.

Kim, K., Frazier, G. L. (1997), Measurement of Distributor Commitment in Industrial Channels of Distribution, *Journal of Business Research*, 40, 2, 139-154.

Kim, S. K., McFarland, R. G., Kwon, S., Son, S., Griffith, D. A. (2011), Understanding Governance Decisions in a Partially Integrated Channel: A Contingent Alignment Framework, *Journal of Marketing Research*, 48, 3, 603-616.

Kirca, A. H., Jayachandran, S., Bearden, W. O. (2005), Market Orientation: A Meta-Analytic Review and Assessment of Its Antecedents and Impact on Performance, *Journal of Marketing*, 69, 2, 24-41.

Klarmann, M. (2008), *Methodische Problemfelder der Erfolgsfaktorenforschung: Bestandsaufnahme und empirische Analysen*, Wiesbaden: Springer.

Klarner, P., Raisch, S. (2013), Move to the Beat – Rhythms of Change and Firm Performance, *Academy of Management Journal*, 56, 1, 160-184.

Klein, S. (1989), A Transaction Cost Explanation of Vertical Control in International Markets, *Journal of the Academy of Marketing Science*, 17, 3, 253-260.

Klein, S., Frazier, G. L., Roth, V. J. (1990), A Transaction Cost Analysis Model of Channel Integration in International Markets, *Journal of Marketing Research*, 27, 2, 196-208.

Koza, K. L., Dant, R. P. (2007), Effects of Relationship Climate, Control Mechanism, and Communications on Conflict Resolution Behavior and Performance Outcomes, *Journal of Retailing*, 8, 3, 279-296.

Kozlenkova, I. V., Hult, G. T. M., Lund, D. J., Mena, J. A., Kekec, P. (2015), The Role of Marketing Channels in Supply Chain Management, *Journal of Retailing*, 91, 4, 586-609.

Krafft, M. (1999), An Empirical Investigation of the Antecedents of Sales Force Control Systems, *Journal of Marketing*, 63, 3, 120-134.

Krafft, M., Albers, S., Lal, R. (2004), Relative Explanatory Power of Agency Theory and Transaction Cost Analysis in German Salesforces, *International Journal of Research in Marketing*, 21, 3, 265-283.

Kumar, N., Stern, L. W., Anderson, J. C. (1993), Conducting Interorganizational Research Using Key Informants, *Academy of Management Journal*, 36, 6, 1633-1651.

Kumar, N., Stern, L. W., Achrol, R. S. (1992), Assessing Reseller Performance from the Perspective of the Supplier, *Journal of Marketing Research*, 29, 2, 238–253.

Kumar, V., Karande, K. (2000), The Effect of Retail Store Environment on Retailer Performance, *Journal of Business Research*, 49, 2, 167-181.

Kumar, V., Sunder, S., Sharma, A. (2015), Leveraging Distribution to Maximize Firm Performance in Emerging Markets, *Journal of Retailing*, 91, 4, 627-643.

Kurt, D., Hulland, J. (2013), Aggressive Marketing Strategy Following Equity Offerings and Value: The Role of Relative Strategic Flexibility, *Journal of Marketing*, 77, 5, 57-74.

Kyriakopoulos, K., Moorman, C. (2004), Tradeoffs in Marketing Exploitation and Exploration Strategies: The Overlooked Role of Market Orientation, *International Journal of Research in Marketing*, 21, 3, 219-240.

Lafontaine, F. (1992), Agency Theory and Franchising: Some Empirical Results, *The Rand Journal of Economics*, 23, 2, 263-283.

Lai, K.-H., Cheng, T. C. E., Yeung, A. C. L. (2005), Relationship Stability and Supplier Commitment to Quality, *International Journal of Production Economics*, 96, 3, 397-410.

Lankton, S., Stafford, B. (2013), B2B Sales Is Being Massively Disrupted, *Forbes online*, http://www.forbes.com/sites/ mckinsey /2013/10 /15/sales-disruption-eruption-b2b-sales-go-consumer/, [20.10.2014].

Lassar, W. M., Kerr, J. L. (1996), Strategy and Control in Supplier-Distributor Relationships: An Agency Perspective, *Strategic Management Journal*, 17, 8, 613-632.

Lavie, D., Stettner, U., Tushman, M. L. (2010), Exploration and Exploitation Within and Across Organizations, *The Academy of Management Annals*, 4, 1, 109-155.

Leana, C. R., Barry, B. (2000), Stability and Change as Simultaneous Experiences in Organizational Life, *Academy of Management Review*, 25, 4, 753-759.

Ledingham, D., Kovac, M., Beaudin, L., Burton, S. D. (2014), Mastering the new reality of sales, http://www.bain.com/publications/articles/mastering-the-new-reality-of-sales.aspx, [07.04.2016].

Lee, D. Y. (2001), Power, Conflict and Satisfaction in IJV Supplier-Chinese Distributor Channels, *Journal of Business Research*, 52, 2, 149-160.

Lee, J.-Y., Kozlenkova, I. V., Palmatier, R. W. (2015), Structural Marketing: Using Organizational Structure to Achieve Marketing Objectives, *Journal of the Academy of Marketing Science*, 43, 1, 73-99.

Lee, R. P., Grewal R. (2004), Strategic Responses to New Technologies and Their Impact on Firm Performance, *Journal of Marketing*, 68, 4, 157-171.

Leeflang, P. S., Verhoef, P. C., Dahlström, P., Freundt, T. (2014), Challenges and Solutions for Marketing in a Digital Era, *European Management Journal*, 32, 1, 1-12.

Levinthal, D. A., March, J. G. (1993), The Myopia of Learning, *Strategic Management Journal*, 14, S2, 95-112.

Levy, D. T. (1985), The Transactions Cost Approach to Vertical Integration: An Empirical Examination, *The Review of Economics and Statistics*, 67, 3, 438-445.

Levy, M., Grewal, D., Peterson, R. A., Connolly, B. (2005), The Concept of the "Big Middle", *Journal of Retailing*, 81, 2, 83-88.

Li, C.-R., Chu, C.-P., Lin, C.-J. (2010), The Contingent Value of Exploratory and Exploitative Learning for New Product Development Performance, *Industrial Marketing Management*, 39, 7, 1186-1197.

Lilien, G. L. (1979), Exceptional Paper-ADVISOR 2: Modeling the Marketing Mix Decision for Industrial Products, *Management Science*, 25, 2, 191-204.

Lim, E. N., Lubatkin, M. H., Wiseman, R. M. (2010), A Family Firm Variant of the Behavioral Agency Theory, *Strategic Entrepreneurship Journal*, 4, 3, 197-211.

Lin, X., Germain, R. (2003), Organizational Structure, Context, Customer Orientation and Performance: Lessons from Chinese State-Owned Enterprises, *Strategic Management Journal*, 24, 11, 1131-1151.

Lin, Z., Yang, H., Demirkan, I. (2007), The Performance Consequences of Ambidexterity in Strategic Alliance Formations: Empirical Investigation and Computational Theorizing, *Management Science*, 53, 10, 1645-1658.

Lindell, M. K., Whitney, D. J. (2001), Accounting for Common Method Variance in Cross-Sectional Research Designs, *Journal of Applied Psychology*, 86, 1, 114-121.

Liu, K., Zhao, Q., Krishnamachari, B. (2010), Dynamic Multichannel Access with Imperfect Channel State Detection, *IEEE Transactions on Signal Processing*, 58, 5, 2795-2808.

Liu, Y., Li, Y., Tao, L., Wang, Y. (2008), Relationship Stability, Trust and Relational Risk in Marketing Channels: Evidence from China, *Industrial Marketing Management*, 37, 4, 432-446.

Luo, X., Donthu, N. (2006), Marketing's Credibility: A Longitudinal Investigation of Marketing Communication Productivity and Shareholder Value, *Journal of Marketing*, 70, 4, 70-91.

Lüscher, L. S., Lewis, M. W. (2008), Organizational Change and Managerial Sensemaking: Working through Paradox, *Academy of Management Journal*, 51, 2, 221-240.

Maas, C. J. M., Hox, J. J. (2005), Sufficient Sample Sizes for Multilevel Modeling, *Methodology*, 1, 3, 86-92.

Maitlis, S., Sonenshein, S. (2010), Sensemaking in Crisis and Change: Inspiration and Insights from Weick (1988), *Journal of Management Studies*, 47, 3, 551-580.

Majumdar, S. K., Ramaswamy, V. (1995), Going Direct to Market: The Influence of Exchange Conditions, *Strategic Management Journal*, 16, 5, 353-372.

Mallen, B. (1973), Functional Spin-off: A Key to Anticipating Change in Distribution Structure, *Journal of Marketing*, 37, 3, 18-25.

March, J. G. (1991), Exploration and Exploitation in Organizational Learning, *Organization Science*, 2, 1, 71–87.

March, J. G. (1996), Continuity and Change in Theories of Organizational Action, *Administrative Science Quarterly*, 41, 2, 278-287.

Martin, S. W. (2013), The Trend that is Changing Sales, *Harvard Business Review Blog*, http://blogs.hbr.org/2013/11/the-trend-that-is-changing-sales/, [20.10.2014].

Martin, G. P., Gomez-Mejia, L. R., Wiseman, R. M. (2013), Executive Stock Options as Mixed Gambles: Revisiting the Behavioral Agency Model, *Academy of Management Journal*, 56, 2, 451-472.

McCammon, B. (1967), Alternative Explanations of Institutional Change and Channel Evolution, in: Mallen, B. (Hrsg.), *The Marketing Channel: A Conceptual Viewpoint*, New York: Wiley, 75-?.

McGuire, T. W., Staelin, R. (1983), An Industry Equilibrium Analysis of Downstream Vertical Integration, *Marketing Science*, 2, 2, 161-191.

McKee, D. O., Varadarajan, P. R., Pride, W. M. (1989), Strategic Adaptability and Firm Performance: A Market-Contingent Perspective, *Journal of Marketing*, 53, 3, 21-35.

McNair, M. P. (1958), Significant Trends and Developments in the Postwar Period, in: Smith, A. B. (Hrsg.), *Competitive Distribution in a Free, High-level Economy and its Implications for the University*, Pittsburgh: University of Pittsburgh Press, 1-25.

McNeilly, K. M., Russ, F. A. (1992), The Moderating Effect of Sales Force Performance on Relationships Involving Antecedents of Turnover, *Journal of Personal Selling & Sales Management*, 12, 1, 9-20.

Menguc, B., Boichuk, J. P. (2012), Customer Orientation Dissimilarity, Sales Unit Identification, and Customer-directed Extra-role Behaviors: Understanding the Contingency Role of Coworker Support, *Journal of Business Research*, 65, 9, 1357-1363.

Menon, A., Bharadwaj, S. G., Howell, R. (1996), The Quality and Effectiveness of Marketing Strategy: Effects of Functional and Dysfunctional Conflict in Intraorganizational Relationships, *Journal of the Academy of Marketing Science*, 24, 4, 299-313.

Miller, D., Breton-Miller, L., Minichilli, A., Corbetta, G., Pittino, D. (2014), When do Non-family CEOs Outperform in Family Firms? Agency and Behavioural Agency Perspectives, *Journal of Management Studies*, 51, 4, 547-572.

Miracle, G. E. (1965), Product Characteristics and Marketing Strategy, *Journal of Marketing*, 29, 1, 18-24.

Mohr, J. J., Fisher, R. J., Nevin, J. R. (1996), Collaborative Communication in Interfirm Relationships: Moderating Effects of Integration and Control, *Journal of Marketing*, 60, 3, 103-115.

Mols, N. P. (2001), Organizing for the Effective Introduction of New Distribution Channels in Retail Banking, *European Journal of Marketing*, 35, 5/6, 661-686.

Mom, T. J. M., van den Bosch, F. A., Volberda, H. W. (2009), Understanding Variation in Managers' Ambidexterity: Investigating Direct and Interaction Effects of Formal Structural and Personal Coordination Mechanisms, *Organization Science*, 20, 4, 812-828.

Morgan, R. M., Hunt, S. D. (1994), The Commitment-Trust Theory of Relationship Marketing, *Journal of Marketing*, 58, 3, 20-38.

Murry Jr., J. P., Heide, J. B. (1998), Managing Promotion Program Participation within Manufacturer-Retailer Relationships, *Journal of Marketing*, 62, 1, 58-68.

Nadkarni, S., Herrmann, P. O. L. (2010), CEO Personality, Strategic Flexibility, and Firm Performance: The Case of the Indian Business Process Outsourcing Industry, *Academy of Management Journal*, 53, 5, 1050-1073.

Narasimhan, O., Rajiv, S., Dutta, S. (2006), Absorptive Capacity in High-Technology Markets: The Competitive Advantage of the Haves, *Marketing Science*, 25, 5, 510-524.

Nasim, S., Sushil (2011), Revisiting Organizational Change: Exploring the Paradox of Managing Continuity and Change, *Journal of Change Management*, 11, 2, 185-206.

Neslin, S. A., Grewal, D., Leghorn, R., Shankar, V., Teerling, M. L., Thomas, J. S., Verhoef, P. C. (2006), Challenges and Opportunities in Multichannel Customer Management, *Journal of Service Research*, 9, 2, 95-112.

Neslin, S. A., Shankar, V. (2009), Key Issues in Multichannel Customer Management: Current Knowledge and Future Directions, *Journal of Interactive Marketing*, 23, 1, 70-81.

Nevin, J. R. (1995), Relationship Marketing and Distribution Channels: Exploring Fundamental Issues, *Journal of the Academy of Marketing Science*, 23, 4, 327-334.

Noordewier, T. G., John, G., Nevin, J. R. (1990), Performance Outcomes of Purchasing Arrangements in Industrial Buyer-Vendor Relationships, *Journal of Marketing*, 54, 4, 80-93.

O'Reilly III, C. A., Tushman, M. L. (2008), Ambidexterity as a Dynamic Capability: Resolving the Innovator's Dilemma, *Research in Organizational Behavior*, 28, 185-206.

O'Reilly III, C. A., Tushman, M. L. (2013), Organizational Ambidexterity: Past, Present and Future, *The Academy of Management Perspectives,* 27, 4, 324-338.

O'Brien, R. M. (2007), A Caution Regarding Rules of Thumb for Variance Inflation Factors, *Quality & Quantity*, 4, 5, 673-690.

Oliver, R. L., Anderson, E. (1994), An Empirical Test of the Consequences of Behavior- and Outcome-Based Sales Control Systems, *Journal of Marketing*, 58, 4, 53-67.

Olson, E. M., Slater, S. F., Hult, G. T. M. (2005), The Performance Implications of Fit Among Business Strategy, Marketing Organization Structure, and Strategic Behavior, *Journal of Marketing*, 69, 3, 49-65.

Ordanini, A. (2011), The Ties that Bind: How Cooperative Norms and Readiness to Change Shape the Role of Established Relationships in Business-to-Business E-Commerce, *Journal of Business-to-Business Marketing*, 18, 3, 276-304.

Osmonbekov, T., Bello, D. C., Gilliland, D. I. (2009), The Impact of E-Business Infusion on Channel Coordination, Conflict and Reseller Performance, *Industrial Marketing Management*, 38, 7, 778-784.

Ouchi, W. G. (1977), The Relationship Between Organizational Structure and Organizational Control, *Administrative Science Quarterly*, 22, 1, 95-113.

Padmanabhan, V., Png, I. P. L, (1997), Manufacturer's Return Policies and Retail Competition, *Marketing Science*, 16, 1, 81-94.

Palmatier, R. W., Dant, R. P., Grewal, D. (2007), A Comparative Longitudinal Analysis of Theoretical Perspectives of Interorganizational Relationship Performance, *Journal of Marketing*, 71, 4, 172-194.

Palmatier, R. W., Dant, R. P., Grewal, D., Evans, K. R. (2006), Factors Influencing the Effectiveness of Relationship Marketing: A Meta-Analysis, *Journal of Marketing*, 70, 4, 136-153.

Palmatier, R. W., Houston, M. B., Dant, R. P., Grewal, D. (2013), Relationship Velocity: Toward a Theory of Relationship Dynamics, *Journal of Marketing*, 77, 1, 13-30.

Palmatier, R. W., Stern, L. W., El-Ansary, A. I. (2015), *Marketing Channel Strategy*, 8. Aufl. Global Edition, Boston: Pearson.

Paswan, A. K., Dant, R. P., Lumpkin, J. R. (1998), An Empirical Investigation of the Linkages Among Relationalism, Environmental Uncertainty, and Bureaucratization, *Journal of Business Research*, 43, 3, 125-140.

Paswan, A. K., Guzmán, F., Blankson, C. (2012), Business to Business Governance Structure and Marketing Strategy, *Industrial Marketing Management*, 41, 6, 908-918.

Pauwels, K., Neslin, S. A. (2015), Building With Bricks and Mortar: The Revenue Impact of Opening Physical Stores in a Multichannel Environment, *Journal of Retailing*, 91, 2, 182-197.

Payne, A., Frow, P. (2004), The Role of Multichannel Integration in Customer Relationship Management, *Industrial Marketing Management*, 33, 6, 527-538.

Pepper, A., Gore, J. (2015), Behavioral Agency Theory: New Foundations for Theorizing About Executive Compensation, *Journal of Management*, 41, 4, 1045-1068.

Perryman, A. A., Combs, J. G. (2012), Who Should Own It? An Agency-Based Explanation for Multi-Outlet Ownership and Co-Location in Plural Form Franchising, *Strategic Management Journal*, 33, 4, 368-386.

Petersen, J. A., Kushwaha, T., Kumar, V. (2015), Marketing Communication Strategies and Consumer Financial Decision Making: The Role of National Culture, *Journal of Marketing*, 79, 1, 44-63.

Piderit, S. K. (2000), Rethinking Resistance and Recognizing Ambivalence: A Multidimensional View of Attitudes toward an Organizational Change, *Academy of Management Review*, 25, 4, 783-794.

Piercy, N. F. (2010), Evolution of Strategic Sales Organizations in Business-to-Business Marketing, *Journal of Business & Industrial Marketing*, 25, 5, 349-359.

Podsakoff, P. M., MacKenzie, S. B., Lee, J. Y., Podsakoff, N. P. (2003), Common Method Biases in Behavioral Research: A Critical Review of the Literature and Recommended Remedies, *Journal of Applied Psychology*, 88, 5, 879-903.

Poppo, L., Zenger, T. (2002), Do Formal Contracts and Relational Governance Function as Substitutes or Complements? *Strategic Management Journal*, 23, 8, 707-725.

Porter, M. (1996), What is Strategy?, *Harvard Business Review*, November-Dezember, 61-78.

Proenca, J. F., de Castro, L. M. (2004), Business Relationships Dynamics and (In) Stability: A Comparative Case Study in Corporate Banking, *Journal of Customer Behaviour*, 3, 3, 235-256.

Quinn, J., Murray, J. A. (2005), The Drivers of Channel Evolution: A Wholesaling Perspective, *The International Review of Retail, Distribution and Consumer Research*, 15, 1, 3-25.

Ramaswami, S. N. (1996), Marketing Controls and Dysfunctional Employee Behaviors: A Test of Traditional and Contingency Theory Postulates, *Journal of Marketing*, 60, 2, 105-120.

Rambocas, M., Meneses, R., Monteiro, C., Brito, P. Q. (2015), Direct or Indirect Channel Structures. Evaluating the Impact of Channel Governance Structure on Export Performance, *International Business Review*, 24, 1, 124-132.

Rangan, V. K. (1987), The Channel Design Decision: A Model and an Application, *Marketing Science*, 6, 2, 156-174.

Rangaswamy, A., van Bruggen, G. H. (2005), Opportunities and Challenges in Multichannel Marketing: An Introduction to the Special Issue, *Journal of Interactive Marketing*, 19, 2, 5-11.

Rapp, A., Beitelspacher, L. S., Grewal, D., Hughes, D. E. (2013), Understanding Social Media Effects Across Seller, Retailer, and Consumer Interactions, *Journal of the Academy of Marketing Science*, 41, 5, 547-566.

Ray, G., Barney, J. B., Muhanna, W. A. (2004), Capabilities, Business Processes, and Competitive Advantage: Choosing the Dependent Variable in Empirical Tests of the Resource Based View, *Strategic Management Journal*, 25, 1, 23-37.

Reibstein, D. J., Farris, P. W. (1995), Market Share and Distribution: A Generalization, a Speculation, and Some Implications, *Marketing Science*, 14, 3, G190-G202.

Reimann, B. C. (1974), Dimensions of Structure in Effective Organizations: Some Empirical Evidence, *Academy of Management Journal*, 17, 4, 693-708.

Rindfleisch, A., Heide, J. B. (1997), Transaction Cost Analysis: Past, Present, and Future Applications, *Journal of Marketing*, 61, 4, 30-54.

Rogelberg, S. G., Stanton, J. M. (2007), Introduction Understanding and Dealing with Organizational Survey Nonresponse, *Organizational Research Methods*, 10, 2, 195-209.

Rosenbloom, B. (1991), Marketing Channels: A Management View, 4. Aufl., Orlando: The Dryden Press.

Rosenbloom, B. (2007), Multi-Channel Strategy in Business-to-Business Markets: Prospects and Problems, *Industrial Marketing Management*, 36, 1, 4-9.

Rosenbloom, B. (2013a), Functions and Institutions: The Roots and the Future of Marketing Channels, *Journal of Marketing Channels*, 20, (3-4), 191-203.

Rosenbloom, B. (2013b), Marketing Channels: A Management View, 8. Aufl., Cengage Learning.

Rossi, P. E. (2014), Even the Rich Can Make Themselves Poor: A Critical Examination of IV Methods in Marketing Applications, *Marketing Science*, 33, 5, 655-672.

Roth, V. J., Klein, S. (1993), A Theory of Retail Change, *International Review of Retail, Distribution and Consumer Research*, 3, 2, 167-183.

Ruekert, R. W., Walker Jr., O. C., Roering, K. J. (1985), The Organization of Marketing Activities: A Contingency Theory of Structure and Performance, *Journal of Marketing*, 49, 1, 13-25.

Sa Vinhas, A., Anderson, E. (2005), How Potential Conflict Drives Channel Structure: Concurrent (Direct and Indirect) Channels, *Journal of Marketing Research*, 42, 4, 507-515.

Sa Vinhas, A., Chatterjee, S., Dutta, S., Fein, A., Lajos, J., Neslin, S., Scheer, L., Ross, W., Wang, Q. (2010), Channel Design, Coordination, and Performance: Future Research Directions, *Marketing Letters*, 21, 3, 223-237.

Sa Vinhas, A., Heide, J. B. (2015), Forms of Competition and Outcomes in Dual Distribution Channels: The Distributor's Perspective, *Marketing Science*, 34, 1, 160-175.

Samaha, S. A., Palmatier, R. W., Dant, R. P. (2011), Poisoning Relationships: Perceived Unfairness in Channels of Distribution, *Journal of Marketing*, 75, 3, 99-117.

Sánchez, J. M., Vélez, M. L., Ramón-Jerónimo, M. A. (2012), Do Suppliers' Formal Controls Damage Distributors' Trust?, *Journal of Business Research*, 65, 7, 896-906.

Sanchez, R. (1995), Strategic Flexibility in Product Competition, *Strategic Management Journal*, 16, 1, 135-159.

Sanders, W. G., Carpenter, M. A. (2003), Strategic Satisficing? A Behavioral-Agency Theory Perspective on Stock Repurchase Program Announcements, *Academy of Management Journal*, 46, 2, 160-178.

Sarkees, M., Hulland, J., Chatterjee, R. (2014), Investments in Exploitation and Exploration Capabilities: Balance versus Focus, *The Journal of Marketing Theory and Practice*, 22, 1, 7-24.

Schepers, J., Falk, T., de Ruyter, K., de Jong, A., Hammerschmidt, M. (2012), Principles and Principals: Do Customer Stewardship and Agency Control Compete or Complement When Shaping Frontline Employee Behavior?, *Journal of Marketing*, 76, 6, 1-20.

Schul, P. L., Babakus, E. (1988), An Examination of the Interfirm Power-Conflict Relationship, *Journal of Retailing*, 64, 4, 381-404.

Schul, P. L., Pride, W. M., Little, T. L. (1983), The Impact of Channel Leadership Behavior on Intrachannel Conflict, *Journal of Marketing*, 47, 3, 21-34.

Schreyögg, G. (2008), *Organisationen: Grundlagen moderner Organisationsgestaltung*, 5. Aufl., Wiesbaden: Springer.

Shankar, V., Smith, A. K., Rangaswamy, A. (2003), Customer Satisfaction and Loyalty in Online and Offline Environments, *International Journal of Research in Marketing*, 20, 2, 153-175.

Shapiro, B. (1977), *Sales Program Formulation*, New York, NY: McGraw-Hill.

Shapiro, S. J. (2005), Looking Backward - and Ahead, *Journal of Public Policy & Marketing*, 24, 1, 117-120.

Sharma, A., Dominguez, L. V. (1992), Channel Evolution: A Framework for Analysis, *Journal of the Academy of Marketing Science*, 20, 1, 1-15.

Sharma, A., Mehrotra, A. (2007), Choosing an Optimal Channel Mix in Multichannel Environments, *Industrial Marketing Management*, 36, 1, 21-28.

Shervani, T. A., Frazier, G., Challagalla, G. (2007), The Moderating Influence of Firm Market Power on the Transaction Cost Economics Model: An Empirical Test in a Forward Channel Integration Context, *Strategic Management Journal*, 28, 6, 635-652.

Sheth, J. N., Sharma, A. (2008), The Impact of the Product to Service Shift in Industrial Markets and the Evolution of the Sales Organization, *Industrial Marketing Management*, 37, 3, 260-269.

Simerly, R. L., Li, M. (2000), Environmental Dynamism, Capital Structure and Performance: A Theoretical Integration and an Empirical Test, *Strategic Management Journal*, 21, 1, 31-49.

Simsek, Z. (2009), Organizational Ambidexterity: Towards a Multilevel Understanding, *Journal of Management Studies,* 46, 4, 597-624.

Singh, J., Sirdeshmukh, D. (2000), Agency and Trust Mechanisms in Consumer Satisfaction and Loyalty Judgments, *Journal of the Academy of Marketing Science*, 28, 1, 150-167.

Skinner, S. J., Gassenheimer, J. B., Kelley, S. W. (1992), Cooperation in Supplier-Dealer Relations, *Journal of Retailing*, 68, 2, 174-193.

Snijders, T. A. B., Bosker, R. J. (1999), *Multilevel Analysis. An Introduction to Basic and Advanced Multilevel Modeling*, London: Sage.

Song, M., Di Benedetto, C. A., Zhao, Y. (2008), The antecedents and consequences of manufacturer–distributor cooperation: an empirical test in the US and Japan, *Journal of the Academy of Marketing Science*, 36, 2, 215-233.

Souder, W. E., Sherman, J. D. and Davis-Cooper, R. (1998), Environmental Uncertainty, Organizational Integration, and New Product Development Effectiveness: A Test of Contingency Theory, *Journal of Product Innovation Management*, 15, 6, 520-533.

Spiller, S. A., Fitzsimons, G. J., Lynch Jr., J. G., McClelland, G. H. (2013), Spotlights, Floodlights, and the Magic Number Zero: Simple Effects Tests in Moderated Regression, *Journal of Marketing Research*, 50, 2, 277-288.

Srinivasan, R. (2006), Dual Distribution and Intangible Firm Value: Franchising in Restaurant Chains, *Journal of Marketing*, 70, 3, 120-135.

Srinivasan, R., Lilien, G. L., Sridhar, S. (2011), Should Firms Spend More on Research and Development and Advertising During Recessions? *Journal of Marketing,* 75, 3, 49-65.

Stern, L. W., El-Ansary, A. I. (1988), Marketing Channels, Englewood Cliffs, NJ: Prentice-Hall.

Stern, L. W., El-Ansary, A. I., Coughlan, A. T. (1996), Marketing Channels, Upper Saddle River, NJ: Prentice Hall.

Stern, L. W., Sturdivant, F. D., Getz, G. A. (1993), Accomplishing Marketing Channel Change: Paths and Pitfalls, *European Management Journal,* 11, 1, 1-8.

Stettner, U., Lavie, D. (2014), Ambidexterity under Scrutiny: Exploration and Exploitation via Internal Organization, Alliances, and Acquisitions, *Strategic Management Journal*, 35, 13, 1903-1929.

Stock, J. H., Watson, M. W. (2003), Introduction to Econometrics, Boston: Addison Wesley.

Stone, M., Hobbs, M., Khaleeli, M. (2002), Multichannel Customer Management: The Benefits and Challenges, *The Journal of Database Marketing*, 10, 1, 39-52.

Storbacka, K., Ryals, L., Davies, I. A., Nenonen, S. (2009), 21st Century Selling: How the Role, Process and Function of Sales Are Changing, *European Journal of Marketing*, 43, 7/8, 890-906.

Stump, R. L., Heide, J. B. (1996), Controlling Supplier Opportunism in Industrial Relationships, *Journal of Marketing Research*, 33, 4, 431-441.

Tan, J. C. K., Lee, R. (2015), An Agency Theory Scale for Financial Services, *Journal of Services Marketing*, 29, 5, 393-405.

Tirole, J. (2002), Rational Irrationality: Some Economics of Self-Management, *European Economic Review*, 46, 4, 633-655.

Troy, L. C., Hirunyawipada, T., Paswan, A. K. (2008), Cross-Functional Integration and New Product Success: An Empirical Investigation of the Findings, *Journal of Marketing*, 72, 6, 132-146.

Tsay, A. A., Agrawal, N. (2004), Channel Conflict and Coordination in the e-Commerce Age, *Production and Operations Management*, 13, 1, 93-110.

Tushman, M., O'Reilly III, C. A. (1996), Ambidextrous Organizations: Managing Evolutionary and Revolutionary Change, *California Management Review*, 38, 4, 8-30.

Tushman, M., Smith, W. K., Woody, R. C., Westermanz, G., O'Reilly III, C. A. (2010), Organizational Designs and Innovation Streams, *Industrial and Corporate Change*, 19, 5, 1331-1366.

Van Bruggen, G. H., Antia, K. D., Jap, S. D., Reinartz, W. J., Pallas, F. (2010), Managing Marketing Channel Multiplicity, *Journal of Service Research*, 13, 3, 331-340.

Vázquez-Casielles, R., Iglesias, V., Varela-Neira, C. (2013), Collaborative Manufacturer-Distributor Relationships: The Role of Governance, Information Sharing and Creativity, *Journal of Business & Industrial Marketing*, 28, 8, 620-637.

Venkatesan, R., Kumar, V. (2004), A Customer Lifetime Value Framework for Customer Selection and Resource Allocation Strategy, *Journal of Marketing*, 68, 4, 106-125.

Verhoef, P. C., Kannan, P. K., Inman, J. J. (2015), From Multi-Channel Retailing to Omni-Channel Retailing: Introduction to the Special Issue on Multi-Channel Retailing, *Journal of Retailing*, 91, 2, 174-181.

Vollmayr, J. (2013), Die Gestaltung des Vertriebssystems: Erfolgsfaktoren und finanzielle Auswirkungen, Wiesbaden: Springer.

Vorhies, D. W., Morgan, N. A. (2003), A Configuration Theory Assessment of Marketing Organization Fit With Business Strategy and its Relationship with Marketing Performance, *Journal of Marketing*, 67, 1, 100-115.

Vorhies, D. W., Orr, L. M., Bush, V. D. (2011), Improving Customer-Focused Marketing Capabilities and Firm Financial Performance via Marketing Exploration and Exploitation, *Journal of the Academy of Marketing Science*, 39, 5, 736-756.

Voss, G. B., Voss, Z. G. (2013), Strategic Ambidexterity in Small and Medium-Sized Enterprises: Implementing Exploration and Exploitation in Product and Market Domains, *Organization Science*, 24, 5, 1459-1477.

Wallace, D. W., Giese, J. L., Johnson, J. L. (2004), Customer Retailer Loyalty in the Context of Multiple Channel Strategies, *Journal of Retailing*, 80, 4, 249-263.

Wallace, D. W., Johnson, J. L., Umesh, U. N. (2009), Multichannels Strategy Implementation: The Role of Channel Alignment Capabilities, *Decision Sciences*, 40, 4, 869-900.

Wang, R. J. H., Malthouse, E. C., Krishnamurthi, L. (2015), On the Go: How Mobile Shopping Affects Customer Purchase Behavior, *Journal of Retailing*, 91, 2, 217-234.

Wathne, K. H., Heide, J. B. (2000), Opportunism in Interfirm Relationships: Forms, Outcomes, and Solutions, *Journal of Marketing*, 64, 4, 36-51.

Watson, G. F., Worm, S., Palmatier, R. W., Ganesan, S. (2015), The Evolution of Marketing Channels: Trends and Research Directions, *Journal of Retailing*, 91, 4, 546-568.

Webb, K. L. (2002), Managing Channels of Distribution in the Age of Electronic Commerce, *Industrial Marketing Management*, 31, 2, 95-102.

Webb, K. L., Lambe, C. J. (2007), Internal Multi-Channel Conflict: An Exploratory Investigation and Conceptual Framework, *Industrial Marketing Management*, 36, 1, 29-43.

Weiss, A. M., Anderson, E. (1992), Converting From Independent to Employee Salesforces: The Role of Perceived Switching Costs. *Journal of Marketing Research*, 29, 1, 101-115.

Weitz, B. A. (1981), Effectiveness in Sales Interactions: A Contingency Framework, *Journal of Marketing*, 45, 1, 85-103.

Weitz, B. A., Jap, S. D. (1995), Relationship Marketing and Distribution Channels, *Journal of the Academy of Marketing Science*, 23, 4, 305-320.

Wheeler, S., Hirsh, E. (1999), *Channel Champions: How Leading Companies Build New Strategies to Serve Customers*, San Francisco, CA: Jossey-Bass.

Wilkinson, I. F. (1990), Toward a Theory of Structural Change and Evolution in Marketing Channels, *Journal of Macromarketing*, 10, 2, 18-46.

Williamson, O. E. (1973), Markets and Hierarchies: Some elementary considerations, *American Economic*, 63, 2, 316-325.

Williamson, O. E. (1981), The Economics of Organization: The Transaction Cost Approach, *American Journal of Sociology*, 548-577.

Williamson, O. E. (1991), Comparative Economic Organization: The Analysis of Discrete Structural Alternatives, *Administrative Science Quarterly*, 36, 2, 269-296.

Wilson, H., Daniel, E. (2007), The Multi-Channel Challenge: A Dynamic Capability Approach, *Industrial Marketing Management*, 36, 1, 10-20.

Wiseman, R. M., Cuevas-Rodríguez, G., Gomez-Mejia, L. R. (2012), Towards a Social Theory of Agency, *Journal of Management Studies*, 49, 1, 202-222.

Wiseman, R. M., Gomez-Mejia, L. R. (1998), A Behavioral Agency Model of Managerial Risk Taking, *Academy of Management Review*, 23, 1, 133-153.

Workman Jr, J. P., Homburg, Ch., Gruner, K. (1998), Marketing Organization: An Integrative Framework of Dimensions and Determinants, *Journal of Marketing*, 62, 3, 21-41.

Wu, J., Tu, R. (2007), CEO Stock Option Pay and R&D Spending: a Behavioral Agency Explanation, *Journal of Business Research*, 60, 5, 482-492.

Yang, D., Sivadas, E., Kang, B., Oh, S. (2012), Dissolution Intention in Channel Relationships: An Examination of Contributing Factors, *Industrial Marketing Management*, 41, 7, 1106-1113.

Yang, Z., Su, C., Fam, K. S. (2012), Dealing with Institutional Distances in International Marketing Channels: Governance Strategies that Engender Legitimacy and Efficiency, *Journal of Marketing*, 76, 3, 41-55.

Yu, K., Cadeaux, J., Song, H. (2013), Distribution Channel Network and Relational Performance: The Intervening Mechanism of Adaptive Distribution Flexibility, *Decision Sciences*, 44, 5, 915-950.

Yu, T., Patterson, P. G., de Ruyter, K. (2013), Achieving Service-Sales Ambidexterity, *Journal of Service Research*, 16, 1, 52-66.

Zhang, J., Farris, P. W., Irvin, J. W., Kushwaha, T., Steenburgh, T. J., Weitz, B. A. (2010), Crafting Integrated Multichannel Retailing Strategies, *Journal of Interactive Marketing*, 24, 2, 168-180.

Zhou, K. Z., Wu, F. (2010), Technological Capability, Strategic Flexibility, and Product Innovation, *Strategic Management Journal*, 31, 5, 547-561.

Zikmund, W. G., Catalanello, R. F. (1976), Managing Channel Conflict Through Channel Development, *Journal of the Academy of Marketing Science*, 4, 4, 801-813.

Institut für Marktorientierte Unternehmensführung (IMU)

Direktoren	Professor Dr. Dr. h.c. mult. Christian Homburg und Professorin Dr. Sabine Kuester
Das IMU bietet	❋ qualitativ hochwertige und praktische Denkimpulse aus einem breiten und vielfältigen Netzwerk.
	❋ theoretisch fundierte Benchmarks anhand neuester Forschungsergebnisse.
	❋ eine effektive Plattform für Recruiting- und Employer Branding-Maßnahmen
Veröffentlichungen des IMU umfassen	❋ praxisorientierte Arbeitspapiere ("Management Know-How") zu Themen in Marketing, Vertrieb und Unternehmensführung.
	❋ wissenschaftliche Arbeitspapiere zu Forschungsfragen in Marketing, Vertrieb und Unternehmensführung.
	❋ prägnante Ergebnispräsentationen aktueller praxisrelevanter IMU Forschungsprojekte ("Research Insights").

Institut für Marktorientierte Unternehmensführung
Kompetenz in Wissenschaft & Management

Weitere Informationen erhalten Sie beim IMU, Universität Mannheim, L5, 1
68131 Mannheim, Telefon 0621 / 181-1755
oder besuchen Sie unsere Internetseite: www.imu-mannheim.de.

Springer Gabler RESEARCH

Schriftenreihe des Instituts für Marktorientierte Unternehmensführung (IMU),
Universität Mannheim
Hrsg.: Prof. Dr. Dr. h.c. mult. Christian Homburg und Prof. Dr. Sabine Kuester
zuletzt erschienen:

Sven Feurer
Preisgestaltung im Neuproduktkontext
Eine Analyse der Kundenwahrnehmungen und des organisationalen
Entscheidungsprozesses
2014. XV, 151 S., 31 Abb., 9 Tab., Br. € 49,99

Stefan Hattula
Effektivität des Signaling in Erfahrungsgütermärkten
Eine dynamische Betrachtung
2012. XV, 163 S., 24 Abb., 15 Tab., Br. € 59,95

Sebastian Hohenberg
Mitarbeiterorientierte Vertriebssteuerung
Erfolgsfaktoren und Gestaltungsmöglichkeiten auf Basis
einer internationalen Untersuchung
2015. XIII, 139 S., 14 Abb., 12 Tab., Br. € 59,99

Nina Landauer
Produktportfoliomanagement
Explorative Bestandsaufnahme und empirische Untersuchung der Erfolgswirkung
2013. XVII, 132 S., 4 Abb., 15 Tab., Br. € 59,99

Marcel Stierl
Corporate Social Responsibility
Eine Analyse aus Anbieter- und Kundenperspektive in Business-to-Business-Märkten
2013. XV, 148 S., 14 Abb., 13 Tab., Br. € 59,99

Josef Vollmayr
Die Gestaltung des Vertriebssystems
Erfolgsfaktoren und finanzielle Auswirkungen
2014. XVI, 206 S., 16 Abb., 29 Tab., Br. € 59,99

Martin Schwemmle
Produktdesign
Eine empirische Untersuchung zu Definition, Messung und Auswirkungen
auf das Verhalten von Konsumenten
2016. XVIII, 170 S., 17 Abb., Br. € 59,99

Änderungen vorbehalten. Stand: Juni 2016. Erhältlich im Buchhandel oder beim Verlag.
Abraham-Lincoln-Str. 46 . 65189 Wiesbaden . www.springer-gabler.de

Printed by Printforce, the Netherlands